AF355141

*** Sons of Anarchy***
Estudio ideológico, narrativo y mitológico
de la serie de televisión

Víctor Hernández-Santaolalla y Sergio Cobo-Durán (Coords.)

Sons of Anarchy
Estudio ideológico, narrativo y mitológico de la serie de televisión

LAERTES

Con la colaboración de *Departamento de Comunicación Audiovisual y Publicidad de la Universidad de Sevilla*

Primera edición: octubre 2017

© Víctor Hernández-Santaolalla, Sergio Cobo-Durán, Cristina Algaba, Javier Barraycoa Martínez, Elena Bellido-Pérez, Noor Yasmina Benchichah López, Valeriano Durán Manso, Jorge David Fernández Gómez, Samuel Fernández Pichel, Antonio Gómez Aguilar, Sara González Fernández, Adrián González-Viña, Inmaculada Gordillo, Virginia Guarinos, Francisco Javier López Rodríguez, Javier Lozano Delmar, Virginia Luzón Fernández, Joaquín Marín Montín, M.ª Ángeles Martínez García, Jorge Martínez Lucena, Antonio Pineda, Juan F. Plaza, Irene Raya Bravo, María del Mar Rubio-Hernández, David Varona, Pedro Vasallo Alcedo
© de esta edición: Laertes S.L. de Ediciones, 2017
    C./Virtut, 8 - 08012 Barcelona
    www.laertes.es / www.laertes.cat

Diseño cubierta: Nino Cabero Morán / OX Estudio
Fotocomposición: JSM

Impreso en: ULZAMA

ISBN: 978-84-16783-33-5
Depósito legal: B-23738-2017

Impreso en la UE

Índice

Sons of Anarchy. Vida y muerte de una serie de televisión

Sergio Cobo-Durán
Víctor Hernández-Santaolalla

> Me sentía perdido en mi propio club. Confiaba en pocos y temía a la mayoría [...] No sabía si marcharme curaría o mataría eso que habíamos creado. No sabía si era un acto de fuerza o de cobardía. No lo sabía. Así que me quedé. Me quedé porque en el fondo, la única forma de poder sostener al club, era sufrir bajo su peso.
>
> JOHN TELLER («BALM», 2x10)

El 3 de septiembre de 2008 la cadena estadounidense FX estrenó *Sons of Anarchy* (2008-2014), una serie sobre un club de moteros *outlaw* con sede en la ficticia ciudad californiana de Charming. En esta, Kurt Sutter, quien ya había trabajado como guionista en *The Shield* (FX, 2002-2008), propone una versión actualizada de *Hamlet*, donde Jax Teller, vicepresidente de SAMCRO (Sons of Anarchy Motorcycle Club, Redwood Original) deberá enfrentarse a numerosos obstáculos, incluyendo (especialmente) a su propia familia, para intentar cumplir los deseos de su padre, que recopiló bajo el título *The Life and Death of Sam Crow: How the Sons of Anarchy Lost Their Way*. Pero, al igual que en la tragedia de Shakespeare, las palabras (escritas) de John Teller —ya sea a través de este manuscrito o a través de las cartas de amor que escribía a Maureen Ashby—, también revelarán cierta verdad sobre el accidente de moto que acabó con su vida, y que pondrá a Jax en una difícil elección entre «matar a Clay o salvar al club», como confiesa a Opie Winston en «Laying Pipe» (5x03).

La sospecha y la violencia serán comunes a lo largo de las siete temporadas de *Sons of Anarchy*, una serie que, más allá del referente shakesperiano, se presta a ser objeto de múltiples lecturas desde la ideología, la mitología o la narrativa. Al respecto, el presente volumen pretende, desde un enfoque multidisciplinar, abordar la serie de Kurt Sutter en diferentes niveles, realizando un análisis del texto televisivo, pero también de otras piezas que lo acompañan, así como de sus referentes y de su contexto de creación y recepción. En concreto, el libro se divide en cinco bloques temáticos, según la estructura que se presenta a continuación.

El primero de los bloques es contextual y comienza con un recorrido por los héroes masculinos de los años cincuenta presentes en el cine de moteros, firmado por el investigador Valeriano Durán Manso. A continuación le sigue un texto escrito por Irene Raya Bravo y Pedro Vasallo Alcedo, centrado en la cadena americana FX y el marco de producción en el que se enmarca la serie. Por su parte, Adrián González Viña reflexiona sobre cómo se refleja en *Sons of Anarchy* lo que Sutter aprendió en *The Shield,* y repasa los actores que trabajaron en ambas series. Este primer bloque lo cierra el texto «*Sons of Tragedy*» de Cristina Algaba y Elena Bellido-Pérez, que estudia, precisamente, las conexiones antes comentadas entre la obra shakesperiana y la serie protagonizada por SAMCRO.

El segundo bloque se centra en el contenido ideológico desde una perspectiva amplia. Al respecto, Antonio Pineda analiza la representación del supuesto anarquismo que identifica al club, mientras que Samuel Neftalí Fernández Pichel plantea una lectura de la serie desde el «anarcocapitalismo» y la «violencia del capital»; dos capítulos complementarios sobre el verdadero trasfondo ideológico del programa televisivo. A continuación, Víctor Hernández-Santaolalla profundiza en la labor de vigilantismo de SAMCRO, (auto)identificados como protectores de Charming. Por su parte, Sara González Fernández examina la subcultura de la violencia que envuelve el día a día del club de moteros. Cierra el bloque Francisco Javier López Rodríguez con un texto centrado en la configuración de las identidades raciales de los personajes de *Sons of Anarchy,* atendiendo al continuo enfrentamiento entre los Hijos y el resto de bandas rivales, muchas veces reducidas a una mera clasificación cromática.

La mitología, la religión y los arquetipos serán los temas fundamentales del tercer bloque, que comienza con el texto de María del Mar Rubio-Hernández sobre los símbolos y ritos, especialmente religiosos, que se desarrollan en el seno de SAMCRO. Por su parte, M.ª Ángeles Martínez García y Antonio Gómez Aguilar revisan los mitologemas que pueden encontrarse en la serie, centrándose en el mito de Agripina, basado en la relación entre esta última y su hijo Nerón. Finalmente, Javier Barraycoa Martínez y Jorge Martínez Lucena realizan una aproximación al *fandom* de *Sons of Anarchy* y la identificación de los espectadores con la serie desde los arquetipos y el neotribalismo.

El cuarto bloque está centrado en narrativa audiovisual y personajes, dos de los aspectos fundamentales del relato televisivo. Desde la perspectiva de género, Inmaculada Gordillo y Virginia Guarinos realizan un análisis del rol de los personajes femeninos, al tiempo que Virginia Luzón hace lo propio con los personajes masculinos de la serie. A continuación, Sergio Cobo-Durán analiza los tatuajes como emblemas de la narración en la definición de los personajes y las tramas. Para finalizar, David Varona, Javier Lozano Delmar y Juan F. Plaza trazan un recorrido por el mapa *transmedia* de la producción, examinando el universo de *Sons of Anarchy* más allá de los 93 episodios emitidos por televisión.

«The crow no longer sings to me», verso de *Come join the murder*, canción que acompaña los últimos minutos de la serie, es el título del quinto y último bloque del libro, centrado en el pasaje sonoro del relato. Este arranca con el capítulo de Noor Yasmina Benchichah López sobre el *opening* de la serie, a nivel tanto icónico como musical, centrándose en la canción *This Life* de Curtis Stigers y The Forest Rangers. Seguidamente, Joaquín Marín Montín analiza el sonido en *Sons of Anarchy* desde la narrativa, atendiendo a las voces, los ruidos y efectos sonoros, el silencio y la música. Sobre esta última también trabajará Jorge David Fernández Gómez, quien desgrana las implicaciones del uso de los diferentes estilos y géneros musicales en la serie.

Bloque I

*THERE IS A HOUSE IN
CHARMING TOWN*

Capítulo 1
Sons of Anarchy:
herederos del espíritu rebelde de Hollywood

Valeriano Durán Manso

> La auténtica libertad requiere sacrificio y dolor. La mayoría de seres humanos piensan que quieren libertad. En realidad, anhelan el cautiverio de un orden social, unas normas rígidas, un materialismo... La única libertad que el hombre realmente quiere es la comodidad.
>
> (JOHN TELLER, «Patch Over», 1x04)

Introducción

El inconformismo, el ansia de libertad, la rebeldía, la complejidad interna y la oposición a lo establecido son algunos de los rasgos y aspectos que determinaron a los personajes masculinos del cine americano clásico de la década de los cincuenta. Caracterizados con una estética radicalmente opuesta a la del héroe tradicional, los denominados rebeldes o jóvenes airados iniciaron un camino que alteró en buena medida la representación física y psicológica de los seres de ficción de Hollywood. Inesperados para los directivos de la industria fílmica, pero buscados por los cineastas más trasgresores y, posteriormente, adulados por el público adolescente, este modelo generó tendencia y se ha mantenido vigente hasta la actualidad. Así se pone de manifiesto en la serie de televisión *Sons of Anarchy*, que recoge, recupera y revisa, sesenta años después, el espíritu subversivo que surgió en la mencionada década.

A pesar de que presenta un universo marcado por la violencia y la corrupción, que, sin duda, está mucho más potenciado que en el cine posterior a la II Guerra Mundial, posee una filosofía que entronca directamente con el mismo. Los ámbitos donde se refleja de forma más evidente están estrechamente vinculados a la apariencia física y a la frágil naturaleza de los protagonistas, aunque a simple vista quedan empañadas por su rudo aspecto y la coraza que construyen para protegerse. Por ello, la indumentaria resulta crucial para reconocer la tipología de los personajes, y el pasado ayuda a comprender la difícil realidad que los acompaña. Este binomio les confiere un carácter peculiar y los convierte en los representantes del espíritu rebelde hollywoodiense, a pesar de que los temas a los que se enfrentan y las acciones que realizan les otorga una personalidad propia. En este sentido, se puede decir que los principales seres de ficción de la serie encarnan la evolución del modelo clásico en un mundo tan fragmentado y posmoderno como el actual, y así se constata en los temas que se abordan.

Sons of Anarchy se desarrolla en la pequeña ciudad californiana de Charming, un lugar donde la mayoría de los personajes se conoce y existe una ley propia que marca las reglas. De esta manera, el espacio también está en línea con el de los filmes clásicos que acogieron a los primeros rebeldes cinematográficos, ya que, aunque se trataba de poblaciones muy puritanas y conservadoras, tenían las mismas limitaciones físicas y sociales. Buena parte de la acción tiene lugar en el taller mecánico de los protagonistas, un grupo de hombres de diversas edades que forman parte del club de moteros SAMCRO, que se dedican al transporte de drogas y al tráfico de armas, y que conducen motos Harley-Davidson Dynascustom personalizadas. Su origen está vinculado a la guerra de Vietnam, pues fue fundado por dos de los personajes, John Thomas Teller —el padre del protagonista, Jax— y Piermont «Piney» Winston, a su vuelta del conflicto bélico en 1967. Se trata de un club con unas reglas muy duras para sus miembros y que les exige un gran sacrificio. Este universo masculino compuesto por motos, bandas y operaciones al margen de la ley conecta de forma directa con los filmes pioneros de esta tendencia en los años cincuenta.

Con el propósito general de reflexionar sobre el origen del ideario y la filosofía *Sons of Anarchy* en el cine clásico estadounidense de la citada época, este estudio plantea los siguientes objetivos específicos: realizar una breve aproximación al contexto histórico y cinematográfico que propició la irrupción de los jóvenes rebeldes; destacar cómo cambió el modelo de masculinidad en el cine clásico a raíz de la incorporación de este tipo de personaje, y observar a los protagonistas de las dos películas de Hollywood con las que la serie tiene una mayor similitud: *Salvaje*

(*The Wild One,* László Benedek, 1953) y *Easy Rider (Buscando mi destino)* (*Easy Rider,* Dennis Hooper, 1969).

El cine clásico estadounidense: la irrupción de los jóvenes airados

El cine clásico de Hollywood experimentó un notable cambio después de la II Guerra Mundial que afectó tanto a su modelo de producción como a su estilo narrativo. La combinación entre la crisis del sistema de estudios, que componía un monopolio ilegal; el inesperado auge de la televisión, y la caza de brujas del senador Joseph McCarthy (Palmer, 1997) constituyó una difícil barrera para la industria del cine. Además, las estrictas normas de censura que desde 1933 marcaba el Código Hays impedían el tratamiento de numerosos temas en la gran pantalla (Black, 1998; Freixas y Bassa, 2012), y esto suponía para muchos productores y cineastas un gigante más contra el que luchar. En este sentido, durante las décadas de los treinta y de los cuarenta «se aplicó con rigor en los filmes, unas veces con la eliminación de escenas y otras obligando a los guionistas a alterar las tramas para compensar las actitudes inmorales de los personajes; una acción que fomentaría la presencia de los *happy end*» (Durán Manso, 2016: 63). La situación se agravó a finales de los cuarenta con una notable pérdida de espectadores, así que rápidamente se establecieron dos posibles vías a seguir: la apuesta por un cine de carácter histórico y recreación colosal, y la incorporación de temas próximos a la realidad social, personal y sexual del público. De esta manera, se perseguía el objetivo de acercar el cine a los espectadores y, además, luchar contra una estructura censora imperante que mermaba la creatividad y la libertad de los directores.

En este contexto, la construcción del personaje giró hacia aspectos más psicológicos que potenciaron la aparición y el rápido desarrollo de unos personajes más inconformistas, atormentados, sensibles y, en definitiva, rebeldes. Este espíritu conectó de inmediato con los adolescentes, quienes iban semanalmente a las salas de cine de forma masiva para mirarse de frente en la pantalla. Así se puso de manifiesto en filmes como *Salvaje* o *Rebelde sin causa* (*Rebel Without a Cause,* Nicholas Ray, 1955), protagonizados por dos de los nuevos actores más influyentes de la década, Marlon Brando y James Dean, respectivamente. Ambos encarnaban a unos jóvenes de gran carisma —el motero Johnny Strabler y el difícil Jim Stark— que pertenecían a familias desestructuradas, vivían en ciudades pequeñas, y poseían un ansia de libertad que colisionaba con las directrices que les imponían sus estrictos progenitores o los representantes del orden público. Sin duda, representaban con fidelidad valores comunes a los jóvenes, como la rebeldía, la independencia, el conflicto interno entre el deseo y el deber, o la necesidad de huida de un entorno opresor. Por este motivo, tuvieron un gran éxito entre el público más joven y se convirtieron en dos de los filmes más impactantes de la década.

Asimismo, resulta muy oportuno el aclamado musical *West Side Story* (Robert Wise y Jerome Robbins, 1961). Esta película, ambientada en el West Side neoyorquino, cuenta la historia de Romeo y Julieta a través de unos personajes que están divididos entre la banda de los Jets y la de los Sharks; los primeros, de Nueva York y con origen irlandés, y los segundos, inmigrantes portorriqueños. Natalie Wood y Richard Beymer encarnan a Maria y a Tony, dos jóvenes que se enamoran a pesar de pertenecer a grupos rivales —los Sharks en el caso de ella y los Jets en el de él— y que intentan mantener su relación por encima de todo. El odio racial, la lucha por la hegemonía, la rivalidad y el sentido de pertenencia a una organización, son algunos de los argumentos que ambas bandas defienden para llevar a los protagonistas a la tragedia. Así, se pone de manifiesto que el poder que tiene este tipo de grupos y la influencia que ejerce en sus miembros suele ser tan fuerte como para aniquilar la propia voluntad de cada individuo. Este aspecto es una de las claves del peligroso éxito de las bandas juveniles, pues en este caso concreto se llega hasta la muerte con tal de no claudicar frente al enemigo.

Esta filosofía y estética aparecieron también años después en filmes como *La chica de la motocicleta* (*La Motocyclette,* Jack Cardiff, 1968), una particular *road movie* francesa en la que la protagonista —interpretada por Marianne Faithfull— abandonaba a su marido, y huía sobre una Harley para refugiarse con su amante, a quien daba vida uno de los principales jóvenes airados del cine europeo, Alain Delon. En esta línea se situaron *Easy Rider (Buscando mi destino),* una de las películas más emblemáticas del universo motero, donde la unión entre juventud, marihuana y mundo *hippie* indicaba claramente el fin del periodo clásico y la inminente llegada de la posmodernidad, o la exitosa *Grease* (Randal Kleiser, 1978) que, en clave de comedia musical, se ambientaba en los años cincuenta y recuperaba el espíritu de los títulos citados anteriormente. Asimismo, la británica *Quadrophenia* (Franc Roddam, 1979) se desarrollaba en el Londres de los sesenta y abordaba los enfrentamientos entre dos bandas juveniles rivales que se movían en sus *scooters* y consumían anfetaminas entre otras drogas.

Otro título curioso que se puede englobar en este universo de motos, independencia, libertad y pandillas opuestas es el mediometraje *Scorpio Rising* (Kenneth Anger, 1964) pues, a pesar de la fecha de su estreno, supuso una arriesgada apuesta al incorporar aspectos como la ideología nazi, el sadismo o la homosexualidad, con una destacada presencia musical; sin duda, una apuesta experimental del cine independiente americano. Posteriormente, se estrenó una de las películas más relevantes en esta tendencia, *Rebeldes* (*The Outsiders,* Francis Ford Coppola, 1983), que aunque se desarrollaba en los ochenta, y en consecuencia fuera del marco de estudio establecido, mantenía la esencia de los filmes pioneros.

Este recorrido constata que buena parte de los valores e ideas que están presentes en los protagonistas de *Sons of Anarchy* tienen su origen en el cine clásico, en concreto, en el periodo comprendido entre 1951 y 1972, que es cuando se produce la fragmentación del sistema de Hollywood y posteriormente surge el cine posmoderno (Sánchez Noriega, 2005). Así, a pesar del abismo que los separa, los títulos de estas décadas y la serie comparten ciertos elementos ideológicos a los que también hay que añadir la estética vinculada al ámbito de las motos de carretera que defienden los personajes. Se trata de un universo que ha tenido un amplio desarrollo desde *Salvaje* hasta la actualidad.

Hacia una nueva masculinidad: entre la tradición y la ruptura

El espíritu rebelde de los personajes del cine clásico de los cincuenta contó con un marcado carácter psicológico, pero, también, con una estética determinada que generó una gran influencia en la sociedad del momento. Esta tendencia estuvo mucho más desarrollada en los seres de ficción masculinos que en los femeninos, quienes en muchos casos se limitaban a acompañar a los primeros, y su impacto originó la ruptura con el modelo de masculinidad hegemónico. Con la implantación del Código Hays a principios de los treinta, los personajes quedaron constreñidos en patrones concretos que variaban en función del prototipo que encarnaban o del género al que pertenecía la película en la que aparecían. De esta manera, los héroes se caracterizaban por su actitud salvadora y triunfalista frente a los conflictos de carácter físico a los que se enfrentaban (Cano-Gómez, 2012), y por un aspecto que no realzaba demasiado su potencial físico. Además, el comportamiento de los villanos era totalmente opuesto al de los anteriores, y su apariencia era presentada de una forma poco atractiva para evitar que consiguieran la aceptación del público, pues el código velaba por proteger la moral y la sensibilidad de los espectadores (Black, 1998). Este esquema indica el maniqueísmo existente en la construcción de buena parte de los personajes en el periodo clásico.

Sin embargo, la situación coyuntural de carácter industrial, social y político que sufrió Hollywood a finales de los cuarenta propició la entrada de nuevos aires. El estreno de *Un tranvía llamado deseo* (*A Streetcar Named Desire,* Elia Kazan, 1951) —la adaptación fílmica de la obra homónima del dramaturgo norteamericano Tennessee Williams— tuvo un importante impacto a nivel temático por la incorporación de aspectos considerados tabú como la homosexualidad, la ninfomanía o la violación (Durán Manso, 2016). Esto fue extensible también a la configuración y la presentación de sus personajes, sobre todo del protagonista masculino: Stanley Kowalski. Interpretado por Marlon Brando, poseía un carácter agresivo, un comportamiento rudo, una ausencia de cultura y, en el fondo, una complejidad interna que ocultaba tras su rol patriarcal. Curiosamente, este cuadro psicológico se completaba con una imagen sexualizada que potenciaba la belleza física y el atractivo del actor, y, en consecuencia, del personaje, mediante pantalones vaqueros sucios y camisetas ajustadas. Sin duda, se trataba de una combinación inédita, pues su porte de galán era exaltado por una indumentaria de carácter obrero que no era nada común en este tipo de personaje, y sus violentas actitudes eran propias de un villano. Por ello, se puede considerar que Stanley Kowalski fue el primero en mostrar la unión entre atractivo externo, vestimenta ceñida y universo interno complejo, y esto dio paso a la configuración física y psicológica de un nuevo ser de ficción: el rebelde.

Uno de los rasgos más determinantes de este tipo de personaje estuvo relacionado con la construcción de su imagen. Así, tomando como referente la edad, el aspecto y la estética de Brando en *Un tranvía llamado deseo,* los airados de Hollywood se caracterizaron por ser jóvenes que no superaban los treinta años —y que en algunos casos se tuvieron que enfrentar a papeles de adolescentes—, un físico muy agraciado que fue explotado a nivel publicitario para las películas, y una indumentaria basada en vaqueros y camisetas, a la que incorporaron cazadoras, incluso de cuero. Con estas premisas, este modelo contó con una iconografía muy precisa que permitió que los seres de ficción fueran fácilmente reconocibles por los espectadores, quienes, a su vez, se sintieron muy atraídos por la imagen que proyectaban. Además, normalmente iban acompañados de motocicletas en sus desplazamientos, de manera que el ansia de independencia que transmitían quedaba reflejada en este vehículo. Tras esta apariencia, se escondían conflictos generacionales, problemas existenciales, una necesidad de huida y la vida en pandilla por encima de la familia, y esto enlazó directamente con la realidad de muchos jóvenes. Sin duda, este modelo se convirtió en el estilo dominante para los chicos de los cincuenta.

La principal novedad del mismo es que los seres de ficción masculinos mostraban tanto su atractivo a nivel físico y estético, como su sensibilidad y complejidad psicológica. Sin embargo, su comportamiento seguía perpetuando roles patriarcales en la mayoría de los casos. Además de Kowalski, destacaron en estos primeros años personajes como George Eastman, en *Un lugar en el sol* (*A Place in the Sun,* George Stevens, 1951); Ben Quick, en *El largo y cálido verano* (*The Long, Hot Summer,* Martin Ritt, 1958), o Paolo Di Leo en *La primavera romana de la señora Stone* (*The Roman Spring of Mrs. Stone,* José Quintero, 1961), interpretados por algunos de los actores procedentes del Actor's Studio que surgieron en la década: Montgomery Clift, Paul Newman y Warren Beatty, respectivamente (Frome, 2001). Asimismo, en los sesenta, los intérpretes formados en las vanguardias europeas que empezaron a trabajar en Hollywood también tuvieron un importante papel en la reafirmación de esta nueva masculinidad.

En cuanto a los personajes de *Sons of Anarchy*, se observa una indumentaria similar a los anteriores. Lo más llamativo son las cazadoras de cuero que llevan con el nombre de la banda en la espalda, pues, además, indican el valor que otorgan a la hermandad dentro del grupo. Por otra parte, aunque no poseen un atractivo físico muy pronunciado —a excepción del protagonista—, contienen una notable profundidad psicológica.

Los protagonistas de *Salvaje* y de *Easy Rider*: presencia en *Sons of Anarchy*

Carreteras interminables y polvorientas, bares oscuros, alcohol y música *country*, entre otros elementos, acompañan a los personajes de *Sons of Anarchy* en un camino de drogas y tráfico de armas. Liderados por Jax, se reúnen en su violenta banda, estableciéndose así un cierto paralelismo con la película *El club de la lucha* (*Fight Club*, David Fincher, 1999), al combinar agresividad física con complejidad psicológica e, incluso, carácter filosófico. A este respecto, «asesinos en serie, maridos infieles, políticos corruptos, agentes federales con gusto por la tortura, narcotraficantes y otros personajes de pelaje moral similar han sido los protagonistas de algunas de las series más significativas de los últimos años» (Cascajosa Virino, 2016a: 30). Esta ficción rescata para la televisión —y más de medio siglo después— el espíritu de los rebeldes de Hollywood en la sociedad estadounidense actual. El conjunto de rasgos físicos, psicológicos, sociológicos y sexuales (Casetti y Di Chio, 1991) de los protagonistas de *Salvaje*, *Easy Rider* o *Sons of Anarchy* permite observar la evolución del arquetipo.

Salvaje: *Johnny Strabler, el prototipo de rebelde*

El protagonista, encarnado por Marlon Brando, lidera un grupo de jóvenes motoristas que manifestaban actitudes bastante agresivas en su comunidad, una pequeña ciudad de California. Desde un punto de vista iconográfico, tiene poco más de veinte años y posee una belleza tan atractiva y salvaje como el título de la película que protagoniza. Esto le confiere un aire exótico frente a otros jóvenes de su entorno y favorece a simple vista su relación con las chicas, ya que, además, suele portar una indumentaria poco formal que le da una gran personalidad. Normalmente, lleva vaqueros, camiseta, una cazadora de cuero —con la insignia y el nombre de su banda en la espalda—, una gorra y gafas de sol; y esta provocadora imagen se refuerza con la moto de carretera que conduce. Asimismo, su gesto desafiante y su habla pausada acentúan aún más su sensualidad.

A nivel psicológico, Johnny esconde un carácter sensible e introspectivo detrás de su dura apariencia. Esta idea adquiere valor con respecto a las reglas del héroe clásico del cine estadounidense, pues muestra una clara evolución hacia el manierismo:

> Los manieristas hacen suyas las formas narrativas del cine clásico con un aumento de la carga psicológica de los personajes y su ambivalencia, siendo cada vez más representativo su mundo interior más complejo, sus motivaciones más confusas, frente a la importancia de la determinación de la acción en el clásico (Cano-Gómez, 2012: 438).

Con estas premisas, el protagonista está a medio camino entre los conflictos de carácter físico presentes en la sociedad en la que vive y otros de tipo psicológico que se hallan en su propio ser. Esta introspección lo suele conducir a situaciones de melancolía en las que parece perdido buscando respuestas, así como a un estado donde la inseguridad y el miedo se apoderan de él, como sucederá más tarde con los héroes posmodernos. Si bien no representa la idílica moralidad del modelo clásico, sus acciones en la resolución de conflictos se enmarcan dentro de los cánones establecidos, aunque con ciertos matices complejos. Asimismo, sin desempeñar posturas propias del antihéroe, su meta a veces no está relacionada con la obtención del éxito y el consecuente reconocimiento social, sino con cuestiones mucho más íntimas, vitales o trascendentales. Estas características son comunes a otros destacados airados del Hollywood de los cincuenta y sesenta, como los protagonistas de la ya citada *Rebelde sin causa*, y de *Piel de serpiente* (*The Fugitive Kind*, Sidney Lumet, 1960) o *Esplendor en la hierba* (*Splendor in the Grass*, Elia Kazan, 1961), a los que dieron vida Brando y Warren Beatty, respectivamente.

En lo referente a las emociones, Johnny inicia una particular relación sentimental con la dulce hija del sheriff local, pues se da una colisión entre su forma de sentir, la visión romántica de ella, y las fuerzas del orden público. Al final, experimenta una evolución psicológica tras enfrentarse a la justicia por la muerte de un hombre; un crimen derivado de los líos en los suele meterse junto a sus compañeros de banda y sus rivales.

Easy Rider (Buscando mi destino): *Wyatt, el rebelde posmoderno*

Esta película cuenta con tres personajes principales, Wyatt, Billy y George Henson, encarnados por Peter Fonda, Dennis Hooper y Jack Nicholson, respectivamente, quienes inician un viaje en moto de Los Ángeles a Nueva Orleans. El primero, conocido como el Capitán América, tiene un notable peso en la acción. A nivel iconográfico, es alto, se aproxima a los treinta años y posee un aspecto de tipo duro que se refuerza con su vestuario. Suele llevar pantalones de cuero negro, una cazadora del mismo material y color con la bandera de Estados Unidos en la espalda, un casco con esta bandera, y gafas de sol, entre otros elementos destacados. Como sucedía en *Salvaje,* esta estética se refuerza con la moto de carretera con la que se desplaza, pero, a diferencia de ella, se trata de una Harley-Davidson muy próxima a la del protagonista de *Sons of Anarchy.* A pesar de esta imagen clara de motero, guarda una cierta similitud con el *cowboy* contemporáneo, y esto lo aproxima, curiosamente, al aspecto *hippie* de Billy. La firmeza y seguridad que transmite mediante el físico se complementa con su tosca forma de hablar.

Como su título indica, esta *road movie* constituye una apuesta constante por encontrar la libertad, y esta búsqueda «presenta dosis de autodescubrimiento» (García Sánchez, 2012: 2) para los personajes. Así se halla Wyatt desde un punto de vista psicológico:

> Circulan en sus motos por carreteras vacías e interminables, a través de paisajes soberbios, hasta que el sol se oculta como una bola roja detrás del horizonte. Wyatt se ha ceñido espuelas en las botas; en la espalda de su chaqueta de cuero negra luce una bandera de los Estados Unidos. Billy lleva un sombrero sobre su cabello largo y ralo y pantalones de ante. Son cowboys modernos en busca de espacios abiertos y libertad. Pero el ideal primitivo norteamericano que persiguen se ha perdido hace mucho tiempo (Müller, 2004: 572).

La ruta que inicia con sus compañeros —con quienes mantiene una relación fraternal— no supone solo un traslado físico, sino también un viaje íntimo de autoconocimiento, y esto va estrechamente ligado a la introspección del cine posmoderno. En este sentido, «aunque ambos tipos de héroe —clásico y posclásico– comparten en apariencia un objetivo común [...], la verdadera meta del ser posclásico está definida en la necesidad de solventar las dudas, los miedos, las inquietudes o la angustia que afecta a su mundo interior» (Cano-Gómez, 2012: 444). El comportamiento y la actitud del personaje están determinados por este espíritu, que, además, va estrechamente ligado al ideario de los sesenta, una década marcada por la lucha social y la reflexión sobre el existencialismo (García Sánchez, 2012: 2). A pesar de que Wyatt está muy centrado en vivir la juventud, probar diversas drogas y mantenerse al margen de la sociedad, la desilusión por su país es el sentimiento que más le afecta. Él sufre una gran evolución tras el asesinato de su compañero George, así que la llegada a Nueva Orleans adquiere una dimensión trágica. La incomprensión, el odio al otro y el sectarismo finalmente se imponen.

Sons of Anarchy: *Jax Teller, el rebelde televisivo*

El protagonista, interpretado por Charlie Hunnam, comienza siendo el vicepresidente del club SAMCRO, aunque en el último capítulo de la cuarta temporada se convierte en presidente. Tiene unos treinta años y posee un aspecto que se puede denominar descuidado atractivo, como refleja la suma de pelo largo y rubio, ojos azules y barba de tres días. A pesar de que pertenece a un canon de belleza distinto al de Marlon Brando, son los dos actores que mejor muestran en los personajes rebeldes la combinación entre atractivo físico y complejidad interna. Su iconografía destaca especialmente por la cazadora de piel negra que lleva siempre —y que es muy similar a la de Brando en *Salvaje*—, pues el resto de su vestuario es informal pero corriente, es decir, común en la sociedad actual. En cuanto a su manera de hablar, Jax no es muy locuaz y suele emplear un tono pausado pero firme, aunque estas formas cambian cuando está con sus compañeros o en su entorno afectivo.

A nivel psicológico, es inteligente, cauto, estratega y efectivo en sus ejecuciones, y en la esfera privada se muestra muy afectuoso con su hijo y con los personajes femeninos: su pareja, Tara, y su madrastra, Gemma, quien desempeña también el rol de madre de los demás personajes masculinos. No obstante, el joven en el fondo es depresivo y maniaco, y presenta una cierta complejidad porque reflexiona bastante sobre el papel que ocupa dentro del grupo y se replantea su pertenencia al mismo. Normalmente, se relaciona más con seres de ficción masculinos que con los femeninos, de manera que sus relaciones son claramente homosociales. Su fuente de ingresos no procede del taller donde trabaja con otros miembros del club, sino de los negocios ilegales que todos realizan, y que los enfrentan a bandas neonazis, mexicanas o chinas, y los vinculan al IRA. A simple vista, la violencia que conllevan estas actividades es la línea principal del argumento, pero «en realidad existe una subtrama que se desarrolla poco a poco a lo largo de la historia que llega a convertirse en el argumento de mayor importancia que absorbe la trama» (Cano-Gómez, 2012: 437): las profundas dudas y turbaciones de Jax. Este fondo psicológico con apariencia agresiva, y la libertad que siente al conducir su Harley, lo aproximan al espíritu subversivo de los protagonistas de las películas anteriores.

La principal evolución del personaje se produce cuando descubre ciertos datos sobre la muerte de su padre que responden a las dudas que lo perturbaban. Esta vuelta emocional al origen de la serie supone una revelación fundamental para su propio desarrollo vital, y tiene diversas consecuencias que afectarán irremediablemente a su destino. De esta manera, y como sucedió con los seres de ficción de Hollywood a finales del periodo clásico, la búsqueda de la identificación en la televisión actual ha dado lugar «a la fascinación por personajes violentos al margen de las normas establecidas, con estilos de vida que podían ser despreciados a la vez que secretamente envidiados por unos espectadores con vidas anónimas y normalizadas» (Cascajosa Virino, 2009: 24).

Reflexiones finales

El espíritu rebelde que apareció en la gran pantalla estadounidense a partir de la década de los cincuenta ha tenido una notable influencia en los productos de ficción audiovisual posteriores. Aunque el cine ha sido el principal vehículo que lo ha exhibido —tanto en la etapa clásica como en la posmoderna—, en los últimos años también lo ha potenciado la televisión mediante diversas series que han destacado por el ingenio de unos guiones que en muchos casos superan a los del ámbito fílmico. Así, «mientras la asistencia a las salas de cine desciende y los críticos no cesan en sus quejas sobre el escaso interés de las películas, la industria televisiva crece sin cesar» (Cascajosa Virino, 2005). Esta es una de las causas que explican la huida de buena parte del *star system* de Hollywood a la pequeña pantalla. *Sons of Anarchy* no cuenta con los principales nombres del cine, pero la fuerza de los temas que aborda le ha dado una personalidad propia. Esto ha permitido que los personajes brillen por sí mismos y se presenten ante el espectador sin el filtro que supone estar interpretados por actores muy reconocidos.

Los filmes clásicos que más han influido en el universo motero de la serie y en el modo rebelde de sus protagonistas son las dos analizadas en el presente capítulo. De la pionera *Salvaje* mantiene la estética insurrecta de los personajes —presente sobre todo en las cazadoras de cuero— y el espíritu de grupo, y de *Easy Rider (Buscando mi destino)* comparte su planteamiento temático, basado en la libertad, el inconformismo y las drogas, debido a su proximidad con el cine posmoderno. Además, las tres coinciden a nivel espacial, pues la primera se desarrolla en un pequeño pueblo ficticio de California, Wrightsville, la segunda parte de Los Ángeles, y la tercera se ambienta en la ficticia población de Charming, también en California. Por ello, se puede considerar que ambos filmes suponen la antesala de *Sons of Anarchy* y que esta producción televisiva es su heredera, ya que tienen en común cuestiones estilísticas y narrativas a pesar de que cada una posea su idiosincrasia.

En este sentido, la segunda etapa del cine clásico —asentada entre 1951 y 1972— supone en muchos casos una fuente de inspiración para los productores, directores y guionistas del panorama audiovisual actual, incluso en el ámbito televisivo. En este periodo se empezaron a tratar con una cierta profundidad la mayoría de los temas que condenaba el Código Hays, y que actualmente se muestran tanto en la gran pantalla como en la pequeña, como el alcoholismo, la drogadicción, la prostitución, la homosexualidad, la ninfomanía, las relaciones interraciales o las violaciones. Este aperturismo permitió que Hollywood experimentara un profundo cambio en su lucha por la libertad temática y que apostara por seres de ficción con una gran naturaleza dramática. De esta manera, los filmes correspondientes a los últimos años sesenta —o de principios de los setenta— son los que menos se parecen al cine clásico y los que mejor entroncan con los títulos cinematográficos o televisivos más actuales, como sucede con *Easy Rider (Buscando mi destino)*.

Sin duda, *Sons of Anarchy* se trata de una serie de acusado carácter masculino, donde las drogas, las armas, la violencia extrema y la muerte articulan las tramas de sus siete temporadas. Además, prima el heteropatriarcado y suelen mostrarse ciertos comportamientos machistas y homófobos. No obstante, el protagonista posee una imagen atractiva y un pasado que lo determina y lo hace vulnerable; consigue mostrar sus sentimientos con los personajes femeninos de su entorno directo; y considera que la amistad y el compromiso entre los miembros del club es uno de los pilares de su vida. Esta ambivalencia lo humaniza, lo enriquece y, sobre todo, lo aproxima a los rebeldes del cine clásico estadounidense.

Capítulo 2
La simbiosis entre *Sons of Anarchy* y FX: la serie como consecuencia de su marco de producción

Irene Raya Bravo y Pedro Vasallo Alcedo

Si FX quiere ser como HBO y emitir este tipo de contenido explícito, entonces debería convertirse en una cadena de pago. Pero no querrán, porque las ventajas propias del consorcio que disfrutan en la actualidad son muy lucrativas. PTC
(de Moraes, 2014. Traducción propia, en adelante TP)

La perfecta comunión entre FX y *Sons of Anarchy*

Tras algo más de seis años en antena, *Sons of Anarchy* se ha convertido en uno de los mayores éxitos de la ficción de la televisión por cable, llegando a alcanzar los nueve millones de espectadores en su última temporada. FX se ha beneficiado de la popularidad de la icónica serie de moteros para afianzar su identidad como referente de ficción de calidad, dirigiendo sus producciones a un nicho de audiencia concreto, el público adulto masculino, y ofreciendo obras que destacan precisamente por su contenido controvertido. Tal y como sucede con otros canales de cable básico, como AMC o SyFy, financiados actualmente de forma mixta a través de cuota y publicidad, FX puede permitirse diseñar su programación en función de la especialización y la diferenciación, por lo que sus propuestas de ficción pueden ser más arriesgadas temáticamente y alejarse del gusto del público generalista. De esta forma, las hazañas de Jax y su club encontraron en FX un espacio ideal para su desarrollo narrativo, pues su alto contenido violento y sexual solo podía materializarse fuera del circuito de la televisión en abierto. Con *Sons of Anarchy* se buscaba conseguir una serie que alcanzase los estándares televisivos que otras importantes cadenas estaban imponiendo, tanto a nivel formal, logrando un empaque cada vez más cinematográfico, como temático, abordando temas más adultos y complejos.

En el presente capítulo se analiza *Sons of Anarchy* dentro del contexto específico de FX, además de observar las influencias externas de otras obras coetáneas que permean en la obra, convirtiéndola en un ejemplo paradigmático de la «nueva era del drama» (Longworth, 2002).

Origen y consagración de FX

FX, canal integrado en Fox Entertainment Group, se pone en funcionamiento en 1994 con la intención de atraer al público masculino joven a la televisión por satélite y por cable, emitiendo reposiciones de series y películas de acción. A principios del nuevo milenio la cadena comienza a preocuparse más por su imagen de marca, empezando a emitir series originales como la comedia satírica *Son of a Beach* (2000-2002), parodia de *Los vigilantes de la playa* (*Baywatch*, NBC, 1989-1999). Aunque el género en un primer momento no obtiene un gran éxito, le sirve al canal como experiencia para producir originales comedias en el futuro, caracterizadas por alejarse de la tradicional *sitcom*, y acercándose a la dramedia, al humor negro y al realismo, como sucede en *Colgados en Filadelfia* (*It's Always Sunny in Philadelphia*, 2005-) o *Louie* (2010-).

El estreno de *The Shield: Al margen de la ley* (*The Shield*, 2002-2008) representa un punto de inflexión en la historia de la cadena, pues además de obtener el favor de la audiencia y de la crítica, origina la creación de varias series centradas en hombres (Lotz, 2014): *Nip/Tuck. A golpe de bisturí* (*Nip/Tuck*, 2003-2010), *Rescue Me* (2004-2011) y *Sons of Anarchy*. Para alejarse de estas «narrativas hipermasculinizadas» (Wayne, 2016: 4) y tratando de implementar el principio de diversificación, la cadena ofrece dos series protagonizadas por actrices de éxito —Courtney Cox como una despiadada editora en *Dirt* (2007-2008) y Glenn Close dando vida a una implacable abogada en *Damages* (FX, 2007-2010; Audience Network, 2010-2012)—, pero ninguna de las dos ficciones obtiene un respaldo representativo, mostrando claramente la línea creativa que debía seguir FX para triunfar.

A finales de 2007, el logo de FX, que se había mantenido inalterable desde 1997, cambia y se acompaña del eslogan «There is No Box», firmando una campaña publicitaria en 2008. Esta hacía referencia directa a la frase «Thinking outside the box» y a la cadena de pago HBO, ya que, siendo el canal por cable y satélite con mayor número de abonados, suponía un duro adversario (Wallenstein, 2010). En este mismo año, la competencia que FX mantiene con otros canales aumenta, lo que le lleva a cancelar algunas series y dejar de emitir otras ya finalizadas para reorientar definitivamente su programación hacia un público más adulto. En 2008 se estrena la primera serie dramática bajo la nueva imagen de la cadena, *Sons of Anarchy,* que se convierte en un éxito inmediato de crítica y público, consiguiendo en 2010 los mayores índices de audiencia registrados por la cadena hasta entonces. También en ese mismo año se lanza otra de las series más características de esta nueva etapa de FX, *Justified: la ley de Raylan* (*Justified,* 2010-2015), basada en un relato del escritor Elmore Leonard, además de tres series cómicas bastante atípicas entre 2009 y 2010: *Archer* (2009-), una irreverente parodia animada de James Bond con humor muy adulto; *Louie,* que muestra la agria visión de la vida del cómico Louie C.K., y *La liga fantástica* (*The League,* 2009-2015), una comedia en parte improvisada sobre unos amigos que compiten en una liga virtual de futbol. Frente a los dramas hipermasculinizados que suponían parte de las series de FX en estos años, surge en 2011 *American Horror Story* (2011-) de Ryan Murphy, que funciona muy bien entre el público femenino (Wayne, 2016). Asimismo, en 2013, FX junto con FXX y FXM compartirán el lema de «Fearless», para caracterizar esta nueva etapa en la que cada canal tendrá una programación mucho más centrada en *targets* muy concretos. Tras este cambio, la cadena estrena algunas de sus series televisivas más reconocidas y aclamadas, como son *The Americans* (2013-), *The Bridge* (2013-2014), *Fargo* (2014-) y *American Crime Story* (2016-), que abordan temas controvertidos.

Sons of Anarchy y sus hermanos de ficción: las series de FX

Se ha mencionado previamente cómo FX desarrolla varias series centradas en hombres, pero lo más interesante es que sus protagonistas comparten ciertos rasgos o inclinaciones que los vinculan más allá de sus universos ficcionales. La investigadora Amanda Lotz (2014) destaca cuatro series como los principales pilares de la cadena, cuyos protagonistas masculinos muestran diversas conexiones y sobre los que gira el devenir de la trama principal: *The Shield* narra cómo el policía corrupto

Vick Mackey, junto al equipo de asalto que lidera, utilizan medios poco ortodoxos para mantener el orden en un conflictivo distrito de Los Ángeles; *Nip/Tuck. A golpe de bisturí,* se centra en la relación de amistad y profesional de dos cirujanos plásticos de éxito, Sean McNamara y Christian Troy; *Rescue Me* es reflejo de esas «dramaturgias audiovisuales pos-11 de septiembre» (Fernández Morales, 2013), pues cuenta las hazañas del bombero Tommy Gavin y su grupo de compañeros de Nueva York, mientras el veterano protagonista trata de superar el trauma de haber estado presente en los atentados del 11S; por último, *Sons of Anarchy,* con Jax Teller como líder, primero como heredero y después ocupando el trono, dirige el destino de sus compañeros del club.

Todos estos hombres se conciben como nuevos modelos de masculinidad en el sentido de que viven en un continuo estado de contradicción entre los hombres que quieren ser y los que son realmente, entre lo que admiran y lo que más desean (Lotz, 2014). En esa encrucijada, todos ellos se encuentran ante desafíos comunes: aunque no siempre sea la prioridad, la paternidad se presenta como un elemento imprescindible en la construcción de su identidad, intentando no reproducir las relaciones mantenidas con sus progenitores. En el caso de Jax es todavía más compleja porque se debate entre la influencia de su padre fallecido y aquel con el que ha crecido, creándole un conflicto moral entre dos formas de ver el futuro del club. Todos ellos encuentran dificultades para conciliar la vida marital o las relaciones amorosas con sus actividades «profesionales», conduciéndoles hacia una inevitable separación —ruptura matrimonial en el ejemplo de McNamara, con protección de testigos mediando en el contexto de Mackey y sufriendo una trágica separación en el caso de Teller—. Pero realmente, lo que más identifica a todos estos hombres son los vínculos de amistad que establecen con otros hombres, basados en la confianza, la lealtad y la historia compartida, aunque a menudo la sombra de la traición contamine dichas relaciones. La posibilidad de sublevación siempre está presente, por lo que esa fraternidad masculina no está exenta de control por parte del líder, pues mediante el dominio de otros varones se reafirma la hipermasculinidad del protagonista, tal y como sucede en *Sons of Anarchy* (Cox y DeCarvalho, 2016: 830). Esta situación es especialmente visible desde que Jax destrona a Clay durante el final de la cuarta temporada, pero también otros antihéroes de FX lo prueban, como Mackey, soberano de su unidad de policías, o Christian Troy tratando de dirigir la vida de Sean en *Nip/Tuck*. A este respecto, las investigadoras Cox y DeCarvalho (2016: 835) comentan que *Sons of Anarchy* se basa en un código de hermandad y nostalgia por el sistema de patriarcado tradicional, sustentado en relaciones de opresión, lo que también es aplicable a las otras series centradas en personajes masculinos de FX.

Profundamente ligada a la exaltación de la masculinidad se encuentran también conexiones con un género tradicionalmente unido a la virilidad como es el wéstern. Castleberry (2014) propone analizar *Sons of Anarchy* como una revisión del popular género americano que adapta al contexto contemporáneo la mitología, los escenarios, las estructuras narrativas y la ideología propias del wéstern clásico. El autor encuentra diversas manifestaciones en la serie que justifican dicha aseveración: a nivel iconográfico señala el uso del tabaco, los uniformes del grupo y los escenarios casi desérticos que caracterizan el ambiente de la serie. Detecta similitudes entre las Harley-Davidson y los caballos del Oeste, porque ambos expresan el espíritu fronterizo en el que viven los personajes, que siempre desean «cabalgar» buscando aventuras. Esto además coincide con una de las mayores preocupaciones de la banda, que es la llegada de la civilización y la pérdida de la libertad, un tema recurrente en otros wésterns clásicos. No es la única serie de FX que se fundamenta en esta reinterpretación del género, pues *Justified* se presenta como un wéstern contemporáneo en el que el alguacil Raylan Givens impone la ley con un código propio más cercano al empleado en el Oeste americano del XIX que el que impera en la actualidad. Igualmente, además de en la propia serie, también en las campañas publicitarias que el canal diseña se introduce icónicamente a Givens como un ejemplo del wéstern clásico, haciendo hincapié en su simbólico atuendo, mostrando sus armas en primer plano, ubicándolo en paisajes desérticos o con el extenso cielo azul de fondo. Se evita premeditadamente la contemporaneidad, del mismo modo que *Sons of Anarchy* parece pertenecer a otro espacio y tiempo, en el que esas deliberadas y frecuentes trasgresiones de la ley acometidas por los Hijos no atraen una atención mediática ni social representativa. Raylan y Jax son paradigmas del «outlaw hero» (Casetti y Di Chio, 1991; Lotz, 2014), pues celebran la libertad individual y se rigen por un código de conducta propio, pero como funcionan dentro de contextos actuales se hace patente que el carácter romántico de ese rol codificado no tiene el mismo sentido que en los clásicos, ofreciendo finales poco satisfactorios para los personajes —Raylan no acaba con su némesis mientras que Jax termina suicidándose—. Aunque no se inscriba exactamente en la misma línea genérica, también *The Bridge,* la adaptación estadounidense de la serie criminal *El puente* (*Bron/Broen,* DR/SVT, 2011-), guarda conexiones con motivos propios del wéstern: por un lado, la representación icónica del espacio desértico adquiere peso narrativo como lugar inhóspito y cruel, y por otro, la importancia de la frontera —la ficción comienza con la aparición de un cadáver en el puente que separa México y Estados Unidos— entronca directamente con la obsesión del género por los lugares limítrofes.

El wéstern evoca asimismo uno de los grandes temas de las series de FX, que es la exploración de la «americanidad», o más exactamente, la observación cínica del sueño americano y las contradicciones del modo de vida estadounidense. No es casualidad que tres de las ficciones de FX incluyan el término «americano» dentro de sus propios títulos, desarrollando argumentos poco asociados al «american way of life»: *American Horror Story* es una serie antológica en la que en cada temporada se cuentan, de forma escabrosa, historias de terror vinculadas al contexto norteamericano, mezclando lo sobrenatural con otros sucesos acontecidos en la realidad histórica; *The Americans* refleja la complicada vida de dos espías rusos infiltrados en Estados Unidos durante la década de los ochenta, mostrando las dificultades de compaginar su doble vida; por último, *American Crime Story,* otra serie limitada con carácter antológico, relata auténticos crímenes y muertes que han sacudido a la opinión pública estadounidense, empezando por el juicio contra O. J. Simpson. Ninguna de estas series muestra idílicas familias norteamericanas, pues tanto *American Horror Story* como *American Crime Story* exhiben núcleos desestructurados o relaciones personales tóxicas, y cuando existe esa recreación del entorno suburbial de familia perfecta, como sucede en *The Americans,* se hace para denunciar que ese reflejo es una simple fachada ocultando un gran secreto. Contradicciones similares sufren los personajes de *Sons of Anarchy,* donde los propios protagonistas van siendo conscientes de que no pueden seguir viviendo como los personajes de *Easy Rider* (Dennis

Hopper, 1969), pues el espíritu romántico y libertario de los años setenta no puede reproducirse en la actualidad, lo que significa que, muy a su pesar, deben evolucionar y deben permitir que Charming haga lo propio; la mejor forma en la que se muestra esta aceptación del futuro es la inclusión, al final de la serie, de Taddarius Orwell «T.O.» en el club, el primer miembro negro admitido dentro de una sede de los Hijos.

Como espacio de exhibición, una de las ventajas de FX es que permite que sus *showrunners* desarrollen su creatividad sin demasiadas limitaciones temáticas, generando ficciones controvertidas que destacan precisamente por su osadía en el tratamiento de las historias, siendo esta una de las marcas más identificativas del canal. Algunos creadores se sienten cómodos dentro de la línea trasgresora que permite la cadena, lo que en ocasiones significa que los autores continúan su trayectoria profesional dentro de FX durante años. Lo ejemplifica perfectamente el tándem formado por Bryan Murphy y Brad Falchuk, cuya producción se vincula cada vez más a FX, puesto que se han emitido aquí tres de sus series más populares: *Nip/Tuck*, *American Horror Story* y *American Crime Story*. Es asimismo el caso de Kurt Sutter, cuya trayectoria se une a la del propio canal, empezando como actor, guionista y productor de la serie policíaca *The Shield*, continuando con *Sons of Anarchy* y lanzando posteriormente el drama histórico *The Bastard Executioner* (2015). En primera instancia, a Murphy, Falchuk y Sutter les une la polémica, pues la asociación estadounidense Parents Television Council (PTC) ha reflejado en varias ocasiones su repudio hacia sus ficciones. En el primer capítulo de la sexta temporada de *Sons of Anarchy* se retrata el tiroteo emprendido por un niño de once años en su colegio, y aunque la secuencia no muestra explícitamente la acción, la serie fue denunciada por la PTC, que rechazaba el desarrollo de este tipo de contenidos en un canal de cable básico. Murphy y Falchuk habían experimentado una repulsa similar por parte del público vinculada al mismo tema: en la primera temporada de *American Horror Story*, uno de los protagonistas, un adolescente llamado Tate, provoca una masacre en su instituto que rememoraba los asesinatos reales del instituto Columbine en 1999; asimismo en el episodio «Estrella Fugaz» (4x18) de *Glee*, una serie mucho más blanca y dirigida a un *target* adolescente fuera del servicio del cable, también se aborda el tema de los tiroteos escolares. Es significativo cómo este tópico se ha convertido en un asunto sensible en el contexto norteamericano por encima de otros escenarios de violencia, sobre todo en series estigmatizadas por su reiterativa crudeza como *The Shield, American Horror Story, Nip/Tuck* o la propia *Sons of Anarchy*.

Sin embargo, relacionado directamente con la protección de la infancia, es curioso cómo el público acepta, e incluso aplaude, medidas violentas o desesperadas cuando los protagonistas de estas series toman represalias en situaciones que implican abuso de menores. Desde el propio episodio piloto de *The Shield* y *Nip/Tuck* se expresa cómo la pedofilia es la línea roja que separa a los antihéroes de los auténticos villanos: en *The Shield*, Mackey interroga violentamente a un sospechoso para averiguar el paradero de una niña desaparecida, mientras que los cirujanos plásticos protagonistas de *Nip/Tuck* se encuentran ante el dilema de operar a un pederasta, que acaba muriendo en su sala de operaciones. En *Sons of Anarchy* no tarda mucho en reproducirse una tesitura similar, pues en el tercer capítulo de la primera temporada («La Feria») atrapan y asesinan a un feriante que ha abusado de la hija de un importante miembro de la comunidad de Charming. Varias temporadas después, cuando los miembros del club han revelado su cara menos amable a la audiencia, se muestra de nuevo cómo pueden actuar generosamente ante situaciones que implican el riesgo de niños; así lo prueban cuando ayudan desinteresadamente a la transexual Venus a salvar a su hijo de la compañía de su depravada madre («Sweet and Vade», 6x07). En ese sentido, la protección de la inocencia es una de las cualidades que separa a los «malos» de los «auténticos malos».

Aunque el clima de violencia es un estilema claro de estas series y otras producciones viriles de FX, también es cierto que las obras de estos tres *showrunners* coinciden en un lugar común, que es el uso puntual del humor negro para aligerar la crudeza de las historias. Se ha comentado que incluso en las comedias emitidas por el canal se recurre a menudo a un tono agridulce para afrontar lo dramático, pero si alguna serie ha convertido en marca de identidad la celebración de lo absurdo es *Fargo*, otra de las series limitadas del canal, creada por Noah Hawley, en donde los escenarios de violencia y las situaciones irrisorias se fusionan como ya sucedía en la película homónima que originó esta ficción, dirigida en 1996 por Joel y Ethan Coen.

Otra de las marcas de autor que unen a Murphy, Falchuk y Sutter, situándolos en el punto de mira del sector estadounidense más conservador, es la presentación del sexo en sus ficciones como parte del ambiente natural en el que se desenvuelven sus personajes, recibiendo mucho más rechazo por parte de la PTC que las escenas violentas. De todas las ficciones de Murphy y Falchuk, *Nip/Tuck* es la que mayor controversia desencadena, pues el entorno laboral de los cirujanos favorece el tratamiento de temas especialmente delicados como el incesto, el aborto, la transexualidad o incluso la zoofilia. Resulta revelador cómo en *Sons of Anarchy* la sexualidad está incluso legitimada, pues la producción de porno y el negocio de acompañantes suponen los negocios más honrados del club y, sin embargo, la organización arremetió contra la serie cuando incluyeron en «Faith and Despondency» (7x10), una secuencia de más de dos minutos en la que varios personajes mantienen relaciones sexuales.

Por último, otra de las peculiaridades que cumplen estos autores es el uso reiterativo de gran parte de su elenco de actores, expresando una cierta sensación de continuidad entre las ficciones del canal. Sutter rescata numerosos actores de *The Shield* para *Sons of Anarchy* (Walton Goggins, Kenny Johnson o el propio creador, la esporádica presencia de Benito Martínez o el cameo crucial de Michael Chiklis), haciendo lo propio años después para *The Bastard Executioner* (Katey Sagal, Timothy V. Murphy o Sutter). La impresión de serialidad dentro del canal se amplifica además por la presencia de actores muy asociados a personajes icónicos que, no obstante, aparecen en otras ficciones de FX interpretando otros roles, funcionando como elementos unificadores del *branding* de la cadena: Walton Goggins se hizo popular como el policía Shane Vendrell en *The Shield*, pero también es el oponente de Raylan en *Justified* y Venus en *Sons of Anarchy*; otro ejemplo paradigmático de actor vinculado a un personaje es Michael Chiklis, Vick Mackey en el imaginario colectivo, y forzudo confuso con su sexualidad en la cuarta temporada de *American Horror Story*.

Territorios fronterizos: los vínculos con series de otros canales

Pese a que son muchas las características definitorias que comparten la gran mayoría de las series de esta «nueva era del drama», cada uno de los canales deja su impronta personal en las obras que realiza, y este carácter distintivo llega a constituir en algunos casos una identidad propia que recorre la totalidad de trabajos que se realizan bajo su sello. En el caso de HBO se puede apreciar cómo estas características permean no solo a nivel temático, sino también formal: se busca siempre un ritmo narrativo pausado que permita el desarrollo concienzudo de la trama, con una realización clásica y sobria, una contenida dosificación de los golpes de efecto y un gran énfasis en el realismo. En contraposición se encuentra AMC, en la que predomina un montaje más rápido y frenético, los planos imposibles y los filtros que saturan el color de la imagen, además de un desarrollo menos contenido con especial importancia en los golpes de efecto y una estética con fuerte influencia del cómic. De la misma forma, y como ya se ha comentado con anterioridad, FX también ha ido construyendo un carácter propio y personal que ha influido sobre *Sons of Anarchy*.

La mayor libertad temática que trajo consigo esta «nueva era» llevó a cadenas muy liberales en cuanto al contenido que ofrecen dentro de su programación a introducir violencia extrema y escenas de sexo con desnudos completos de sus actores. En el caso de FX se produce un conflicto interno con respecto a este tratamiento, ya que por un lado busca el sensacionalismo a través de sus contenidos pero, por otro, esto choca frontalmente con su ideología conservadora que le impide mostrar escenas de desnudos. Si bien las escenas de sexo son bastante habituales, en ninguna de ellas se muestra ningún elemento censurable más allá de algún que otro trasero, predominando especialmente los masculinos y, en algunas ocasiones, enmarcados en contextos cómicos. Esto dista mucho de lo que otras cadenas más liberales llevan a cabo en sus obras, y muestra esa disyuntiva en la que se encuentra FX a la hora de tratar los desnudos.

Aunque en este aspecto se aleja mucho de las series televisivas de HBO, que sirvieron de punta de lanza para inaugurar este movimiento, se puede apreciar la gran influencia que estas obras han tenido sobre la creación de Kurt Sutter. El retrato que realiza *The Wire: Bajo escucha* (*The Wire*, 2002-2008) de una sociedad violenta y delictiva guarda ciertas similitudes con el de la banda de moteros, pues si bien plantean enfoques distintos, ya que la serie de la HBO busca siempre un realismo casi documental mientras que *Sons of Anarchy* se desarrolla en un pueblo ficticio, la visión de una América conflictiva y que arrastra a los individuos al crimen está presente en ambas, al igual que en otras muchas series de FX. La sórdida recreación de las cárceles norteamericanas de *Oz* (1997-2003) se ve retratada de igual manera en las estancias que pasan los protagonistas de *Sons of Anarchy* en prisión, donde las autoridades son incapaces de mantener el orden, y los propios delincuentes son los que instauran la ley. En el caso de la serie de FX, este sistema se extrapola al exterior de las instituciones penitenciarias, ya que la policía casi nunca logra intervenir en las actividades de las distintas bandas mafiosas, y estas operan casi con total libertad y resuelven sus conflictos entre ellas. En cuanto al personaje protagonista, Teller recuerda a Tony de *Los Soprano* (*The Sopranos,* 1999-2007), ya que también se trata de un antihéroe delincuente con un tratamiento shakespeariano que toma como referencia a *El padrino* (*The Godfather,* Francis Ford Coppola, 1972), llegando incluso a tener más presente la obra de Coppola, ya que el motorista tiene una evolución muy similar a la de Michael Corleone, donde la herencia familiar se presenta como una maldición que atrapa a las nuevas generaciones y las arrastra a la degradación del crimen.

En las series televisivas actuales, la figura del antihéroe está cobrando cada vez mayor representación, y en el caso de *Sons of Anarchy* constituye uno de los elementos básicos sobre los que se estructura la serie. Jax encaja en el concepto de «héroe posclásico» (González Requena, 2012), que concibe una nueva construcción de héroe que surgió en el cine en la década de los ochenta y que, en la actualidad, tiene una importante presencia en las series televisivas. Esta nueva concepción se caracteriza principalmente por la ambigüedad moral de sus personajes y porque el conflicto psicológico que surge en ellos cobra mayor importancia que el puramente físico, además de que influye profundamente en el tratamiento de escenas crudas y violentas, que si bien en una era clásica se elidirían, en la posclásica se recrean con especial énfasis en el detalle. Mientras que el conflicto físico de Jax va variando en cada nueva temporada de la serie, el psicológico, que es la duda, se mantiene invariable (Cano-Gómez, 2012), salvo en la séptima temporada. Resulta complejo el tratamiento de un antihéroe que además sea un delincuente, sin embargo son muchas las cadenas televisivas que han apostado por ello, y se pueden encontrar multitud de similitudes y diferencias entre Teller y los protagonistas de series de HBO, AMC, Showtime o Netflix.

Con respecto a HBO, Tony Soprano, el capo de una importante familia de mafiosos italoamericana, se presenta como un personaje cruel y despiadado, un criminal violento que asesina y tortura a la competencia para poder lograr su propio beneficio, y que sin embargo consigue ganarse la empatía del público gracias a que es retratado con humanidad y se le dota de profundidad y realismo. Según Carl Jung (2001), el héroe también tiene su aspecto más mundano y vulgar, y es gracias a darle gran importancia a esta faceta por lo que el protagonista de *Los Soprano* logra cercanía con el espectador a pesar de todo. La serie da comienzo con una situación de debilidad del personaje por la que se ve obligado a acudir al psicólogo, y esto se mantendrá durante casi todo su desarrollo, pero donde realmente se demuestra su humanidad es en la relación con los miembros de su familia. A pesar de sus múltiples problemas, de que engaña a su esposa con otras mujeres y de que no es un buen padre, Tony Soprano realmente los aprecia y teme perderlos, los necesita para que sean su apoyo, y este es el elemento que más llega a humanizarlo. En contraposición, el núcleo familiar de Jax está completamente desestructurado, y de hecho es fuente de los peores problemas a los que se tiene que enfrentar el protagonista, de manera que algunos de los mayores conflictos surgen desde el interior: tiene múltiples discusiones con su padrastro, su esposa trata de escapar llevándose a sus hijos, y su madre asesina a su pareja. Por lo tanto, la situación familiar de Jax carece de la cotidianeidad que podría mostrar la faceta más mundana del personaje, y en cierto modo se pierde esta cercanía.

También en HBO destaca por el tratamiento de sus antihéroes *Oz*, donde la gran mayoría de los integrantes de su reparto coral son peligrosos criminales recluidos en una prisión de máxima seguridad. En este caso, casi todos sus personajes se muestran como asesinos salvajes y crueles que carecen del menor atisbo de humanidad, por lo que su creador, Tom Fontana, demuestra que no está interesado en conseguir la empatía del público por ninguno de ellos (Cascajosa, 2006a: 29). A Fontana no le importa la suerte que corran sus personajes, de hecho no tiene el menor reparo en asesinarlos bruscamente, como ocurre con Dino Ortolani en el episodio piloto, justamente para mostrar lo fútil que es la vida en la cárcel. Su verdadera intención es construir una suerte de microcosmos de los Estados Unidos, en el que la violencia, el racismo, la xenofobia y el antisemitismo son elementos constitutivos de la sociedad. En *Sons of Anarchy*, a pesar de intentar hacer un retrato similar, se consigue la empatía del espectador, lo que desemboca en un tratamiento de sus personajes muy alejado del que hace *Oz*.

Con Walter White, AMC construía uno de los personajes más complejos y poliédricos que ha dado la televisión contemporánea. En *Breaking Bad* (2008-2013), como indica el propio título, se muestra el proceso a través del cual su protagonista cruza la línea que le convierte en villano. Sin embargo, el que en un principio se muestra como un hombre «bueno» que hace cosas «malas» por culpa de sus circunstancias, se acaba desvelando poco a poco como alguien que siempre ha sido «malo» pero que, por pura cobardía, no se ha mostrado en su plenitud hasta que ha sentido la cercanía de la muerte. Juanma Ruiz (2013) comenta cómo Vince Gilligan logra que el espectador empatice con el protagonista a través de la contextualización de sus actos con respecto a lo que sucede a su alrededor. No obstante, y a pesar de ello, no se justifican sus crímenes ni se evita su condición de delincuente violento, y la empatía se consigue gracias a que es difícil determinar cuándo sufre definitivamente su transformación, que tiene lugar de una manera muy progresiva, además de que se trata de un personaje muy carismático y magnético. En el caso de Jax sí que se puede apreciar en ocasiones cómo se trata de justificar sus acciones con respecto a sus enemigos, ya que estos llegan a ser mucho más crueles de lo que los moteros podrían serlo, como por ejemplo ocurre con la agente del FBI June Stahl o con la banda de neonazis, para marcar esa diferencia entre antihéroes protagonistas y los verdaderos villanos.

En *Dexter* (2006-2013) de Showtime, pese a que el protagonista es un psicópata homicida que no reprime sus primarios instintos que le llevan a cometer asesinatos, este se presenta casi como un anarquista justiciero que, ante la incompetencia de las leyes penales, decide arreglar aquello que escapa a los policías de Miami. A pesar de lo brutal de sus crímenes y a que, en un principio, todos los sentimientos y afectos que exterioriza no son más que una máscara, se muestra como un personaje más maniqueo que los anteriormente expuestos. Aunque, como indica Juanma Ruiz (2013), no se juzga a Dexter, sí que se encuentra justificación a su comportamiento, debido a un terrible trauma infantil, llegando hacia la mitad de la serie incluso a suavizar sus rarezas y peculiaridades más cuestionables. De una forma similar, y en ocasiones, se busca mostrar la violenta postura de los personajes de *Sons of Anarchy* como la acertada, siendo uno de los casos más representativos aquel en el que Tara golpea a su superiora en el hospital («Burnt and Purge Away», 4x12). En esta ocasión, el espectador apoya la acción de Tara, ya que Margaret Murphy se retrata como un personaje insoportable, por lo que supone un alivio en lugar de un síntoma de la degeneración en la que está cayendo Tara por culpa de la influencia de Jax.

Con *Narcos* (2015-), el antihéroe criminal que aborda Netflix guarda dos importantes diferencias con respecto a las series anteriormente comentadas: que Pablo Escobar está basado en un personaje real, y que comparte coprotagonismo con un agente de la DEA, Steve Murphy, que busca darle caza, por lo que ambos bandos enfrentados cobran similar relevancia. De esta forma, la empatía del espectador tiene que dividirse entre los dos personajes, y al retratarlos huyen del maniqueísmo, ya que Pablo, pese a lo monstruoso de sus actos, posee cierta humanidad, y Steve Murphy, aunque se encuentre del lado de la ley, se llega a contagiar de la violencia y la crueldad de los narcotraficantes. Esto no sucede en *Sons of Anarchy* ya que, aunque la policía está enfrentada a los motoristas, nunca se focaliza la situación desde su punto de vista. Por otro lado, resultan muy representativas dos entrevistas realizadas a Wagner Moura (Egner, 2016) y a Charlie Hunnam (2015), protagonistas respectivamente de ambas series, cuando terminaron con sus papeles. El actor de *Narcos* asegura que se siente liberado, y que se alegra de poder recuperar la forma física además de salir de la mente de un personaje tan oscuro, y el de *Sons of Anarchy* comenta que lo que más le desagrada de su personaje es la infidelidad hacia su pareja. Estos testimonios nos desvelan mucho acerca de los actores, pero también sobre los personajes, ya que en *Sons of Anarchy* no solo se busca la empatía, sino también la simpatía, que el espectador se posicione a favor del personaje y en contra de todos sus enemigos, mientras que en *Narcos* simplemente se intenta retratar a un ser humano.

Jax es un criminal que carece de reparos a la hora de asesinar y actuar al margen de la ley, sin embargo gran parte de sus actos más detestables están, en cierto modo, justificados debido a que los verdaderos villanos son aún peores que él, logrando que el espectador se posicione a favor del protagonista y que le apoye a la hora de cometer el crimen. Esto sucede, por ejemplo, cuando mata al secuestrador de Tara, cuando se venga de los irlandeses que raptan a su hijo, o incluso cuando asesina a su propia madre en venganza por la muerte de su esposa. Aunque Jax forme parte de la banda, se busca dotarle de mayor superioridad moral sobre el resto de los integrantes cuando desea salir de la misma, llegando incluso a enfrentarse con Clay, que se retrata como un hombre sin escrúpulos al intentar asesinar a Opie. Así se persigue dotar de mayor bondad a Jax, que se presenta como un personaje honorable y con principios, a pesar de sus crímenes. No obstante, se puede apreciar un cambio durante las dos últimas temporadas, especialmente la séptima, cuando Teller se ve obligado a convertirse en el líder de la banda, mostrándose este cargo como una maldición que le arrastra a tomar decisiones cuestionables, más aún cuando su esposa es asesinada. De esta manera, y como indica Cano-Gómez (2012) con respecto al héroe posclásico, Jax logra infundir lástima en el espectador, ganándose así su empatía.

En resumen, Jax, como lo otros personajes aquí analizados, es otro ejemplo paradigmático del contradictorio antihéroe contemporáneo, exhibiendo grandeza y debilidad, humanidad y crueldad. Al igual que sucede con el protagonista, la propia serie es también un reflejo de las tendencias en la ficción coetánea, influyendo y siendo influida por otras producciones, mostrando una perfecta simbiosis con su contexto histórico televisivo. De la misma forma que FX imprime su propia personalidad en la serie, la obra de Kurt Sutter marca la línea creativa de la cadena, ayudando a construir su identidad. Asimismo, son varias las series televisivas de otros canales, especialmente de cable, que han despejado el terreno para que pudieran abordarse temas controvertidos en *Sons of Anarchy*, así como también esta ha servido de referente para otras ficciones posteriores. En definitiva, tanto las influencias internas como externas de FX han creado un marco idóneo para el desarrollo de *Sons of Anarchy*, configurando la serie en múltiples aspectos.

Capítulo 3
Sons of Anarchy y *The Shield:* hermanas de sangre

Adrián González Viña

Antes de trabajar en The Shield *había escrito guiones de prueba para televisión. Entendía el formato, cómo hacer una historia. Pero una cosa es desarrollar el engranaje narrativo de un episodio: «¿Qué está haciendo esta persona?» Hecho esto, la pregunta que sigue es: «¿Cómo le damos peso a esto?» ¿Cómo escribes una escena de persecución en motos y lo unes temáticamente a la mitología del Todo? Eso es lo que aprendí en* The Shield. *Kurt Sutter*
(en Seitz, 2013. TP)

El origen

Kurt Sutter empezó su trayectoria profesional como guionista en *The Shield* (FX, 2002-2008), serie con la que la cadena de *basic cable*[1] FX empezó a apostar con fuerza por la producción propia. Ocho años después de ser fundada y con una programación que consistía en repetir series de FOX, comedias canceladas tras una temporada y programas de entretenimiento, se lanzó a la producción de dramas lo más osados posible, tratando de establecerse como digna competidora del gigante del cable del momento: HBO. La diferencia es que esta última es de *premium cable,*[2] así que era difícil de entrada que una cadena con limitaciones en el uso del lenguaje y en la representación del sexo y la

---

1/   Una de las opciones de oferta de emisión por cable en Estados Unidos, un paquete compuesto de una serie de canales que el usuario recibe al darse de alta en el servicio de distribución por cable. Incluye canales generalistas y otros de carácter temático, como canales de deportes, noticias, dibujos animados, educativos, culturales, infantiles, etc.

2/   Otra de las opciones de oferta de emisión por cable en Estados Unidos, un paquete compuesto de diversos canales temáticos en una misma oferta, configurando paquetes de gran especialización. Podemos encontrar «paquetes» especialmente dedicados a los deportes, al cine, documentales, etc. Para recibirlos en su domicilio el abonado debe pagar una cuota especial, además de la de mantenimiento del servicio.

violencia pudiera producir series al nivel de las que trabajan sin apenas cortapisas. Esta libertad es debida, en gran parte, a que no hay que complacer a anunciantes cuyos productos se publiciten en medio de una serie ni preocuparse por atraer a los espectadores que estén viendo en ese momento la televisión cambiando con frecuencia de canal.

Como gran apuesta, *The Shield* fue un éxito rotundo. No solo en audiencia sino también en el circuito de los premios, obteniendo Globos de Oro a la mejor serie y mejor actor para Michael Chiklis, además del Emmy para el intérprete por dar vida al carismático Vic Mackey, amoral y corrupto policía que lidera una unidad especial en una comisaría de Los Ángeles, el llamado Grupo de Asalto.

Kurt Sutter fue, junto al creador de la serie Shawn Ryan, el único guionista en escribir durante las siete temporadas de la misma: un total de 19 episodios (18 como guionista/co-guionista y uno como argumentista) que le colocaron en la mejor posición no solo para aprender sobre narrativa sino sobre el trabajo con la cadena. A lo largo de sus años en la serie ascendió desde el puesto de *staff writer* al de productor ejecutivo, pasando por los cargos de editor, coproductor, productor supervisor y coproductor ejecutivo, al tiempo que ayudó a Ryan a llevar la serie cuando este aceptó la oferta de David Mamet de ser el *showrunner* en las primeras temporadas de *The Unit* (CBS, 2006-2009). Asimismo, y ateniendo a lo anterior, no es casualidad que tanto *Sons of Anarchy* como *The Bastard Executioner* (FX, 2015) hayan sido producidas por la misma cadena. El buen entendimiento entre el guionista y John Landgraf, presidente de FX desde 2005, ha quedado patente en múltiples declaraciones de ambos a lo largo de los años (Rose, 2015).

La idea de este capítulo es partir de lo anecdótico para llegar a lo trascendente, y es que Kurt Sutter usó a ocho de los trece intérpretes que fueron regulares en *The Shield* en roles con distinto grado de duración e importancia en *Sons of Anarchy,* amén de algunos otros actores y actrices no fijos. Lo anecdótico —el hecho de repetir con varios miembros del elenco tiene algo de juego— se convierte en trascendente en la medida en que algunos de estos roles tienen un poder metafórico, y la concepción de varios de los mismos va más allá de la simple premisa de ofrecer ese papel al siguiente de la lista. A través de la comparación de los papeles de dichos intérpretes se busca enfrentar ambas series y apuntar las lecciones que Sutter pudo haber aprendido de Ryan. Además, se quiere destacar la importancia de los trabajos de Kurt Sutter para forjar la imagen de la cadena con la que cuenta en la actualidad. Porque Sutter ha sido en parte responsable, con sus trabajos, de que FX sea una cadena que ofrezca bastante libertad en la representación del sexo y la violencia en sus productos.

¿Qué aprendió Kurt Sutter en *The Shield*?

Ver *Sons of Anarchy* después de haber visto *The Shield* es notar de entrada los vasos comunicantes. El argumento es ligeramente similar (están protagonizadas por grupos de hombres cuyas actividades son ilegales y las ejercen tras la coartada de tener una profesión legal) y la manera de desarrollar las tramas y crear una densa mitología alrededor de las acciones de los personajes de *Sons of Anarchy* remite inevitablemente a *The Shield*. Pero esto no es una acusación de plagio o de repetición mecánica y aburrida de algo que ha funcionado. El creador aprendió mucho de lo que sabe profesionalmente en *The Shield* (Radish, 2011), en una sala liderada por Shawn Ryan y que contó con guionistas respetados y queridos en la industria como Glen Mazzara, Scott Rosenbaum, Charles H. Eglee o el dúo formado por Elisabeth Craft y Sarah Fain. Y muchas de las mejores y más salvajes ideas del policiaco salieron de la mente del guionista. Todo esto está bien documentado en las ediciones en DVD de *The Shield*, con amplios reportajes y audiocomentarios que desgranaban la serie por completo. Un ejemplo: en el capítulo «Mum» (3x05), Sutter escribió una de las escenas más perturbadoras de la serie, cuando el personaje de David Aceveda es asaltado a punta de pistola por una pareja de Latin Kings, que le obligan, por pura diversión, a practicarle sexo oral a uno de ellos mientras el otro graba, bajo amenaza de muerte. Esto es algo que podría pasar perfectamente en algún capítulo de *Sons of Anarchy*.

Otra cuestión que ambas series comparten es la máxima de que, como guionista, una de las maneras más eficaces de lograr que el público se interese por tus personajes es introducirlos en situaciones de gran envergadura; que las circunstancias de sus vidas no sean ideales y tengan problemas a los que enfrentarse, y que los resuelvan siempre, aunque parezca imposible (Hill, 2014).

Con esto en mente, es evidente que Kurt Sutter sigue esta máxima. Tanto con los personajes que no creó pero sí ayudó a moldear como con los que sí creó; porque un espectador que haya visto ambas series puede enumerar la cantidad de problemas e infortunios con que se encontraron en las siete temporadas de duración de cada drama.

Por razones evidentes, no se puede señalar con exactitud cuánto hay en *The Shield* de Sutter, de Ryan, o de cualquiera de los otros 25 guionistas que poblaron esa sala a lo largo de los años. Pero no se puede negar que existen entre ambas series una manera similar de encarar las historias, anclada en la inmediatez del que reacciona y planea sobre la marcha, y la brusquedad de una puesta en escena de cámara en mano y escasa preocupación por un empaque visual estiloso. La imprevisibilidad, la tendencia a introducir grandes giros de guion a las historias y tomar la ruta argumental más complicada son lecciones que se puede argumentar que Sutter aprendió de su trabajo en *The Shield*, y que ha aplicado a sus creaciones seriadas.

Los intérpretes que trabajaron en ambas series

A la hora de hablar de aquellos intérpretes que han trabajado en ambas series, hay que hacer una distinción de entrada. Los ocho protagonistas de *The Shield* que han salido en *Sons of Anarchy* son (por orden cronológico de aparición): Jay Karnes (temporada 1), Kenny Johnson (temporadas 2, 3 y 4), David Marciano (temporada 3), David Rees Snell (temporada 4), Benito Martínez (temporadas 4 y 5), Walton Goggins (temporadas 5, 6 y 7), CCH Pounder (temporadas 6 y 7) y Michael Chiklis (temporada 7). Han sido en papeles con mayor o menor recorrido e importancia, pero todo un guiño para los seguidores y una estimulante maniobra para mostrar nuevos registros interpretativos en varios casos. Se entiende como protagonista a aquel actor o aquella actriz que haya formado parte de los créditos en la primera de las series. Sin embargo, además de estos, hubo otros que salieron en ambos proyectos, pero cuyos roles en *The Shield* no eran lo suficientemente importantes o extensos como para que se pueda argumentar con firmeza que su traspaso a *Sons of Anarchy* sea una decisión deliberada, consciente y con potencial extratelevisivo, y no simplemente una contratación que surja del simple hecho de que así funciona el negocio (Ally Walker, por ejemplo). Existe un pequeño tercer grupo, el formado por el matrimonio Kurt Sutter/Katey Sagal. Sagal intervino en dos episodios de *The Shield* como Nancy Gilroy, la exmujer del policía corrupto y ludópata que enseñó a Vic Mackey todo lo que sabe para engañar al sistema. Sutter, por su parte, dio vida al criminal armenio Margos Dezerian en cuatro capítulos, convirtiéndose de hecho en el gran villano de la tercera temporada, cuando el escuadrón protagonista decide robar una gran cantidad de dinero de su banda. En *Sons of Anarchy* encarna a Otto Delaney, miembro del club encarcelado que sirve en ocasiones de enlace entre SAMCRO y algunas facciones criminales que también tienen componentes entre rejas. Como curiosidad, cabe destacar que Sutter hizo ambos trabajos como actor sin acreditar.

Por lo tanto, técnicamente la primera persona en hacer el cruce de una serie a otra sería Katey Sagal, que interpreta a Gemma Teller durante los 92 capítulos de *Sons of Anarchy,* en un trabajo que le dio un Globo de Oro a la Mejor actriz en 2010. Pero para los propósitos de este trabajo, el primer cruce se produciría en «Fun Town» (1x03), cuando Jay Karnes aparece como el agente Joshua Kohn, exnovio psicópata de Tara, mientras que el último cruce sería el de Michael Chiklis en «Red Rose» (7x12), donde da vida al camionero Milo.

De todos los fichajes, los de Walton Goggins y Michael Chiklis fueron los más sorprendentes; el primero por inaudito y el segundo por inesperado, ya que se dio cuando quedaban solo dos episodios para cerrar la serie. Más adelante se explicará el porqué de esta sorpresa, que tiene su origen en una entrevista concedida por Sutter en 2011, cuando ya había fichado a cinco miembros del elenco de *The Shield.* En la misma, el creador asegura que quiere continuar haciéndolo pero que los espectadores no esperaran ver a Chiklis ni a Goggins, porque su asociación con Shane y Vic era tan fuerte que le resultaba imposible imaginarlos en algún rol de peso que no estuviera condenado de antemano a las comparaciones.

Antes de empezar a analizar uno a uno los personajes de estos ocho intérpretes, es necesario hablar de los cinco que, por la razón que sea, no llegaron a participar en *Sons of Anarchy.* Son Catherine Dent, Michael Jace, Cathy Cahlin Ryan, Glenn Close y Paula Garcés. Los dos primeros fueron fijos durante las siete temporadas de *The Shield,* mientras que Ryan fue ascendida a fija en la quinta temporada, tras cuatro años saliendo en casi todos los episodios, y Garcés lo fue en la última, tras aparecer como estrella recurrente en 19 de los 21 episodios que suman las temporadas quinta y la sexta.

La historia de Close es más particular, ya que su participación vino propiciada en 2005, un momento en que el cable se estaba popularizando como el sitio donde se producían temporadas más cortas, con las que se podía atraer también mayor talento actoral, ya que muchos actores y actrices han declarado a lo largo de los años que no firmaban para hacer televisión porque era un compromiso muy grande, de entre ocho y diez meses al año y un mínimo de siete temporadas firmadas de golpe. Close vio con interés la cantidad de papeles interesantes para mujeres en la pequeña pantalla, así que hizo que sus agentes corrieran la voz de que quería firmar un contrato de un año en alguna serie por cable. Esta fue finalmente *The Shield,* cuya experiencia fue tan positiva para la actriz —nominaciones al Emmy y al Globo de Oro incluida— que acabó por protagonizar *Daños y perjuicios* (*Damages,* FX, 2007-2010; Audience, 2011-2012).

La otra curiosidad es que en el primer capítulo de *The Shield* se puede encontrar en los créditos el nombre de Reed Diamond, que interpreta al agente Terry Crowley, miembro del Equipo de Asalto. Pero su aparición es una trampa, ya que el personaje será ejecutado al final del episodio cuando se descubra que estaba informando al capitán Aceveda sobre las actividades ilegales del resto del escuadrón. Shawn Ryan hace que figure como fijo para que el espectador piense que su trama será continua, pero no es el caso.

A continuación se hablará de los ocho intérpretes que trabajaron en ambas series, sus personajes y la duración de su presencia.

JAY KARNES (Holland Wagenbach, alias Dutch / Joshua Kohn — 6 capítulos)

Dutch y Kohn son personajes muy opuestos. Los dos están en el mismo trabajo, pero el personaje de *The Shield* representa todo lo positivo de la profesión de defensor de la ley, y a lo largo de las siete temporadas el espectador ve cómo es ridiculizado, humillado y atacado por tener ínfulas de buen investigador y desarrollar su intelecto para hacer mejor su trabajo, aunque a veces caiga en la pomposidad. Kohn, por su parte, estará presente en *Sons of Anarchy* en media docena de episodios, pero su carácter obsesivo y temple violento le distancian de entrada de la anterior encarnación de Karnes.

Lo curioso es que Kohn surge en cierta medida gracias a la existencia de Dutch, ya que como relatan Kurt Sutter y Shawn Ryan en los extras del DVD de la última temporada de *The Shield,* el primero propuso la idea de revelar en el final de la serie que Dutch era en realidad un asesino en serie, y que en el sótano de su hogar habían personas secuestradas y algunos cadáveres en diferentes estados de descomposición. No era una sugerencia aleatoria y alocada, ya que a lo largo de la serie se había jugado con la idea de que el personaje tenía un lado oscuro —en «Strays» (3x11) mata a un gato sin justificación alguna— y una de sus últimas subtramas implica la desaparición de una mujer con la que estaba saliendo, aunque la serie apunta (sin resolverlo) a que el responsable de esto es el hijo de la mujer. Pero Ryan rechazó la idea de pleno, porque no cuadraba con el personaje de Dutch.

Por tanto, que Sutter creara a Kohn expresamente para que Karnes lo interpretara funciona no solo como mera curiosidad anecdótica —una manera creativa de realizar su fantasía— y una oportunidad de lucimiento para el actor, sino como una suerte de extensión metafórica del mismo rol. Dutch podría haber sido Kohn si hubiera cedido a esos impulsos más oscuros.

Kenny Johnson (Curtis Lemanski / Herman Kozik — 12 capítulos)

Lem y Kozik son personajes en principio opuestos (un policía y un criminal), pero que comparten bastantes rasgos, ya sea porque Sutter ideó el rol queriendo transmitir sensaciones similares (compañerismo, una ternura casi infantil, sentido del humor) o porque el intérprete enfocó ambos papeles desde la misma posición emocional. Tras participar en un episodio de la segunda temporada, que presentaba a Kozik como un miembro del SAMCRO en Tacoma que tiene problemas con Tig a raíz del cariño de una perra llamada Missy, el intérprete volvió para ocho de los trece de la tercera, teniendo ya más tiempo disponible debido al fin de la serie *Salvando a Grace* (*Saving Grace,* TNT, 2007-2010).

Su arco de personaje consiste en su interés por formar parte de la rama de los Hijos de la Anarquía que opera desde Charming, con frecuentes discusiones con Tig a raíz de Missy —que no revela que es un animal hasta finales de la tercera temporada—, quien por ello vota siempre en contra de que sea admitido en el club. Finalmente acabará ganándose la aceptación tras ayudar en acontecimientos importantes, incluyendo el rescate de Tara y Margaret Murphy. En la cuarta temporada, que retoma la acción un año después del final de la tercera, ya aparece como miembro del club, pero acaba muriendo por pisar una mina en medio de un tiroteo entre el club y el cártel Lobos Sonora. Su muerte vino dada principalmente por su fichaje por la serie *Principal sospechoso* (*Prime Suspect,* NBC, 2011-2012), donde era uno de los protagonistas.

En cuanto a las similitudes entre los roles, la participación de Johnson en *Sons of Anarchy* es más funcional que profunda, aunque tiene sus momentos de metalenguaje, como en «Dorylus» (4x03), cuando se refieren a él como «*lemon-headed surfer*», mote similar al que su personaje de Lemanski recibía en *The Shield* por apellidarse así, y en la muerte de ambos personajes, que explotan —uno con una granada, otro con una mina— para gran sorpresa de la audiencia. Se puede deducir de la decisión de Sutter de matar así a Kozik que está haciendo un guiño a los seguidores de su anterior trabajo.

DAVID MARCIANO (Steve Billings / Chicken Man — 1 capítulo)

De todos los cruces de intérpretes que se produjeron entre las dos series, el de David Marciano parece el menos elaborado, quizá porque ya en ese momento Sutter estaba empezando a plantearse seriamente la idea de ir contratando a todos los actores y actrices posibles de *The Shield*. Chicken Man aparece solo una vez en *Sons of Anarchy,* en el episodio «Turning and Turning» (3x05), y es un paranoico criminal en cuya furgoneta Juice será atacado por miembros de los Mayans.

En *The Shield,* Marciano interpretó al detective Steve Billings, que comienza a trabajar en la comisaría en la cuarta temporada y se convierte en personaje regular en la séptima y última, aunque ya llevaba un tiempo apareciendo en todos los episodios y hasta teniendo tramas propias. Su rol representa un punto intermedio en el trabajo de detective entre lo que hace el escuadrón (la corrupción y el saltarse la ley) y lo que hacen la pareja Dutch/Claudette (trabajar desde dentro de la legalidad), poniendo énfasis en su desgana por investigar los casos y su nulo interés por la parte más física del empleo, contando los días hasta su jubilación.

De cara a buscar una conexión entre los papeles, aunque no se puede afirmar con rotundidad que esta exista, se puede argumentar que tanto Billings como Chicken Man son tramposos capaces de vender a alguien para salvarse a ellos mismos. En una de las tramas más representativas del carácter de Billings, Dutch descubre que ha comprado las máquinas expendedoras de la comisaría, de manera que todo el dinero va a parar a su bolsillo. Dutch amenaza con denunciarle, y el afectado contraataca facilitando un romance entre un nuevo detective de la comisaría y la agente que le gusta a Dutch, incluso creando las circunstancias para que Dutch les pille teniendo sexo, en lo que él cree es una cita con la agente.

DAVID REES SNELL (Ronnie Gardocki / Grad Nicholas — 8 capítulos)

La participación de Rees Snell en la cuarta temporada de *Sons of Anarchy*, saliendo en ocho de los catorce episodios, se puede considerar lo suficientemente sustancial como para dejar huella en el universo de Kurt Sutter. El problema es que su personaje, el agente del FBI Grad Nicholas, queda completamente deslucido en comparación con el asistente del fiscal Lincoln Potter, que trata de convencer a Juice de vender a sus compañeros para tratar de crear una acusación RICO, y así poder cerrar legalmente SAMCRO como una organización criminal que vende armas. Nicholas se limita por tanto a aparecer en pantalla colaborando con Linc en lo que este estime necesario, pero nunca dejando una impresión duradera.

En *The Shield*, Rees Snell interpreta a Ronnie Gardocki, miembro del Equipo de Asalto y por lo tanto agente corrupto de la comisaría. Su personaje siempre fue el que recibió menos atención de los cuatro, aunque se mantuvo durante toda la serie y recibió uno de los destinos más crueles como parte del trato que hace Vic Mackey. En cuanto a la posible conexión de los roles, no parece que haya ninguna especialmente profunda más allá del hecho de que moralmente están en lados opuestos. Sutter fichó a Rees Snell para dar vida a otro agente de la ley, pero esta vez sí que cumple la legalidad.

Benito Martínez (David Aceveda / Luis Torres — 16 capítulos)

Martínez hace acto de presencia en el segundo capítulo de la cuarta temporada de *Sons of Anarchy* como Luis Torres, la mano derecha de Romeo Parada, del cártel mexicano Galindo. SAMCRO establece una relación profesional con dicha organización criminal, así que Jax y Clay se reúnen con frecuencia con Parada y Torres para venderles armas, en una asociación que dura dos temporadas y que termina con la noticia de que ambos son en realidad agentes de la CIA en busca del IRA, y la razón final por la que Potter no ejecuta su caso RICO contra el club; un caso que más tarde arruinará Otto al matar a la enfermera Pamela Toric, librándose así Jax del soborno de Parada y Torres.

El rol de Martínez no es especialmente memorable, más allá de una colección de escenas en la que conversa con Clay y Jax. De nuevo, y aunque el personaje en sí es importante, parece que Sutter simplemente continuaba su lista de fichajes pendientes y vio en Martínez al actor ideal para encarnar a Torres.

En *The Shield,* sin embargo, su trayectoria fue mucho más interesante, ya que David Aceveda comienza la serie como el capitán de la comisaría donde opera el Equipo de Asalto, al que intenta capturar *in fraganti* en múltiples ocasiones, y acaba ascendiendo a un puesto en el Consejo Municipal, donde permanece el resto de la serie, aunque intenta convertirse en el alcalde de Los Ángeles sin éxito. No parece que haya una conexión profunda entre los roles más allá del hecho de ser los dos personajes latinos que trabajan del lado de la ley, y que son perjudicados en última instancia por los protagonistas de ambas series.

Walton Goggins (Shane Vendrell / Venus Van Dam — 6 capítulos)

Como respuesta a la ya mencionada entrevista, Walton Goggins llamó a Kurt Sutter dispuesto a probar que estaba equivocado, ofreciéndose a interpretar el rol más opuesto posible al agente Shane Vendrell (Ausiello, 2012). De sus discusiones sobre el asunto surgió Venus Van Dam (un guiño a *The Shield*, donde Shane elegía el pseudónimo de Cletus Van Dam cuando hacía operaciones de infiltrado), personaje transgénero cuya inesperada popularidad acabó por propiciar la aparición del actor hasta en seis episodios, incluido el final de la serie. La relación entre ambos personajes radica, precisamente, en que no se puede establecer realmente una conexión, ya que el reto que el actor le propuso al guionista era hacer desaparecer a Shane en este nuevo rol, así que nada en Venus recuerda al corrupto detective.

Venus entra en la trama cuando el club requiere de los servicios de una prostituta para sacar unas comprometedoras fotos a un concejal que luego serán usadas como chantaje. Su presencia iba a ser puntual y una sorpresa, de ahí que no se revelara el nombre de Goggins hasta los créditos finales del capítulo. Pero la popularidad del personaje y lo creativamente estimulante del mismo para Sutter y Goggins propició el regreso de la mujer en la sexta temporada, cuando pide ayuda al club para recuperar a su hijo de la custodia de su destructiva madre.

Los compromisos laborales del actor, ya fuera con *Django desencadenado* (*Django Unchained*, Quentin Tarantino, 2012) o con la serie *Justified: la ley de Raylan* (*Justified*, FX, 2010-2015), donde era fijo, limitaron siempre su presencia en *Sons of Anarchy*, pero en apenas seis entregas no solo dejó una impresión memorable en la audiencia, sino que acabó por formar parte del desenlace, ya que Venus y Tig comienzan una relación —a partir de una atracción con la que se había bromeado desde su primera aparición— que queda establecida como sólida cuando la serie termina.

Lo destacable del fichaje de Walton Goggins es que empezó casi como un reto juvenil y derivó en una oportunidad para hablar de un colectivo marginado socialmente. Esto dio mayor profundidad y complejidad a *Sons of Anarchy* y su carga emocional, y sirvió para demostrar que Kurt Sutter es un guionista capaz de las mayores salvajadas y de la sensibilidad más delicada.

CCH POUNDER (Claudette Wims / Tyne Patterson — 14 capítulos)

En un principio, Pounder iba a interpretar otro papel, uno mucho más breve. Kurt Sutter le ofreció el rol de la matriarca criminal Vivica que aparece en «Dorylus» (4x03), cuyos hijos roban un cargamento de armas de SAMCRO. Pero la actriz no pudo hacerlo, y en su lugar contrataron a Marianne Jean-Baptiste. Dos años después, Pounder pudo embarcarse en la serie para dar vida a la fiscal Tyne Patterson, que llega a Charming para conducir la investigación acerca del tiroteo producido en una escuela con una de las armas que vendieron los moteros protagonistas.

En los extras del DVD de la sexta temporada, Pounder habla de su rol y comenta que tras la participación de varios de sus compañeros de *The Shield,* que Sutter la llamara con un personaje era cuestión de tiempo: era como completar una colección. Pero tras ver el arco narrativo de Patterson y comparar el personaje con Claudette, se puede comprobar que existe una conexión profunda entre ambos roles y lo que CCH Pounder supone como actriz para Sutter. Ambos papeles emanan una autoridad incuestionable y un respeto por hacer lo correcto que vienen de la propia actriz, lo que de hecho hace que Pounder sea frecuentemente contratada para dar vida a agentes de la ley o de la seguridad del Estado. En mundos tan amorales y complicados como los que reflejan ambas series, tanto la detective Claudette Wims como la fiscal Patterson saben jugar con las normas del sistema sin caer en la ilegalidad, y con el objetivo de capturar a los culpables.

La actriz, cuyo compromiso con *NCIS: Nueva Orleans* (*NCIS: New Orleans,* CBS, 2014-) limitó su presencia en la última temporada a dos episodios, representa para Sutter la cara más humana de las fuerzas del orden; la más compleja encarnación de ese poder que da tener una placa o la capacidad para juzgar legalmente a alguien. Que tanto *The Shield* como *Sons of Anarchy* contengan en su final una escena de interrogatorio entre Pounder y los respectivos protagonistas no es baladí, sino la deliberada repetición de una idea brillante: Ella es Nosotros, y solo así se puede juzgar con la autoridad necesaria.

MICHAEL CHIKLIS (Vic Mackey / Milo — 2 capítulos)

Respecto a la presencia de Michael Chiklis, fue una sorpresa porque sus breves escenas se rodaron en secreto. Milo no es un personaje de importancia, pero juega un papel fundamental en la última escena de la serie, de ahí que en los extras del DVD de la última temporada de *Sons of Anarchy* Sutter comente que había una deliberada intención metafórica en hacer que «el protagonista» de su anterior trabajo fuera el responsable indirecto de la muerte del protagonista de su serie. Porque Jax se suicida chocando su moto contra el camión de Milo. Y lo más irónico del asunto es que hace esto sin saber que horas antes Milo ha llevado a su madre en el camión, alargando un poco más su vida mientras esta huía de su hijo.

La conexión entre Milo y Vic Mackey como personajes es nula, más allá del alcance metafórico del que ya se ha hablado. Lo único real es la suerte de círculo perfecto que Sutter crea al fichar como última presencia de *The Shield* en *Sons of Anarchy* al protagonista absoluto de la primera.

Conclusiones

Parece innegable que Kurt Sutter aprendió mucho como guionista y narrador de historias durante los años que trabajó en *The Shield.* Las siete temporadas de *Sons of Anarchy* están repletas de decisiones, momentos y recursos audiovisuales, e ideas que se pueden rastrear de vuelta a la serie de Shawn Ryan. El hecho de que compartan cadena, que los proyectos fueran consecutivos y, sobre todo, la presencia de todos los intérpretes que se han apuntado, redundan en la idea principal que vertebra este capítulo. De esta forma, esa voluntad de discurso lleno de vasos comunicantes, conscientes o inconscientes, llevó a Sutter a jugar desde su creativa posición con ocho de los trece intérpretes que fueron fijos en *The Shield,* escribiéndoles nuevos papeles en *Sons of Anarchy.* Papeles que variaban en recorrido e importancia, pero que hacían más rico su discurso autoral.

The Shield y *Sons of Anarchy* son hermanas de sangre, conectadas por una concepción similar a la manera de plantear un entretenimiento que, además, deje poso. Las une la idea de ahondar en las relaciones personales, que el núcleo emocional de los personajes esté lo mejor definido posible, emplazado todo en un contexto de adicción al riesgo que atrae a cualquier tipo de espectador. Es la realización de una fantasía, casi la esencia misma del trabajo de contador de historias.

Capítulo 4
Sons of Tragedy: la tragedia shakespeariana en la ficción televisiva *Sons of Anarchy*

Cristina Algaba y Elena Bellido-Pérez

Yo diría que te atormenta a diario.
Lo que eres choca con quién eres
(Fiscal Patterson a Jax Teller,
«A Mother's Work», 6x13)

Shakespeare: el demiurgo de lo humano

Tal y como Kurt Sutter, creador de la serie televisiva *Sons of Anarchy*, ha admitido en varias ocasiones, existe una conexión innegable entre el hilo argumental de su creación audiovisual y el de la tragedia de William Shakespeare *Hamlet*. «No quiero exagerar, pero está ahí», dice Sutter (2009. TP) en una entrevista, «No es una versión de *Hamlet* pero está definitivamente influenciada por ella». Y, ciertamente, lo más llamativo en este sentido es la identificación en la serie del fantasma, el príncipe, el rey, la reina y la idea de venganza presentes en *Hamlet*. Como referencia directa, los títulos de los tres últimos capítulos de la cuarta temporada son parte del parlamento de los personajes de *Hamlet*: «Burnt and Purged Away» (4x12), «To Be, Act 1» (4x13) y «To Be, Act 2» (4x14). Además, todas las dudas sobre esta inspiración shakesperiana se esclarecen al leer los cuatro versos de *Hamlet* con los que Kurt Sutter pone punto y final a los 92 episodios de su serie:

> *Doubt thou the stars are fire,*
> *Doubt that the sun doth move,*
> *Doubt truth to be a liar,*
> *But never doubt I love*[3]

3/ «Duda que son de fuego las estrellas, / duda si al sol hoy movimiento falta, / duda lo cierto, / admite lo dudoso; / pero no dudes de mi amor las ansias» (2011: 53). Traducción de la obra a cargo de Benjamin Briggent.

Sin embargo, más allá de ello, se puede encontrar en *Sons of Anarchy* una estructura y unos elementos recurrentes no solo en esta obra en particular, sino en las tragedias del dramaturgo inglés en general. De hecho, Sutter (2013) admite en otra entrevista que en la serie también se hallan pinceladas de *Macbeth* y, en definitiva, unos giros trágicos propios de Shakespeare. Son, precisamente, estas reminiscencias de la tragedia shakesperiana patentes en *Sons of Anarchy* las que tratamos de traer aquí.

Shakespeare y la ficción audiovisual

No obstante, encontrar una ficción audiovisual influenciada por Shakespeare no es algo novedoso. Además de las películas realizadas para ser una fiel adaptación de su obra (casi toda la producción shakesperiana fue tempranamente llevada a la pantalla), las tragedias, las comedias y los dramas históricos de Shakespeare han sido repetidamente usados como base en el cine y en las series de televisión. Y si alguien destaca en la creación de películas basadas en Shakespeare, ese es Kenneth Branagh, quien, según Mark Thornton Burnett, «se distingue por haber hecho (o creado) las maneras (o modas) que han revitalizado a Shakespeare ante una clientela posmoderna» (2002: 83. TP). Como director, a él pertenecen *Enrique V* (*Henry V,* 1989), *Mucho ruido y pocas nueces* (*Much Ado About Nothing,* 1993), *Hamlet* (1996), *Trabajos de amor perdidos* (*Love's Labour's Lost,* 2000) y *Como gustéis* (*As You Like It,* 2006). Asimismo, excepto *Enrique V* y *Hamlet,* estas películas anclan el texto shakesperiano en épocas distintas de la original, haciéndolas así más accesibles al público general. Estas licencias respecto a la ambientación parten de la tesitura en la que, según Virginia Guarinos, Branagh, como apasionado de Shakespeare, podría encontrarse, teniendo que «mantener el equilibrio entre el purismo dramático y conseguir un lenguaje realmente visual que ahuyentara de la crítica el apelativo de teatralizante para sus adaptaciones» (2009: 54).

Al hilo de lo anterior, y yendo un paso más allá, no son pocas las versiones contemporáneas de estas obras; versiones que, más que adaptarse al espectador, buscan demostrar la atemporalidad de las pasiones humanas descritas por Shakespeare. Además del famoso musical *West Side*

Story (Robert Wise y Jerome Robbins, 1961), dos películas destacan sobresalientemente en este sentido: *Romeo + Julieta* (*Romeo + Juliet,* Baz Luhrmann, 1996) y *Titus* (Julie Taymor, 1999). Pero, por su abundancia, ocupan un lugar especial las adaptaciones shakesperianas de algunas de las llamadas *teen films* (películas para adolescentes). Así pues, Eric C. Brown (2004) establece la correspondencia entre *10 razones para odiarte* (*10 Things I Hate About You,* Gil Junger, 1999) y *La fierecilla domada,* entre *Laberinto envenenado* (*O,* Tim Blake Nelson, 2001) y *Otelo,* entre *Nunca me han besado* (*Never Been Kissed,* Raja Gosnell, 1999) y *Como gustéis,* y entre *Así es el amor* (*Get Over It,* Tommy O'Haver, 2001) y *Sueño de una noche de verano* (2004: 73). A estas le añade L. Monique Pittman *Ella es el chico* (*She's The Man,* Andy Fickman, 2006), versión adolescente de la comedia *Noche de Reyes* (2011: 97).

Esta proliferación se debe, como explica R. S. White (2004), a que Shakespeare le otorgó a Hollywood ideas que la industria audiovisual eternizó, como el amor de verano de *Como gustéis,* los triángulos amorosos de *Sueño de una noche de verano,* la misoginia y los noviazgos violentos de *La fierecilla domada,* el amor imposible de *Romeo y Julieta,* o los celos extremos de *Otelo* (2004: 86-87). Todos ellos, entre otros, son temas recurrentes y transhistóricos. Por ello, «consciente o inconscientemente, guionistas y directores de cine se esfuerzan en mostrar su astucia e ingenio metiendo a Shakespeare en contextos nuevos e improbables» (Keller y Stratyner, 2004: 2-3. TP). Esto deriva en la posibilidad de utilizar una perspectiva shakesperiana para profundizar en otras ficciones audiovisuales que, en un primer momento, podrían no guardar relación con el texto original inglés. Así lo han hecho, por ejemplo, Patrick Finn (2004), analizando un capítulo de *El ala oeste de la Casa Blanca* (*The West Wing,* NBC, 1999-2006) en el que se hallaban referencias a las obras *Enrique IV* y *Enrique V;* Jody Malcom (2004), centrándose en el personaje de Horacio de *CSI: Miami* (CBS, 2002-2012) para relacionarlo con el Horacio de *Hamlet,* o Monique Pittman (2011), estableciendo la correspondencia entre *Roma* (*Rome,* HBO, 2005-2007) y la tragedia de *Julio César.*

Esta presencia, consciente o inconsciente, llamativa u oculta, de Shakespeare en los *mass media* es lo que Richard Burt denomina «Schlockspeare», atendiendo a la apropiación, según él, banal y comercial, del dramaturgo por parte de la industria cultural (2002: 8). Sin embargo, autores como Diana E. Henderson, opinan que, más que degradar a Shakespeare, esta apropiación que se hace de él perpetúa su estudio (2002: 107). Pero lo cierto es que, además de hacer inmortal la obra de Shakespeare, los productos audiovisuales también buscan, con estas referencias, una conexión cómplice con el espectador, que se siente atraído por la pantalla al reconocer elementos de la cultura general. Como dice Jorge Carrión, los consumidores de teleseries no son ya simples espectadores, sino agentes de interpretación, «microcríticos recreadores» (2011: 29).

La tragedia en Shakespeare

Antes de recrear los elementos y las estructuras de la tragedia shakesperiana presentes en *Sons of Anarchy,* es necesario realizar una breve incursión por las características de dicha tragedia. Para ello, se ha recurrido en primer lugar a A. C. Bradley (2005), quien identifica una serie de rasgos compartidos por todas las obras trágicas de Shakespeare. Según él, se pueden encontrar en ellas tres lugares comunes: (1) la tragedia se concentra en una sola persona, a pesar de existir numerosos personajes; (2) dicha persona, que es el héroe, muere al final de la obra, y (3) la muerte del héroe conlleva cambios políticos (Bradley, 2005: 8-11). Así pues, Bradley resume la tragedia de Shakespeare, de manera muy simple y acertada, como «una historia de calamidad excepcional que conduce a la muerte de un hombre de clase alta» (2005: 12. TP).

En el desarrollo de la acción, las desgracias se van desencadenando a causa de los actos y decisiones del héroe, aunque, a veces, pueden existir elementos sobrenaturales y casualidades que ayudan a que culmine el hecho trágico (Bradley, 2005: 14-16). Estos elementos sobrenaturales son el Fantasma en *Hamlet*, las Brujas en *Macbeth* o el Espectro de Julio César en la obra homónima. Forman una parte fundamental de la trama y ocasionan o avivan el debate interno en el que se halla el héroe. Por otro lado, a la acción también contribuyen los trastornos mentales de ciertos personajes, como Lady Macbeth en *Macbeth,* Lear en *El Rey Lear* u Ofelia en *Hamlet.* No obstante, esta locura en ellos, según Bradley, no es nunca la causa de la tragedia, sino una de sus consecuencias

(2005: 14). Respecto al desenlace trágico, aunque este se presenta como inevitable, Bradley reconoce algo de esperanza al final (2005: 64), además de hallar un componente al que él llama destino (2005: 37).

Conociendo ya los elementos recurrentes en las tragedias shakesperianas, a la hora de focalizar el análisis en la temática de cada una, se han escogido las tipologías definidas por Northrop Frye (1967). Él distingue entre tragedias de orden (*Julio César, Macbeth* y *Hamlet*), de pasión (*Romeo y Julieta, Antonio y Cleopatra* y *Troilus y Cresida*) y de aislamiento (*El Rey Lear, Otelo* y *Timón de Atenas*) (1967: 16); todas ellas unidas por la visión trágica relativa a la tragedia isabelina, que sostiene a la muerte como «el evento esencial que da forma y conforma la vida» (1967: 3. TP). De hecho, como sostiene Salvador Oliva, en la visión trágica la muerte o el suicidio parecen ser la única solución aceptable (2001: 133). En las tragedias de orden, la categoría que quizá con más frecuencia se halle en *Sons of Anarchy,* suelen verse tres personajes principales: la figura del orden, el rebelde usurpador y la figura (o figuras) de la venganza, cuya función es restaurar el orden perdido (Frye, 1967: 17). También cuenta Frye que los elementos sobrenaturales en las tragedias de Shakespeare siempre están relacionados con el asesinato de las figuras de orden (1967: 24).

Estos elementos y estructuras comunes en las tragedias de Shakespeare sirven de soporte a una serie de ideas universales que son las que se han extendido en la ficción televisiva bajo diversas apariencias. Hijos de la Anarquía puede que sea un club de motos del siglo xxi en una localidad californiana, pero en él se experimentan las grandes pasiones humanas descritas por Shakespeare en el siglo xvii. Los miembros del club se desenvuelven entre el poderoso arraigo que tiene la idea de venganza en Jax, de ambición en Clay, de celos en Gemma y Tara, y de amor trágico tanto entre Jax y Tara, como entre otros personajes. Estas ideas fatales son las que se extraen, respectivamente, de las tragedias shakesperianas de *Hamlet, Macbeth, Otelo* y *Romeo y Julieta.*

Aplicación de la tragedia shakespeariana a *Sons of Anarchy*

Las tres categorías establecidas por Frye sirven como base para regresar a la localidad californiana de Charming en busca de sus personajes y las vivencias que allí acontecen, donde se descubrirá como las motivaciones y debilidades del siglo XXI no distan excesivamente de los duelos, pasiones y luchas de poder de antaño.

La búsqueda del orden como eje vertebrador de SAMCRO

Según lo señalado anteriormente, la influencia en *Sons of Anarchy* de obras como *Hamlet* o *Macbeth* vinculan esta serie televisiva en gran medida dentro de la primera tipología señalada por Frye: las tragedias de orden. Para ello, son varios los elementos destacados por el autor que se pueden apreciar claramente en la creación de Sutter. El principal, la existencia de «un rey o gobernante» que «simbolice los ideales invisibles de la disciplina social, y el respeto que se le muestra deriva de esos ideales» (1967: 14. TP). Sin embargo, no por simbolizarlos debe encarnarlos. En palabras de Frye, «ningún rey terrenal está libre de la rueda de la fortuna, o ajeno a la energía agresiva de los instintos más bajos. Él debe saber cómo negociar la guerra, cómo castigar, cómo ganarle la partida a los más ambiciosos» (1967: 14. TP).

En *Sons of Anarchy* vemos cómo tras la caída de Clay Morrow, Jax Teller se erige como nuevo ocupante del trono bajo la aprobación de sus compañeros, que ven en él una esperanza de devolver al club los antiguos ideales defendidos por el difunto padre del nuevo presidente. No obstante, para recuperar el orden perdido, el joven deberá encabezar la guerra de ilegalidades y malas decisiones que arrastra el club, no solo ejerciendo como general, sino también como soldado raso guiado en algunas temporadas por su más baja naturaleza. ¿Locura simulada al igual que Hamlet para lograr su objetivo? ¿Padre o hijo, quién representa realmente la figura de orden dentro de este universo? Para dar respuesta a esta última pregunta, es necesario centrarse en la relación que mantienen tres personajes principales de la serie —John Teller, Clay Morrow y Jax Teller—, claro reflejo de *Hamlet,* obra que en términos cristianos, como señala Frye, está centrada en «la muerte del padre» (1967: 16). Este trágico suceso marca un punto de inflexión en SAMCRO. Los olvidados ideales encarnados por John Teller se manifestarán de nuevo bajo el manuscrito que descubre su hijo Jax en el garaje de su madre (1x01). A partir de este momento, la figura de orden ganará fuerza dentro de su hijo, que sentirá el deber de restaurar la visión que su padre tenía del club del que ambos formaban parte, estableciéndose un conflicto con la figura usurpadora, Clay Morrow. De este modo, los tres tipos de personajes que se distinguen dentro de la tragedia de orden están presentes en *Sons of Anarchy*, mostrando a su vez, su relación con la obra shakespeariana:

	Sons of Anarchy	*Hamlet*
Personaje de orden	John Teller	Espectro del padre de Hamlet
Rebelde o usurpador	Clay Morrow	Claudio
Figura restauradora	Jax Teller	Hamlet

Al igual que en *Hamlet*, la serie de Sutter rodea a estos personajes de aliados que les acompañan en sus fines, como el tándem Clay Morrow y Gemma Teller-Morrow (Gertrudis/Lady Macbeth). Esta pareja, formada por el padrastro y madre de Jax Teller, es la maquinadora de la muerte de John Teller, quien, desde su tumba, conseguirá que la verdad salga a la luz gracias a las cartas metidas en la mochila de Jax por Maureen, amante de John y madre de su hija secreta, donde el difunto motorista comparte sus sospechas sobre los oscuros planes que Clay y Gemma tienen para él. Estas reveladoras cartas serán descubiertas por la mujer de su primogénito, Tara Knowles («NS», 3x13), quien compartirá su secreto con el mejor amigo de John, Piney Winston (Polonio),[4] personaje que apoya a Jax en su subida a la Presidencia junto a su hijo e inseparable camarada de Jax, Opie Winston (Horacio), y a los personajes Bobby Munson (Polonio del club, más que consejero de un determinado rey) y Chibs Telford (Horacio tras la caída de Opie), figura esta última casi paternal para su compañero, que utiliza el apelativo «Jackie boy» para referirse al joven motorista.

4/ La figura de Polonio será encarnada también por otros personajes de la serie con un gran peso en el poder decisor de algunos personajes: Bobby y Unser, grandes consejeros del grupo. Bobby de los dos presidentes de Sons of Anarchy, Clay y Jax —a nivel general, es el único personaje que mantiene durante toda la serie la esencia del club—, y Unser de la matriarca del grupo, Gemma. Varios son los artículos que analizan la correspondencia entre los personajes de la serie y los de *Hamlet*. Por ejemplo, véase: http://influxmagazine.com/sons-of-anarchy-the-hamlet-conclusion/ (consultado el 4 de noviembre de 2016).

En un sistema regido por sus propios códigos y jerarquía, se enfatizará el eje que trazan tres personajes shakespearianos, «rey» (Clay), «reina» (Gemma) y «príncipe» (Jax), especialmente este último, suponiendo un guiño más a la presencia del dramaturgo en el club. Para ello, varias serán las alusiones introducidas en los diálogos a estas figuras: «El príncipe no tiene lo que quiere» (Tara a Jax, «Widening Gyre», 3x07), «¿Quién va ahora? ¡Oh, el príncipe azul!» (contrincante en una pelea que Jax mantiene con un miembro del club de Belfast, «Lóchan Mór», 3x08), «Tenía que asegurarme de que el príncipe era un chivato» (la agente Stahl sobre Jax, «NS», 3x13); la subida jerárquica del «príncipe» dentro del club es mostrada por las palabras de Juice Ortiz, «Traicioné a nuestro rey» («Some Strange Eruption», 7x05); Wayne Unser refiriéndose a Gemma como la reina («The Mad King», 6x05) o la entrega en la cárcel a Clay del libro *El rey loco* en el mismo episodio. Asimismo, el espectro del progenitor del «príncipe» será mencionado en varios momentos de la serie por personajes ligados directamente a su muerte como Gemma y Clay: «John le está hablando directamente desde la tumba» (Gemma a Clay, «The Revelator», 1x13); «El fantasma de su padre le persigue» (Clay en «Potlatch», 2x08), e incluso Jax creerá verlo y oírle diciéndole «son» mientras se recupera tras la explosión acontecida en el granero de Belfast, para luego aparecer en su lugar Clay, su padrastro («Turas», 3x09).

La intervención de estos personajes en el entorno de Jax configurará la estructura de la tragedia shakesperiana, que como señala Bradley (2005: 41-52), se divide en tres actos, centrados, respectivamente, en la exposición (I acto), el conflicto (II, III, IV y a veces parte del I y V acto) y la catástrofe, que supone la resolución del conflicto de forma trágica. La primera parte sigue a su vez la introducción señalada por Bradley para la exposición. Partimos de una presentación del héroe trágico, Jax Teller, precedido por la imagen de dos cuervos en la carretera, coincidiendo con el plano final de la serie. En este primer episodio ya se muestra lo sobrenatural que va a influir en el héroe: el descubrimiento por el joven del diario de John Teller. Tras este contacto, Jax necesitará un tiempo para asimilar la forma en que debe atajar el problema que asola al club fundado por su padre. A la segunda parte de la tragedia se llegará a partir del último episodio de la primera temporada («The Revelator», 1x13), cuando Jax descubre la verdad sobre la muerte de Donna, mujer de Opie, a manos de Tig bajo la orden de Clay. Piney, padre de su desolado amigo Opie, le dirá que «es hora del cambio» mientras le da el manuscrito de su padre. La idea de venganza se implanta desde este momento en la mente del protagonista y tendrá en la retaguardia siempre a Piney, consejero de su padre, y compañero en el sentimiento de *vendetta* contra Clay. La muerte de Tara al final de la sexta temporada iniciará la tercera parte y resolución del conflicto (más bien la suma de todos los conflictos que han alimentado el odio dentro del héroe) en catástrofe, durante el desarrollo y desenlace de la séptima y última temporada de la serie.

Esta tragedia del siglo XXI compartirá las pasiones que hicieran tambalear el orden de las ficciones shakespearianas, dificultando con ello la recuperación de los ideales que guiaron la fundación del californiano reino de la Harley y, sobre todo, que el héroe pueda eludir su trágico destino.

¿Quién domina el mazo: la lógica o la pasión?

«La separación de dos amantes, el conflicto entre el deber y la pasión, o el conflicto entre los intereses sociales y personales (sexuales o familiares)» es la temática que prevalece en las «tragedias de pasión» (Frye, 1967: 16).

Pese a que la lógica regida por el *business is business* y el código SOA parecen liderar el golpe final del mazo en la toma de decisiones del club, ambos presidentes, Clay y Jax, son víctimas de sus propias pasiones: la ambición en el primer caso, y el deseo de venganza en el segundo. Poniendo el punto de atención sobre el joven héroe, y como se ha señalado anteriormente, el sentimiento de venganza se va apoderando del personaje tras la muerte de Donna, y posteriormente de Opie, que marcará un antes y un después en su comportamiento, actuando de una forma más fría y sanguinaria, así como tras la muerte de Tara, último suceso trágico que llevará a la catástrofe en la vida del presidente de SAMCRO. El creciente odio de Jax hacia Clay, artífice de las dos primeras muertes, es señalado por Gemma, quien expresa su preocupación al decir que su hijo «está cegado por su propio odio a Clay» («Balm», 2x10); también será advertido por compañeros como Bobby, quien le da como consejo que no le ciegue el odio («To Thine Own Self», 5x11) o al final de la serie, cuando las violentas acciones que lleva a cabo Jax no se justifican solo por este odio inicial hacia su padrastro, advirtiéndole la fiscal Patterson: «Tus decisiones van a destruir todo lo que quieres» («A Mother's Work», 6x13), detonando un cambio de actitud en el personaje.

Frye señala que este tipo de tragedia conllevaría el «sacrificio del hijo», hablando en términos cristianos (1967: 16), elemento apreciable cuando Jax acuerda con Tara, tras su conversación con Patterson, entregarse para salvarla a ella y al club; negociación que, no obstante, no llega a oídos de Gemma, quien cree que Tara ha traicionado a su hijo, llevando a cabo el cruento asesinato de su nuera. El «accidente» en la no recepción de la información y su derivación en una tragedia remite a *Romeo y Julieta,* introduciendo como expresa Bradley, un recurso de «"chance" or "accident"» que Shakespeare permite que se entrometa en algún punto de la acción (2005: 15). Esta última obra, que pertenece a las tragedias de pasión, también estará presente en la serie a través de la relación imposible entre Edmond, hijo del miembro del IRA Cameron Hayes, y Polly, hija del neonazi Ethan Zobelle. En una visita clandestina al joven, Polly descubre su cuerpo sin vida. Por error culpa a Gemma, que se encuentra en la escena del crimen, quien dispara a la joven en defensa propia y pone punto final a esta dramática escena al hacer que Polly se desplome junto a su amado («Na Trióbloidí», 2x13). Con la muerte como telón de fondo, también apreciamos la relación con *Romeo y Julieta* en el detalle que Jax tiene en Belfast con los padres adoptivos de su primogénito, cuando los encuentra brutalmente asesinados en la habitación del hotel yaciendo uno al lado del otro, deteniéndose el joven motero a unirles sus manos, reflejando así la trágica muerte de los amantes y el amor que se profesaban («Bainne», 3x11). Asimismo, la historia de amor entre Tara y Jax, de mayor duración que el frugal amor de los dos jóvenes enamorados de la obra de Shakespeare, también se basa en el amor imposible y el final trágico, al triunfar sobre su amor las circunstancias externas que les rodean y que dirigen las acciones de ambos hacia su separación y posterior muerte.

No obstante, el personaje por excelencia que encarna Tara Knowles es la figura de Ofelia, amor de Hamlet. Así, y a pesar de que su muerte dista mucho de un suicidio, la presencia del agua en ella, bajo un ordinario fregadero, no puede evitar conducir de forma irónica al telespectador a apreciar el paralelismo establecido con el personaje shakespeariano. Tara permanecerá en la serie a través de las conversaciones que Gemma mantiene con la difunta, fruto de la culpa que siente por haber asesinado a su nuera y que nos remiten a la figura de Lady Macbeth. Gemma tampoco se suicida, pero espera su trágico final en casa de sus padres, muriendo a manos de Jax en un lugar que es aceptado por ella: el jardín de rosas donde paseaba y charlaba con su padre.

La dicotomía, por lo tanto, víctima/verdugo se sucede repetidamente en la ficción de Sutter, donde las debilidades de sus personajes —cobardía en Juice, celos en la relación entre Gemma y Tara, ambición en Clay y August Marks, ira y venganza en Jax— irán conduciéndoles a su trágico final.

Camino hacia Mr. Mayhem

La pertenencia de «Jackie boy» a la tragedia shakespeariana llega a su máxima culminación cuando el caos derivado de sus acciones cobra sentido en la resolución final de estos conflictos. En el último episodio, la mágica figura de la mendiga, que ha acompañado al héroe en distintos momentos de la serie, le indica a Jax que ha llegado el momento («Papa's Goods», 7x13) mientras le devuelve una manta que el joven le había dado temporadas atrás para que no sea visto por August Marks antes de matarle. Esta figura ayudante refleja, en palabras de Sutter, *shakespearean qualities,* no siendo las únicas, dado que la presencia de los cuervos en el trayecto que Jax realiza en la carretera mientras es perseguido por la policía, y que ya anticipaba su final desde el episodio primero de la serie, remite al dramaturgo inglés, quien en varias de sus obras mencionaba al cuervo como anunciador de la tragedia:

> ¡Por el cielo! De buena gana lo hubiera olvidado... Me dijiste —¡Oh, esto viene a mi memoria como el cuervo a una casa infectada, presagiando desdicha a todos!
>
> Otelo (*Otelo,* acto IV, escena I)

> Cuidad bien al mensajero. Es portador de grandes nuevas. (Aparte). El cuervo se enronquece de tanto graznar, anunciando que el rey Duncan llega al castillo. ¡Espíritus agitadores del pensamiento, despojadme de mi sexo, haced más espesa mi sangre, henchidme de crueldad de pies a cabeza, ahogad los remordimientos, y ni la compasión ni el escrúpulo sean parte a detenerme ni a colocarse entre el propósito y el golpe!
>
> Lady Macbeth (*Macbeth,* acto I, escena V)

Por último, la referencia directa a *Hamlet,* como ya citamos anteriormente, aparecerá en el broche final de la serie bajo cuatro versos extraídos de la segunda escena del acto II de *Hamlet.* Estas líneas son leídas por Polonio, padre de Ofelia, a Gertrudis, madre de Hamlet, de una carta que el joven príncipe le dedica a su amada, cuando a este le dan por loco. Trasladándolo al final de nuestro héroe televisivo, el texto puede ser interpretado como un guiño a la forma de actuar que Jax ha mostrado durante toda la última temporada de la serie, formando parte de un plan no solo de venganza a su amada, sino también la aceptación de las consecuencias de los actos cometidos y la expresión máxima del amor por su familia y salvación del club fundado por su padre. Con ello, vemos reflejado en el personaje las palabras que Frye dedica al desarrollo de Hamlet: «cuyas acciones oscilan de la delicada cortesía a la estremecedora brutalidad. Toda esta magnífica visión de la energía heroica es vertida como sacrificio a un difunto padre, a un fantasma que regresa clamando a gritos por sangre desde lo que supuestamente debía ser un lugar de purificación» (1967: 39. TP).

Propio de las tragedias de aislamiento, y de esta fórmula narrativa en general, la muerte o el suicidio del héroe es la única solución aceptable. Con el nombre del camión, «Papa's Goods» —las buenas obras de papá—, y su coincidencia con ser el mismo transporte que usó Gemma para huir de Jax, se introduce ese componente de destino presente al final de las tragedias de Shakespeare. Este rasgo señalado por Bradley (2005: 37) sería confirmado por el propio Sutter (2015), quien identificó, en una entrevista, este camión como el componente de destino que había en la serie. Asimismo, su creador señala cómo en *Sons of Anarchy* no hay cabida para el *what if,* sino una serie de elecciones específicas (2015). De este modo, Jax acelera la moto de su padre y se dirige hacia el camión, aceptando esta pieza del destino, que le ofrece una forma de salirse de la carretera y romper con su dilema: «¿Me salgo del camino o sigo adelante?» («Straw», 6x01). El «To be or Not to be» del motero es resuelto por este elemento pero... ¿habrá conseguido con ello librar a sus hijos de este sino? La imagen de Abel en el interior del coche girando el anillo con la palabra «SON» que le entregó su abuela Gemma, como recuerdo de su abuelo, parece mostrarnos que el fantasma de John Teller seguirá vivo para recordarle a su nieto qué puesto ha de ocupar en esa rueda de la fortuna.

SAMCRO: *¿To feel or not to feel?*

El trasvase de textos clásicos permanece en la ficción televisiva bajo productos como *Sons of Anarchy*, donde la actualidad de su temática se combina no solo con una obra puntual del dramaturgo William Shakespeare, sino también con otros rasgos de sus tragedias, como su estructura y pasiones reflejadas por sus personajes. De este modo, ante la posible pregunta que pueda plantearse el telespectador: ¿por qué me afecta lo que le sucede a este grupo de moteros criminales?, le sigue una cuestión centrada en la naturaleza de este producto televisivo: ¿estamos ante una tragedia o ante un melodrama? Puede afirmarse que el hilo narrativo de Sutter juega con el eje central de la tragedia, «la estesia», haciendo partícipe al receptor de la acción, y presentando a unos personajes que aunque no puedan ser justificados moralmente, «siempre tienen una justificación dramática» (Oliva, 2001: 135-136). Al contrario de lo que sucede en el melodrama, en la tragedia no se pueden identificar fácilmente los buenos y los malos, por lo que el espectador llega a empatizar con personajes que han cometido actos terribles. Lejos de anestesiarnos, como ocurre con el melodrama, este tipo de obras obligan al público a activar su consciencia y readaptar sus códigos morales a los que rigen el relato, planteándonos en muchas ocasiones *¿Yay or nay?* al golpe del mazo.

Bloque II

INSTITUCIONES LEGALES ES EL DESORDEN

Capítulo 5
Hijos de la... ¿anarquía? *Sons of Anarchy* y la representación del anarquismo en la cultura de masas
Antonio Pineda

> El deseo de los hijos de la anarquía es sin duda prescindir de los líderes.
> («Na Trioblóidí», 2x13)

Que una serie de televisión con millones de espectadores se titule *Hijos de la Anarquía* es un hecho que despierta inmediatamente lecturas de interés sobre la posible representación de la anarquía y el anarquismo tanto en este *show* en particular como en la cultura de masas en general. Este capítulo analiza *Sons of Anarchy* (en adelante, *SoA*) desde el punto de vista de algunos conceptos fundamentales del libertarismo de izquierda, contemplando el alcance y límites con que la serie de Kurt Sutter plasma dichos conceptos.

La ideología anarquista

El anarquismo postula la liberación individual y social frente a cualquier instancia de autoridad y liderazgo. En *Dios y el Estado*, Mijail Bakunin escribía:

> rechazamos toda legislación, toda autoridad y toda influencia privilegiadas, patentadas, oficiales y legales, aunque salgan del sufragio universal, convencidos de que no podrán actuar sino en provecho de una minoría dominadora y explotadora, contra los intereses de la inmensa mayoría sometida.
> He aquí en qué sentido somos anarquistas (2009: 42).

La cita de Bakunin indica que la liberación de la mayoría frente a la minoría opresora concede al anarquismo un componente izquierdista; de forma que esta ideología podría entenderse como una versión libertaria del socialismo. El componente social del anarquismo queda de manifiesto en ideologemas como la solidaridad universal y el «reconocimiento inconsciente de la fuerza que cada ser humano obtiene de la práctica del apoyo mutuo, de la extraña dependencia que existe entre la felicidad de uno y la de los demás» (Kropotkin, citado en Taibo, 2010: 129). El anarquismo intenta conjugar igualdad y libertad, colectivismo e individualismo; como ha señalado Daniel Guérin, el socialismo libertario de los anarquistas se halla «propulsado de abajo arriba y no de arriba abajo, apelando a la iniciativa creadora del individuo, a la participación espontánea de las grandes masas» (1979: 9).

Este antiautoritarismo se plasma, no solo en la necesidad de abolir los gobiernos, sino también en la crítica a la economía capitalista o a la religión organizada. En su lugar, el anarquismo propone una organización social basada en la autogestión de la economía, el trabajo cooperativo y la libertad de asociación; para Emma Goldman, activista y difusora del anarquismo, «la organización económica debe consistir en una asociación voluntaria de producción y distribución, gradualmente desarrolladas dentro de un comunismo libertario» (2008: 25). Esto indica que, frente a la identificación de la anarquía con el caos, el pensamiento libertario de izquierda postula en realidad un tipo distinto de *orden* social, basado en la razón, la responsabilidad individual y la ayuda mutua —en palabras de Goldman, «cada oposición individual y social al desorden existente en las cosas, es iluminada por la luz espiritual del anarquismo» (2008: 32)—.

El «anarquismo» de los *Sons of Anarchy*

Desde un punto de vista empírico, algunos elementos de la terminología y simbología anarcolibertaria están presentes en *SoA*. La palabra *anarchy* aparece ya en el segundo plano del primer capítulo de la serie, cuando se muestra la espalda de Jackson «Jax» Teller portando el chaleco con la inscripción «SONS OF ANARCHY». La palabra se puede leer asimismo en la vestimenta de los miembros del Sons of Anarchy Motorcycle Club Redwood Original (en adelante, SAMCRO), así como en la sede del club, en el gorro del pequeño Abel («NS», 3x13), en la espalda tatuada de Jax («Out», 4x01) o en la motocicleta de Clarence «Clay»

Morrow («Hands», 4x10). Por otro lado, el característico signo de la «A» de anarquía (rodeada por un círculo) aparece en el símbolo gráfico del grupo, en los títulos de crédito iniciales de algunos episodios (sobreimpreso en una motocicleta y transformándose en el nombre de uno de los actores). En «Small Tears» (2x02) se da a entender que el signo de la «A» anarquista sirve como etiqueta de SAMCRO; símbolo que aparece asimismo tatuado en el brazo derecho de Filip «Chibs» Telford («Balm», 2x10), de Clay («Booster», 4x02) y de Alexander «Tig» Trager («Laying Pipe», 5x03), así como en tatuajes que llevan Harry «Opie» Winston («Widening Gyre», 3x07) y Jax («To Be, Act 1», 4x13).[5] La «A» también puede verse en la sede de SAMCRO («Home», 3x04), en la moto y el casco de Clay («Hands», 4x10), en las motos de Chibs («Hands», 4x10) y Happy Lowman («Huang Wu», 6x10), en el casco de Jax («To Thine Own Self», 5x11), en una mochila de Juan Carlos «Juice» Ortiz («Black Widower», 7x01), o en el lugar de la carretera donde están las iniciales de John Teller («Greensleeves», 7x07). Asimismo, Clay parece tener en su brazo izquierdo, tatuada junto a la bandera estadounidense, una bandera negra («Andare Pescare», 5x09), es decir, otro símbolo de la anarquía.

Junto a estos frecuentes signos, hay que destacar a John Teller como el elemento clave para estudiar el componente anarquista de SAMCRO. Según Sutter, cuando Teller y Piermont «Piney» Winston volvieron de la guerra de Vietnam y decidieron fundar el club, Piney «se sentía un prófugo y no tenía deseos de conformarse. Creo que John Teller era más el *hippy* que iba contra lo establecido. [...] era el más soñador de los dos. [...] creo que realmente creía en una comuna Harley» (en «El código moral de *Hijos de la Anarquía*», 2008-2009/2010). En la línea de las palabras del *showrunner,* tras descubrir el manuscrito de su padre, Jax dice que su visión original para el club era «[u]na rebelión social. Lo llamaba "comuna de Harleys". No era nada ilegal, un rollo muy hippie». John Teller había leído a Emma Goldman; en «Patch Over» (1x04) Jax lee la cita de Goldman que inspiró a su padre:

5/   Para más información sobre «Los tatuajes como emblemas de la narración en *Sons of Anarchy*», véase el capítulo firmado por Sergio Cobo-Durán en este mismo volumen.

> El anarquismo defiende la liberación de la mente humana ante el dominio de la religión, la liberación del cuerpo humano ante el dominio de la propiedad, la liberación ante los grilletes y las ataduras del gobierno. Defiende el orden social basado en la libre agrupación de los individuos.

John Teller dice acerca de estas ideas —procedentes de un texto de Goldman de 1911— que «fue como si alguien me las hubiera arrancado de dentro de la cabeza». El cofundador de SAMCRO afirma asimismo:

> El concepto era puro, simple, verdadero. Me inspiró. Azuzó un fuego de rebeldía, pero, al final, aprendí la lección que Goldman, Proudhon y los demás aprendieron: que la verdadera libertad exige sacrificios y sufrimiento. La mayoría de los seres humanos solo creen que quieren la libertad, pero la verdad es que anhelan la comunión del orden social, las leyes rígidas, el materialismo. La única libertad que quiere realmente el hombre es la libertad de sentirse cómodo («Patch Over», 1x04).

Teller parece ser un anarquista puro, que menciona a Pierre-Joseph Proudhon (uno de los principales teóricos del anarquismo) y que hace suyas las ideas libertarias de izquierda, incluyendo el elemento anticapitalista que puede inferirse tanto de su visión negativa del materialismo como de su simpatía por la idea goldmaniana de liberación del control de la propiedad. Por consiguiente, puede decirse que SAMCRO pudo estar modelado originalmente sobre principios anarquistas; de hecho, Diarmuid Hester llega a afirmar que: «El anarquismo es el corazón que late, sin descanso, de los Hijos de la Anarquía originales» (2013. TP). Otra referencia al anarquismo está en el audiolibro que escucha Otto Delaney:

> El intelecto hace que todo hombre se sumerja en una soledad desde la que observa la sociedad con una mirada completamente extraña. Y si el espectáculo le conmueve, si despierta su interés y su compasión, sus sentimientos serán para aquellos más tiernos entre el gran rebaño humano a los que los pastores esquilan, preparan y venden, pero no alimentan. Una educación imperfecta da lugar a los soldados de a pie de los revolucionarios, pero de vez en cuando, un líder baja hasta ellos desde los círculos más altos. Un Mirabeau, un Rochefort, un príncipe Kropotkin. El deseo de los hijos de la anarquía es sin duda prescindir de los líderes; ya que, si todos los hombres de la fórmula son iguales, no es razonable que uno lidere en vez de otro («Na Trioblóidi», 2x13).

Además de mencionar a Piotr Kropotkin, otro de los principales teóricos del anarquismo, y de referirse explícitamente a *the sons of anarchy,* la cita refiere el ideal anarquista de antiliderazgo. El audiolibro procede de una publicación periódica del siglo XIX, *The Dublin Review;* Sutter dice que la publicación que encontró «tenía todos esos artículos geniales sobre la hipocresía de los gobiernos. Y los hijos de la anarquía de los que habla son una referencia a la república rebelde» (Sutter entrevistado por Alan Sepinwall/*The Star-Ledger.* TP). También puede mencionarse una canción en español, usada en «Fruit for the Crows» (4x07), cuya letra dice: «Instituciones legales es el desorden [...]. Vía de la anarquía mía es el orden [...] Guerrillero soy, hacia el frente voy, solo yo estoy, la guerra empieza hoy»; una canción apropiadamente llamada *Anarquia,* de Olmeca (artista y activista *hip-hop*) y Dave Kushner. La letra refiere la idea de que, lejos de la visión de la anarquía como desorden, el auténtico caos es el sistema estatal; algo que en el caso de *SoA* podría interpretarse a partir de la incompetencia y la maldad de la mayor parte de los agentes de la ley que aparecen en la serie.

Esto nos lleva al principal elemento ideológico que comparte *SoA* con el anarquismo: la crítica al Estado. La serie de Sutter está plagada de representaciones negativas de los políticos, las instancias gubernamentales y, muy especialmente, las agencias de policía y cumplimiento de la ley. Aunque el sheriff Eli Roosevelt o la fiscal del distrito Thyne Patterson parecen buenos representantes de la ley, *SoA* ofrece referencias a policías locales en la nómina de una banda criminal («Pilot», 1x01), a policías atrapados por prostitución y violación («Fun Town», 1x03), o a unos policías de Irlanda del Norte que son pagados para detener a SAMCRO («Lochan Mor», 3x08). La serie aporta más ejemplos de policías envueltos en actividades delictivas, pero merece la pena mencionar asimismo la representación del gobierno federal, donde encontramos a un agente del Bureau of Alcohol, Tobacco, Firearms and Explosives (ATF) que está obsesionado con Tara Knowles («Fun Town», 1x03), a quien acosa («Old Bones», 1x07), asalta y golpea («The Pull», 1x08). Otra representante de las fuerzas federales que resulta censurable es la agente June Stahl (también de la ATF), quien llega a asesinar a una compañera de trabajo con la que tiene una relación romántica («June Wedding», 3x12), además de ser responsable indirecta del asesinato de la esposa de Opie («The Sleep of Babies», 1x12). No obstante, probablemente sea el U.S. Marshall retirado Lee Toric (del U.S. Department of Justice) la figura menos admirable entre los guardianes de la justicia: Toric hace que violen a Otto en la cárcel («Straw», 6x01), mata a una prostituta, y tortura a dos hombres («Poenitentia», 6x03).

La crítica al gobierno va más allá de la representación de las fuerzas de la ley como villanos. En «The Sleep of Babies» (1x12) se ve a una mendiga (un personaje simbólico que irá revelando un gran potencial de significación en la serie) con un trozo de cartón donde pone: «Bai-LOUT My Kids We Need Food». Gemma le pregunta a la mujer si de verdad está pidiendo dinero para sus hijos, y la mujer responde: «El Estado me ha cortado la ayuda. Otra vez» —en el original en inglés, «Uncle Sam cut off my aid. Again»—. Si consideramos que «Uncle Sam» es un apodo del gobierno federal estadounidense, la respuesta de la pedigüeña puede entenderse como una referencia al abandono de los pobres por parte del poder público. La clase política tampoco es aludida en un sentido demasiado favorable: en la cuarta temporada, Jax dice que el cártel con el que están tratando tiene «políticos y policías en nómina desde Lodi hasta México capital» («Booster», 4x02); en la quinta, Jax se refiere a Pope como un «gánster que se sienta con jueces, senadores, empresarios» («Stolen Huffy», 5x04). De forma similar, del gánster August Marks se dice que tiene «contactos políticos» («A Mother's Work», 6x13).

Junto al antiestatismo, otros ideologemas anarquistas son mencionados y/o representados en *SoA,* como ocurre con el concepto de libertad (relacionable, hasta cierto punto, con la crítica al poder estatal): como dice Jax hablando con un policía («Seeds», 1x02), «Somos hombres libres protegidos por la Constitución». «Nosotros decidimos nuestra suerte» *[We decide our fate],* dice también Jax («Laying Pipe», 5x03) frente a una imposición de Pope. También puede mencionarse que en Charming hay una calle llamada «Liberty» («Lochan Mor», 3x08). El individualismo podría añadirse asimismo a la lista de ideologemas de la izquierda libertaria: «No os dejéis llevar por el miedo, o la Historia, o las opiniones de los demás. Buscad vuestra propia verdad», les aconseja Jax a sus hijos («Straw», 6x01). Menos clara ideológicamente es la actitud del *show* ante la religión. Según Goldman, la religión «es una superstición que fue creada por la incapacidad de la mente del ser humano para dar respuesta a los fenómenos naturales. La Iglesia es una institución organizada que siempre ha sido un impedimento para el progreso» (2008: 218). Dados tanto el estilo de vida de SAMCRO como los ideales de John Teller, podría esperarse de *SoA* una representación crítica de la religión y sus instituciones. No obstante, la cuestión religiosa es ambivalente en la serie. Por un lado, Gemma parece acercarse poco a poco al cristianismo, al tiempo que otros personajes son creyentes; por otro lado, la religión se vincula a la hipocresía: en «Wolfsangel» (6x04), Jax le dice a Galen O'Shay que John Teller quiso salir del negocio de las armas porque «comprendió que no hay nada más peligroso que un gánster que se cree que tiene a Dios en el bolsillo. Puede que la causa fuera el bien común al principio, pero gente como tú... Jimmy O... matáis a gente con balas católicas para llenaros los bolsillos»; en «Black Widower» (7x01) se ve a un reverendo vestido con medias femeninas y grabando un acto sexual entre dos hombres y una mujer; el mismo pastor que es socio en un negocio de Marks y que aparece en un vídeo practicando sadomasoquismo con un transexual («Poor Little Lambs», 7x04).

Donde sí puede decirse que el desarrollo de *SoA* adopta una postura política progresista es en lo relativo a la raza (un tema fundamental en el *show*) y la libertad sexual. A pesar de las expresiones racistas proferidas por diferentes personajes —como Piney, que pronuncia la palabra *nigger* (un término altamente ofensivo para los afroamericanos) tres veces en «The Revelator» (1x13)—, lo cierto es que Jax empuja al club en una dirección no-racista en la séptima temporada, al romper lo que parece ser una ley no escrita de los Sons of Anarchy, la prohibición de miembros negros («Red Rose», 7x12): por iniciativa de Jax, y estando de acuerdo el resto del club, T. O., de los moteros negros Grim Bastards, entra en SAMCRO. En el mismo capítulo, Jax logra asimismo que irlandeses y latinos trabajen juntos, rompiendo de nuevo una barrera racial —y, de paso, cortando los lazos con el True IRA, que es lo que su padre quiso—. En cuanto a la libertad sexual, y aunque algunos comentarios de Juice en «Hell Followed» (1x09) podrían interpretarse en términos homófobos, el desarrollo de la serie apunta en una dirección progresista. Así, Tig comienza una relación con un transexual («Poor Little Lambs», 7x04), Venus, quien interpreta su relación con el motero como el deseo de este de vivir al margen de reglas: «Te permito demostrar al mundo que vives fuera de la caja» («Faith and Despondency», 7x10). En cualquier caso, la pureza del amor entre Tig y Venus rompe cualquier tradicionalismo conservador en cuanto a las relaciones de pareja.

SAMCRO contra el anarquismo

El aspecto moral es uno de los principales elementos que distancian a la serie de la ideología anarquista. El anarquismo tiene una visión positiva de la naturaleza humana, y un sentido de hermandad universal sostenido por una fe ilustrada y racionalista en el progreso; *SoA*, sin embargo, está a años luz de esta visión del ser humano. Aunque Jax quiere ser una buena persona y sacar al club del mundo *outlaw* en el que vive, la serie evidencia una realidad donde los Sons of Anarchy recurren a la extorsión, usan la violencia por motivos personales, asesinan, torturan, amenazan, privan de libertad, secuestran a punta de pistola, mienten, mutilan, y no tienen el más mínimo respeto por la vida humana. La conducta de SAMCRO llega a niveles moralmente monstruosos cuando Gemma amenaza a unas monjas con asesinar a un bebé si no le dicen dónde está su nieto Abel («Bainne», 3x11). En este contexto, es difícil observar en la serie los ideales anarquistas de hermandad y solidaridad universales. Aunque entre los miembros de SAMCRO parece haber relaciones fraternales —por ejemplo, se dicen «hermano» entre sí, y Gemma define la visión de John Teller como «[...] una hermandad, una familia»—, resulta difícil ver que este sentimiento implique una solidaridad *universal*. Gemma, por ejemplo, ayuda a una drogadicta y a su hijo; cuando este le agradece lo que está haciendo, la matriarca de SAMCRO responde: «Debéis ser importantes para Jax. Si no, yo no estaría aquí» («The Separation of Crows», 7x08). La solidaridad, por consiguiente, se limita sobre todo al club, que es presentado como una familia. E incluso considerando esto, existen grietas en el sentimiento de hermandad de SAMCRO, debido a factores como el autoritarismo de Clay o la debilidad de Juice.

El mundo en que vive SAMCRO no es un mundo anarquista; es un mundo de interés propio, odio y violencia. Como se dice en «Orca Shrugged» (5x05): «Es difícil no odiar. Personas, cosas, instituciones...

cuando te machacan y disfrutan viéndote sufrir... el odio es lo único que tiene sentido»; Jax, en cualquier caso, reconoce que el odio desgarra al hombre. Quizá por ello John Teller no quería que sus hijos tuvieran el tipo de vida visto en la serie («Firinne», 3x10). El momento en que Jax deja que Abel se vaya con sus padres adoptivos («Bainne», 3x11) puede leerse como un reconocimiento simbólico de que no hay esperanza en el club y su espiral destructiva, y de que Teller tenía razón acerca de querer para sus hijos una vida distinta. Como dice Jax: «El manuscrito de papá... no era para cambiar el club. Era para cambiar su legado. Esto no es para mí, mamá. Y tampoco para Abel». Más allá del plano personal-familiar, el abandono de la posibilidad de cambiar el club puede interpretarse también como el abandono de los ideales anarquistas de John Teller.

«La presidencia corrompe [«The gavel corrupts»]. No puedes sentarte en esta silla sin ser un salvaje», dice Jax en «Darthy» (5x12) sobre la presidencia del club. Esta reflexión sobre la corrupción a la que lleva el poder podría relacionarse con el instinto antiautoritario del anarquismo: como ha señalado Noam Chomsky, «es sensato indagar e identificar las estructuras de autoridad, jerarquía y dominio en todos los aspectos de la vida y cuestionarlas» (2008: 131). No obstante, hay indicios de que las estructuras de poder tiñen SAMCRO. En el episodio piloto se presenta a Clay como un rey, y en «Los Fantasmas» (6x08) Bobby dice que «Jax sigue buscando la forma de ser rey». Por otro lado, los Hijos de la Anarquía son un poder fáctico en Charming, y la gente acude a ellos (en lugar de a la policía) cuando tiene problemas. De hecho, SAMCRO tiene una visión casi patrimonialista y más o menos paternalista de la ciudad, la cual depende del club «ya sea para que este le preste dinero o mantenga la paz» (Castleberry, 2014: 273. TP). Además, SAMCRO parece tener poder en el mundo de los clubs de motociclismo: en «Patch Over» (1x04), por ejemplo, absorben a otro club y lo convierten en una sección. Como le dice Clay a Jax: «Sí, somos una organización democrática, pero todos saben qué es lo que pasa en Charming, es un ejemplo para todas las filiales» («SO», 3x01). En la misma línea, y aunque las decisiones en el club se toman por mayoría democrática, SAMCRO tiene un presidente y un vicepresidente que encabezan una estructura cuasi militar —un presidente que puede llegar a actuar autocráticamente, como cuando Jax justifica tomar decisiones fuera del sistema de votación para llevar al club en la dirección correcta («Wolfsangel», 6x04)—. Así, expresiones como «necesitamos a nuestro puto líder», de Chibs («The Separation of Crows», 7x08), serían impensables en un sistema anarquista. A esto puede añadirse que las reglas internas del club son de una gran dureza (la traición, por ejemplo, se paga con la ejecución). Todo ello implica fricciones ideológicas respecto a la idea original de John Teller: «La filosofía anarquista de J.T. les proporcionó un ideal. Pero el legado militar de sus miembros tiñó el club con algo extraño al anarquismo, un gusto por la "cadena de mando", una jerarquía. Quizá es por esto que, desde su misma concepción, los Hijos tuviesen problemas para ser fieles a las aspiraciones anarquistas de su fundador» (De Brito Serra, 2013: 77. TP).

Desde el punto de vista económico, *SoA* lleva a cabo cierta crítica de la gran empresa y el capitalismo multinacional. Así, uno de los elementos que SAMCRO mantiene fuera de las fronteras de Charming es «son grandes empresas no deseadas» (Castleberry, 2014: 271. TP). Como se dice en «Patch Over» (1x04), Clay ha convencido a gente de Charming de que su justicia fuera de la ley mantiene alejadas a las peligrosas corporaciones. Aparentemente, apenas hay franquicias comerciales en Charming, de manera que la localidad parece tener una estructura económica de pequeños propietarios y comerciantes. En «Turning and Turning» (3x05) se hace referencia a una gran empresa que quiere comprar toda una manzana, haciendo ofertas a los negocios locales para que cierren; el empresario Jacob Hale está asociado con inversores (para construir hoteles), y paga a un delincuente para que destroce el gimnasio de un anciano judío. En «Out» (4x01) se da a entender que Hale está construyendo casas para los ricos —Clay habla del «alcalde y su utopía inmobiliaria» *(mayor's little McNation utopia)*. Siguiendo este tono anticorporativo, parece que SAMCRO ha mantenido su ciudad al margen de la codicia.

No obstante, es muy cuestionable que los propios Sons of Anarchy estén al margen de la codicia capitalista. Esta última está representada principalmente por Clay, movido fundamentalmente por el dinero, y exponente de una ideología egoísta que, obviamente, se diferencia del anarquismo de John Teller (De Brito Serra, 2013: 83). Algo parecido podría decirse de Gemma, que parece estar de acuerdo con el abandono de los ideales de Teller y su sustitución por los negocios —por ejemplo, cuando Jax le expone a su madre la visión *hippie* de su padre, ella dice: «[...] éramos unos críos. Pero tu padre se hizo hombre, y los hombres se ocupan de los negocios». Clay y Gemma se configurarían como los artífices de la corrupción del club, alejándolo de los ideales del cofundador: «No quiero que el fantasma de John Teller le envenene [a Jax], que hunda lo que hemos construido». Dado que Teller quería sacar a SAMCRO del negocio de las armas, Clay lo asesinó («Brick», 4x05), y Gemma apoyó la decisión de dicho crimen («Kiss», 4x09). Quizá no sea casual que Teller escribiera algo que puede indicar el efecto corrosivo de la mercantilización en el club: «las relaciones se convierten en una cuenta de pérdidas y ganancias» («Smite», 2x05).

Al principio de la cuarta temporada, Jax ha llegado a una conclusión similar a la de su padre: «El vínculo que mantiene unido al club ya no es el amor ni la hermandad. [...] Ahora solo queda miedo y avaricia» («Out», 4x01). En cualquier caso, Jax piensa que John Teller era débil y un cobarde; lo que quiere el protagonista de *SoA* es conseguir el suficiente dinero para irse de SAMCRO junto a Tara y sus hijos. Y aunque Jax parece rechazar la codicia, no puede decirse que bajo su liderazgo el club se base en un modelo no-capitalista. Cuando Jax refiere cómo su padre vio venir la crisis del club, habla de que tenía ideas como formas legítimas de obtener ingresos, pero no dice nada sobre los ideales políticos de John Teller. Como le dice Jax a Patterson: «Los Hijos de la Anarquía fueron fundados por mi padre, John Teller. Siempre quiso un club legal» («John 8:32», 6x09). De esta forma, la corrupción del club se relaciona con la disyuntiva negocio ilegal / negocio legal, pero no con un debate ideológico. El cambio que persigue Jax durante buena parte de la serie se reduce a un cambio en el tipo de negocio, sin muchas más pretensiones. Las siguientes palabras del protagonista en «Salvage» (6x06) son reveladoras: «Voy a meter a Redwood en empresas más legítimas. Diosa [un club de prostitución], va muy bien. Sacamos mucha pasta. Y vamos a abrir otra casa en Stockton». Más aún, la participación de SAMCRO en un negocio legal de prostitución puede entenderse como un modo de explotación capitalista de la mujer que no se ajusta demasiado a la idea de que «la revolución social únicamente tendrá el poder de cerrar al mismo tiempo todos los burdeles y todas las iglesias» (Bakunin, 2009: 19). Por otro lado, para entrar en el negocio de la prostitución Jax está dispuesto a ayudar a Jacob Hale a conseguir su proyecto inmobiliario de Charming Heights... con lo que incluso la retórica anti-*big business* quedaría en nada.

Según Guérin, «desde Proudhon, el anarquismo defiende la asociación obrera, llamada en nuestros días autogestión»; autogestión que supone «la democracia obrera en la fábrica», de modo que el trabajador es al mismo tiempo productor y cogestor de la empresa. Esta estructura económica no está guiada por fines egoístas: los libertarios rechazan «el capitalismo privado», y las empresas autogestionadas deben ser solidarias, interdependientes, y estar orientadas al interés general (1979: 10). Frente a esto,

> Teller-Morrow Automotive Repair parece una empresa capitalista estándar, si bien no exactamente normal, típica de lo que los marxistas llaman la *petit bourgeoisie*, los capitalistas de menor nivel y más pequeños, básicamente propietarios de pequeños negocios y granjeros de pequeña escala. [...]
>
> Teller-Morrow emplea, y se beneficia del trabajo de, trabajadores ajenos al club[...]. Los empleados de Teller-Morrow, sin embargo, parecen figuras de fondo relativamente insignificantes en los dramas y luchas que atraen al club. Generalmente, se les manda a otro lugar siempre que los miembros del club necesitan discutir asuntos del club (Fosl, 2013b: 202. TP)

Además, «no solo creen claramente en la propiedad personal (una noción aberrante para Proudhon), sino que se aferran a ello» (Hester, 2013. TP). En resumen, la actividad económica de SAMCRO se parece más a un capitalismo pequeñoburgués que al control obrero de la producción, careciendo la serie de indicios claros del igualitarismo económico que caracteriza al anarquismo (Goldman, 2008: 30). Los Hijos de la Anarquía son una pieza más del engranaje capitalista de Charming, al tiempo que su protector —como dice Clay en un discurso: «Nos sentimos orgullosos sabiendo que hemos mantenido este pueblo unido. Hemos respaldado y protegido a los pequeños comerciantes» («Family Recipe», 4x08).

El sueño anarquista de John Teller no solo no ha podido liberar al hombre «del dominio de la propiedad»; también ha sido desdibujado por la violencia. El uso de esta por SAMCRO para conseguir sus fines es prácticamente estructural en la serie; no es casual, por consiguiente, que el estilo de vida violento pueda ser interpretado como uno de los factores que han corrompido el sueño de Teller y han reorientado al club hacia una amenaza antisocial. «Nunca tomé la decisión consciente de que el club fuera una cosa u otra. Simplemente pasó ante mis propios ojos», dice la voz de Teller; lo que sucedió fue una espiral colosal de violencia («Hell Followed», 1x09). El inicio de «A Mother's Work» (6x13) presenta a un Jax arrepentido por sus actos de violencia, reconociendo que se ha convertido en aquello que odiaba, y anunciando la erosión de algunos valores libertarios de izquierda: «Amor, camaradería, libertad... todo lo que quiero en esta vida, se pierde entre la penumbra». Hay que tener en cuenta, en este contexto, que los escritores anarquistas estadounidenses del siglo xix «en buena medida apoyaban objetivos no violentos» (Hester, 2013. TP). Paradójicamente, la propia serie se encarga de vincular a la violencia con la anarquía: la «A» de anarquía aparece en el símbolo gráfico del grupo, pintada sobre lo que parece ser una bomba, lo cual contribuye a reforzar la habitual vinculación con el terror —como ha observado Chomsky: «La cultura intelectual común asocia [...] "anarquismo" con caos, violencia, bombas, disturbios, etc.» (2008: 132). La siguiente cita parece insistir en que el radicalismo antiautoritario está condenado a la violencia: «La mayoría no éramos violentos por naturaleza. Todos teníamos problemas con las autoridades, pero ninguno éramos enemigos de la sociedad», dice John Teller en su manuscrito. «Al final comprendimos que cuando sacas tu vida del mapa social, renuncias a la seguridad que te ofrece la sociedad. En el límite, la sangre y las balas son la ley. Y si eres un hombre de convicciones, la violencia es inevitable.»

Discusión y conclusiones

El principal hándicap que presenta *SoA* a la hora de ser analizada ideológicamente es que la serie carece de un discurso político explícito. A pesar de que su nombre contiene un término que apela a un tipo de organización política, y de que algunos grupos que aparecen en la serie están definidos ideológicamente (como los racistas de la League of

American Nationalists), los aspectos políticos son en realidad muy secundarios. *SoA* es básicamente una historia de acción sobre bandas criminales y el mundo *outlaw;* cuando se producen referencias ideológicas o políticas, suelen ser de tono humorístico o irónico. A pesar de estas limitaciones, sí puede afirmarse que a través de sus políticos corruptos y agentes de la ley que usan métodos criminales, *SoA* parece mostrar ecos de la idea de Goldman de que «el elemento central del gobierno es la injusticia» (2008: 26). No obstante, el componente antigubernamental no es condición suficiente para representar coherentemente al anarquismo, como tampoco lo es que el *show* adopte posturas progresistas en algunos aspectos.

En buena medida, la dimensión económica es lo que distancia a *SoA* de las auténticas ideas anarquistas. Así, nuestra lectura no comparte la interpretación de Peter L. Fosl de que el club puede entenderse como «un intento de "comuna anarco-sindicalista"» (TP). En esta lectura de SAMCRO como una entidad anarcosindicalista, el club «se parece [...] a un sindicato: es jerárquica, pero, a diferencia de las empresas capitalistas, es una jerarquía gobernada democráticamente» (2013b: 203. TP); SAMCRO «parece anarquista en sus principales relaciones económicas también, con las decisiones sobre producción, distribución y trabajo tomadas colectivamente por los miembros del club de motociclismo» (2013b: 205. TP). Incluso si aceptamos que una «jerarquía» pueda ser «gobernada democráticamente», la lectura de Fosl no parece tener en cuenta que el anarcosindicalismo no se detiene en el funcionamiento de una única organización, sino que va mucho más allá, proyectando una alianza sindical federal «con todas las organizaciones del mismo oficio a través del país, y esas a su vez con todos los oficios relacionados, de forma que todas se combinen en alianzas industriales generales» (Rocker, 1989: 94. TP); un proyecto ausente en *SoA*.

En función de lo anterior, *SoA* puede ser útil para ilustrar los límites con que las ideologías revolucionarias se representan en la cultura de masas. *SoA* podría incluirse dentro de la tendencia de la cultura masiva a funcionar como parte de lo que podríamos referir como «las instituciones ideológicas que canalizan el pensamiento y las actitudes dentro de unos límites aceptables, desviando cualquier reto en potencia hacia el privilegio y la autoridad establecidos» (Chomsky, 1992: 8). Siguiendo este patrón, las ideas de izquierda radical van a ocupar un lugar cuantitativamente marginal y/o van a ser objeto de una representación tergiversada en la cultura de masas. Esto no equivale a adoptar una posición monista respecto al contenido ideológico de dicha cultura, pero es lógico esperar que un aparato cultural propio del capitalismo no difunda con entusiasmo ideas que pueden ir contra una sociedad dirigida por el mundo empresarial.

Como señala Bruno de Brito Serra, «el anarquismo es más complejo que su descripción en la imaginación popular» (2013: 74. TP). *SoA* se une al listado de productos de la cultura de masas que no representan fielmente la complejidad de los ideales anarquistas. Esta falta de fidelidad reduce el «anarquismo» de SAMCRO, en el mejor de los casos, a una nostalgia por sueños rotos: en la medida en que «J. T. intentó establecer una comuna libre del capitalismo, la religión, y el Estado, pero fracasó» (Fosl, 2013b: 206. TP), los ideales libertarios de John Teller serían una ausencia, más que una presencia. Así, podría hablarse de «un club que fue anarquista una vez, que ve sus ideas radicales erosionadas conforme capitula progresivamente ante el dinero fácil y una cultura predominantemente capitalista» (Hester, 2013. TP). El hecho de que Jax queme copias del manuscrito de Teller (en «Balm», 2x10, y «Papa's Goods», 7x13) puede interpretarse como la renuncia del protagonista a perseguir los ideales de su padre —ideales anarquistas incluidos—; y la imagen de Clay escribiendo con la sangre de Piney (a quien acaba de asesinar) sobre la foto de los First 9 puede leerse como la destrucción del sueño anarco-*hippie* de SAMCRO a manos de la codicia («Family Recipe», 4x08).

Otra posibilidad es que el «anarquismo» de *SoA* se reduzca a un discurso antiestatista que puede ser perfectamente compartido por enemigos del socialismo como los libertarios de derecha y anarcocapitalistas —estos últimos (es decir, la versión ultraderechista del anarquismo) estarían básicamente de acuerdo con la crítica de Goldman al Estado—, soslayando así la actitud anticapitalista del socialismo libertario.

En el peor de los casos, una tercera posibilidad es que *SoA* conduzca a la identificación entre la «anarquía» y el caos violento. Esta última posibilidad se apoya en el *storytelling* de la serie. Garret L. Castleberry observa que *SoA* hace resurgir la situación de los Nativos Americanos, pero sin embargo margina «el tema en función de la conveniencia de la línea argumental y de la explotación *pulp*» (2014: 276. TP); algo parecido podría decirse de lo que hace *SoA* respecto a la idea de la anarquía, de forma que los ideales anarcocomunitarios de John Teller son marginados en favor de contenidos de sexo y violencia que rozan el *exploitation*. La vinculación reduccionista entre anarquía y violencia, en particular, está presente en la cultura de masas: como señala Richard Porton, «la vasta mayoría de los anarquistas en las películas comerciales es asociada con la irracionalidad y la violencia» (2001: 26). Aunque existen honrosas excepciones en la *popular culture* —como el cómic *V for Vendetta* (1982-1989), un canto a la responsabilidad individual donde los autores Alan Moore y David Lloyd hacen referencia al lado constructivo de la anarquía—, no es difícil encontrar textos mediáticos donde la anarquía se identifica con asesinos dementes, violencia o caos. El mismo año en que comenzaba a emitirse *SoA* se estrenaba la película *The Dark Knight* (Christopher Nolan, 2008), donde el criminal psicópata Joker dice: «Instaura una pequeña anarquía. Altera el orden establecido, y comenzará a reinar el caos. Soy un agente del caos». La vinculación con los psicópatas asesinos también aparece en la serie de televisión *Arrow* (The CW, 2012-), donde Lonnie Machin, también conocido como Anarky, es descrito como un monstruo. Y la conexión anarquía-desorden es explicitada en la campaña publicitaria global «Unleash the Chaos» para la fragancia Axe Anarchy (Hall, 2012).

Deliberadamente o no, *SoA* incurre en una conexión similar. Que una serie titulada *Sons of Anarchy* se centre en personajes con una existencia caótica y destructiva —y con la violencia como elemento omnipresente en la vida de SAMCRO— tiene efectos indirectos sobre la representación del radicalismo libertario de izquierda. En última instancia, *Sons of Anarchy* puede reforzar la visión *mainstream* del anarquismo en la cultura de masas, esto es, una visión de dicha ideología como algo que conduce al desorden y la destrucción.[6]

6/   Esta investigación se ha realizado en el contexto del Grupo de Investigación en Comunicación Política, Ideología y Propaganda IDECO (Universidad de Sevilla, código SEJ-539).

Capítulo 6
When it's business time / It's life or death: anarcocapitalismo y violencia del capital en *Sons of Anarchy*

Samuel Fernández Pichel

Opie: ¿No estás cansado de esto?

Jax: ¿De la cárcel o de que me confundan tus preguntas?

Opie: No lo sé, ya no es divertido… Buscar dinero que no necesitamos y gastarlo todo para sobrevivir.

Jax: El sueño americano.

(«Laying Pipe», 5x03)

Cerca de la conclusión de la sexta y penúltima temporada de *Sons of Anarchy*, el espectador asiste («A Mother's Work», 6x13) al postrero encuentro entre el protagonista Jackson «Jax» Teller y su esposa Tara Knowles. Como preludio a uno de los momentos de mayor intensidad dramática de todo el arco narrativo de la serie, la conversación de la pareja gira en torno a la posibilidad de eludir un destino trágico para la familia que han formado junto a sus dos hijos menores. La alusión de Tara a la promesa de «romper el círculo» retrotrae al propio deseo de Jax en su intento por escapar de los funestos designios de su historia familiar. Esa constricción ominosa a la que apunta Tara se relaciona con la sucesión de mentiras y atrocidades, de traiciones y venganzas, que persigue a los Teller desde la muerte del patriarca y miembro fundador del club de motoristas SAMCRO (John Teller). Sería esta una visión simple y fatalista —íntimamente ligada a un «argumento genético»— acerca de la condición última de la violencia en el universo temático, narrativo y moral de *Sons of Anarchy*. La violencia constituiría, así, una suerte de legado terrible, una genealogía del mal, que evidenciaría la pretendida conexión de la serie con la tragedia shakespeariana.[7] La ficción televisiva

7/ Para más información sobre las relaciones entre la tragedia shakespeariana y *Sons* ideada por Kurt Sutter permite, además, otras inflexiones de la espiral agresiva. La propia dimensión semántica del subgénero de las películas sobre bandas de motoristas forajidos (*outlaw biker movies,* en su denominación inglesa) se halla plagada, desde su nacimiento a mediados de los años sesenta, de signos de masculinidad arrebatada, misoginia, vandalismo y fiereza explícita. Este ciclo de filmes habría dado, de tal forma, unas coordenadas sociofigurativas concretas en el ámbito de la ficción a la «leyenda negra» pergeñada tras las revueltas de julio de 1947 en la localidad californiana de Hollister. De aquel infausto episodio histórico surgiría la épica violenta del indomable 1%: los motoristas «no asimilados» por las normas de la civilidad.

Ambas perspectivas sobre la naturaleza de la violencia («genética» y/o «genérica») no consiguen bloquear, sin embargo, otra potencial interpretación del hecho violento más centrada en el entramado de intereses y relaciones materiales que propulsan a los agentes y acciones del relato de *Sons of Anarchy*. La serie alimenta esta vía de acercamiento mediante la saturación, diríase casi obsesiva, de significados ligados a la gestión y estrategia empresariales, los conflictos de clase (y raza) y las prácticas ilícitas de la economía del terror global en el siglo XXI. Desde este prisma, la violencia ha de ser entendida como manifestación de las disfunciones inherentes al propio sistema; un orden económico guiado, en su lógica más perversa, por una acometividad atávica y brutal. A ello alude, de entrada, uno de los versos de la canción que sirve de sintonía de créditos de la serie: «A la hora de negociar, es a vida o muerte».[8] *Sons of Anarchy* brinda, por tanto, la oportunidad de reflexionar sobre la coalescencia entre ciertos ideales y prácticas tardocapitalistas y la insoslayable violencia que de ellas se deriva.

---

of Anarchy, véase el capítulo de Cristina Algaba y Elena Bellido-Pérez titulado «*Sons of Tragedy:* la tragedia shakesperiana en la ficción televisiva *Sons of Anarchy*» en este mismo volumen.

8/   Para un análisis en profundidad del *opening* de la serie, véase el capítulo de Noor Yasmina Benchichah López titulado «*This Life* o el relato dentro del relato. Simbolismos, temas y motivos en la secuencia de apertura» en este mismo volumen.

Del reino del mito al «matadero de la historia»

No se equivoquen, señores, estamos en guerra.
(Luis Torres, «Family Recipe», 4x08)

Bajo la figura del forajido, el «fuera de la ley», se esconde un mito cultural de honda raigambre en la sociedad estadounidense. Dicha figura conecta con una amplia muestra de anhelos humanos y principios fundacionales de la nación norteamericana, transmitidos todos, a lo largo de la historia, por medio de los canales de difusión del imaginario, de la cultura oral a los productos de la sociedad de masas. Partiendo de este marco general de comprensión, Joan Didion (1993) resaltaba, en uno de sus célebres ensayos de finales de los años sesenta, el parentesco entre el emergente ciclo de películas de motoristas salvajes y la matriz simbólica profunda de la cultura popular en territorio de los Estados Unidos. Según Didion, estas películas suponían apenas una manifestación de literatura popular *underground* para adolescentes *(underground folk literature for adolescents)* (1993: 100). También Enzensberger (2009) enfatizaba, en torno a las mismas fechas, la vinculación del gánster —otra de las variantes del prototipo cultural del forajido— con una vasta tradición nacional-popular de relatos primigenios y sustanciadores. Reducido a su más pura esencia, el gánster representa, en opinión del pensador alemán, un heroísmo de folletín, una figuración heroica arcaica, radicalmente antimoderna e impregnada, a partes iguales, de romanticismo y crueldad. Aparte de por las obvias filiaciones dc *Sons of Anarchy* con la tradición del *western* y con la trilogía de *El Padrino* (*The Godfather,* Francis Ford Coppola, 1972, 1974, 1990), la adhesión inequívoca de la serie al mencionado linaje de ficciones se desprende de la propias palabras de su creador. En una entrevista, Kurt Sutter la calificó de «culebrón adrenalínico» y «sangrienta ficción *pulp*» (citado en Sepinwall, 2012: 375).

A pesar del alcance y la persistencia del mito cultural del forajido en la historia cultural estadounidense, se antoja necesario explorar, más allá de la aureola de los simbolismos inamovibles, la concreción específica y «situada» con que el motivo mítico impacta, a través de la ficción, en diferentes tiempos históricos. Solo de esta manera es el mito capaz de hablar de las sociedades humanas del presente, desde la declinación contingente de su implícita carga intelectiva y emotiva. Cabe, en consecuencia, emplazar el mito del forajido en la necesaria complejidad de la estructura social. Como ya lo expusiera el mismo Enzensberger para describir, con cierta ironía, la fascinación por el gansterismo en el Chicago de los años veinte: «La historia de la guerra de gánsteres es tan instructiva y tan aburrida como la del ramo de la alimentación en cualquier ciudad de provincias: un tema para disertar sobre economía política» (2009: 32).

La revisión del mito del forajido efectuada en *Sons of Anarchy* toma como base el prototipo del indómito y airado motorista surgido en Estados Unidos en las postrimerías de la Segunda Guerra Mundial. Frente a la impetuosa «cultura de la victoria» instalada en la nación norteamericana en aquellas fechas, los nacientes clubs de motoristas —formados en su mayoría por excombatientes retornados— se erigen en signo de un malestar social irreprimible. El que fuera uno de los cronistas de este movimiento a la contra del triunfalismo de posguerra, Hunter S. Thompson (2009), interpreta el florecimiento de estas sociedades masculinas en cuanto expresión de las «excrecencias» de la infraestructura capitalista estadounidense. En efecto, las hermandades de motoristas, concebidas con el pretexto de transmitir el conocimiento técnico y la cultura de la motocicleta, habrían venido a visibilizar un reducto de parias y descastados; justo los representantes de aquellos sectores sociales a los que el sistema iba dejando atrás sin remisión. Para Thompson, los Ángeles del Infierno (el club de motoristas objeto de su investigación de periodismo *gonzo*) constituyen «una subcultura de inconformistas y fracasados que no tiene ningún logro en esta sociedad tecnológica automatizada» (s.f.: 15). Por ello, tal y como igualmente advierte Thompson, el nexo societario de los integrantes de las agrupaciones de motoristas podría equipararse al de otros miles de estadounidenses que, en el contexto de las transformaciones del capitalismo de posguerra, están siendo arrojados en los márgenes del mercado laboral. Convergen, entonces, dos formas de violencia: la de la experiencia vivida por muchos de estos sujetos masculinos en los campos de batalla de la contienda mundial, frente a la agresividad centrífuga del sistema productivo capitalista propulsado por dicha contienda. Pues, como siempre en la historia estadounidense, la guerra supuso —y supone aún— una fuerza revolucionaria capaz de promover reajustes radicales en la economía, la sociedad, la política y la cultura (O'Brien, 2006).

Es precisamente otra guerra (Vietman) la que proporciona el origen ficcional para la construcción del «mundo de la historia» del club de motoristas SAMCRO. Creado por un grupo de veteranos del conflicto asiático («The First 9»), en el club surgido en Redwood (California), la mitología del forajido confluye, en un principio, con el espíritu libertario de la contracultura de los años sesenta. La sombra de este momento originario sobrevuela y encanta, igual que el fantasma del padre ausente en *Hamlet*, el presente de la gran familia de motociclistas y allegados que protagoniza *Sons of Anarchy*. La problemática coexistencia entre subgrupos generacionales en el SAMCRO de principios del siglo XXI expone, con una claridad hiriente, la fatiga del proyecto utópico de libertad y disidencia nacido en los sesenta. Para empezar, el colectivo de los Hijos de la Anarquía —una red de clubs de motoristas distribuida por la geografía estadounidense y también allende sus fronteras— encarna, de manera simultánea, una posición social y un ideal(ismo) anacrónicos. Los integrantes de la hermandad pertenecen aún a una época anterior (y heroica) del capitalismo, la del motor y la combustión; son, de hecho, los últimos vestigios de una fuerza de trabajo más apta en el desempeño de tareas artesanales, de gran dedicación y pericia técnicas, pero menos cualificada para las exigentes y cambiantes «habilidades» demandadas por el mercado laboral del cibercapitalismo y la Sociedad de la Información. Esta circunstancia determina que este grupo humano se encuentre permanentemente amenazado por aquello que Richard Sennett denomina el «fantasma de la inutilidad» (2006: 78-92), elemento definitorio de las relaciones laborales en la cultura del capitalismo tardío.

Para los miembros de SAMCRO, la salida a esta encrucijada que plantea el orden socioeconómico vigente pasa por una drástica inmersión en el ámbito de las volátiles relaciones de producción de la economía global(izada). Ello conlleva una particular actualización de la dimensión mítica habitada por el forajido: en el contexto del nuevo milenio, la Frontera —mundo de leyenda y reserva de los mitos fundacionales de Estados Unidos— ha devenido «frontera planetaria». La propagación incesante de las prácticas intensivas del capitalismo neoliberal ha socavado las otrora sólidas demarcaciones geográficas e identitarias del mundo, con lo que, a decir de Bauman, «el espacio global ha asumido el carácter de un espacio de frontera» (2008: 116). En este «sistema-mundo» guiado por la apertura y penetración constante de los mercados, SAMCRO se convierte en una más de las instancias vulnerables a las asimetrías connaturales al modelo de la internacionalización de la economía. De ahí que una de las preocupaciones centrales para el colectivo de motoristas radique en devolver a la difusa frontera global su sentido de *territorio;* lo cual puede traducirse como necesidad o ansiedad por reinstaurar un orden que comprende marcadores «fuertes»: familia y genealogía, identidad étnica y racial, pertenencia geográfica y estabilidad laboral.

El rumbo emprendido por SAMCRO en el siglo xxi bajo el liderazgo de Clarence «Clay» Morrow parece empujar al club justo en la dirección opuesta a la re-ligación comunitaria. La hermandad de motoristas opera ya como una marca comercial, un epicentro de actividad empresarial que trasciende el perímetro del emplazamiento en la (poco) idílica ciudad de Charming. Dedicados al tráfico ilegal de armas, los miembros del club afrontan, en el nuevo escenario histórico, idéntico dilema a aquel que causó el «desgarro» o trauma primordial en los ya lejanos años sesenta: expandir el negocio al tráfico de drogas. SAMCRO actúa en la dimensión económica paralela del comercio ilícito y criminal (la frontera «descarnada» de almacenes clandestinos, zonas portuarias y transportes furtivos); allí donde se desvela la faz más salvaje del capitalismo. La fachada de supuesta legalidad derivada del complejo-cuartel general de talleres mecánicos de SAMCRO oculta, a duras penas, la conflictividad de sus actividades extralegales en el contexto de la nueva economía surgida de la Guerra contra el Terror. En este lance histórico se actualiza una tendencia que, como recuerda Hobsbawn, nace durante la Guerra Fría y viene a suponer el incremento exponencial de la disponibilidad, a escala global, de armas ligeras, el abaratamiento del precio de las mismas, y la maximización de la rentabilidad derivada de su venta en el mercado negro (2009: 180). Estas dinámicas de «re-militarización de la vida cotidiana» (Miller, 2007: 4) y de obsesión por las políticas de seguridad promovidas por la Guerra contra el Terror constituyen, en suma, el «entorno competitivo» para la actividad empresarial de SAMCRO.

Este ecosistema de violencia económica y letal planetarias se asemeja a la Frontera primigenia en otro aspecto reseñable: su esencia de espacio irrestricto y «desregulado». En esta línea, Castleberry (2014: 272) señala las patentes reminiscencias entre el universo ficcional de *Sons of Anarchy* y la base mitopoética del género *western:* en ambos casos se tematiza y escenifica la tensión entre *expansión* y *resistencia,* en sí cuestión acuciante incitada por la idea de progreso capitalista. La dicotomía expuesta por Castleberry alude, además, a otras significaciones centrales *(propiedad, necesidad, supervivencia, conquista...)* que permiten transponer los motivos míticos (del *western*) en términos de problemáticas históricas específicas. De ello se ocupan —en un seminal artículo para la tradición de pensamiento libertario estadounidense— Anderson y Hill (1979), quienes, más allá de la construcción imaginaria del Lejano Oeste, quieren ver en los experimentos anarcocapitalistas del periodo 1830-1900 en Estados Unidos un ideal de orden social *realizable.* Dicho orden —ejemplificado por las asociaciones de ganaderos o los campamentos mineros que proliferaron en el siglo XIX en el Oeste de la nación norteamericana— se fundamentaría en el derecho inalienable a la propiedad privada. En el centro de tal modelo social se sitúa la acción de emprendedores particulares, no sujetos a la función coercitiva de ninguna agencia estatal, y a la búsqueda de beneficios constantes. La lógica de este también denominado «anarquismo de propiedad privada» prescribe que todos los servicios, incluyendo los jurídicos y los de seguridad, han de ser provistos en el mercado, con lo que la idea del Estado —sea o no del bienestar— es considerada de manera hostil, como una institución de naturaleza esencialmente lesiva para la libertad e intereses del individuo.

La motivación empresarial de SAMCRO bajo la dirección de Clay Morrow materializa el ideario anarcocapitalista. El propio presidente del club lo expone, de manera concluyente, cuando la agente gubernamental June Stahl le inquiere sobre las supuestas relaciones comerciales de SAM-CRO con el IRA: «La única IRA que conozco es la que exige que pague los impuestos» («Gilead», 2x07). Clay verbaliza en este momento de la serie el trasfondo del modelo de negocio de la hermandad de motoristas, una concepción de las relaciones de producción e intercambio reacia a cualquier domesticación u otra tentativa reguladora que el principio del interés y la autogratificación. Precisamente en el debate sobre el modelo de negocio reside la fuente principal del conflicto de liderazgo desatado en SAMCRO: de un lado, la postura expansionista y de riesgo (financiero y mortal) representada por Clay, del otro, el intento de Jax —como antaño lo fuera de su padre— por devolver al club a la senda de los negocios legales. A pesar de sus puntos de vista divergentes, Clay y Jax —tanto como el resto de la gran familia SAMCRO— se encuentran abocados a subsistir en el corazón mismo de una maquinaria temible e irrefrenable. Dicho mecanismo se nutre de la mezcla resultante de la avidez y belicosidad del sistema unida a las propias decisiones del colectivo de motoristas en su propósito de sostenerse y habitar un futuro posible. En este sentido, SAMCRO puebla un espacio de anarquía en dramático contraste con el de la deslucida ensoñación contracultural; un ámbito en el que las amenazas de exclusión e inutilidad son acuciantes y la conciencia de dependencia y necesidad ha virado hacia un salvaje instinto de autodefensa. La búsqueda exacerbada de la ganancia y la codicia que promulga Clay, como salida a esta situación terminal para el club, redundan en un clima de creciente desconfianza y erosión de la vida comunitaria.

La vía exacerbada de SAMCRO marca entonces el «punto de fusión» en el que el impulso anarcocapitalista sobreviene violencia desnuda y omnímoda. Una violencia ejercida, en parte, desde el diseño y la estrategia empresariales: de ahí el juego de constantes y reversibles alianzas (con el mexicano cártel Galindo, el IRA, hacendados empresarios locales, líderes políticos, las bandas raciales y hermandades arias del norte de California...) que van dejando a su paso un reguero incontenible de cadáveres. Por medio de estas prácticas, la noción de *estrategia* redunda en la abstracción del espacio y de los cuerpos, convertidos ya apenas en valores de cambio, en objetos de transacción y compensación entre competidores. De ahí el horror inadmisible derivado del conocimiento acerca de una empresa dedicada a la venta de bebés (tercera y cuarta temporadas de la serie), de la brutal violación de la matriarca Gemma Teller («Albification», 2x01), del sacrificio de Opie Winston («Laying Pipe», 5x03) o de la espantosa ejecución de la hija de Tig a manos del mafioso afroamericano Damon Pope en el episodio «Sovereign» (5x01). Estas dos muertes, escenificadas en toda su crueldad como pérdidas traumáticas para la hermandad motorista, actúan a manera de implacable recordatorio de las «reglas del juego». Un juego en el que las piezas basculan al son del cambio de liderazgo (de Clay a Jax) y de las sucesivas operaciones del club: la expansión a través del tráfico de drogas y de la ampliación de centros de distribución, la diversificación hacia la industria pornográfica, o las fusiones, como la llevada a cabo con Diosa Internacional, la casa de citas-empresa de Nero Padilla.

Todas las operaciones referidas desembocan en una escalada de riesgo que debe interpretarse tanto en su sentido monetario-financiero, como en su potencialidad destructora *real*. Así, la agresividad, soterrada y latente, de la actividad emprendedora irrumpe con fuerza en numerosos momentos de la serie: tal es el caso cuando Clay advierte al jefe de la reserva india colindante con Charming sobre sus «planes conjuntos»: «O negocias conmigo o te aplasto» («Balm», 2x10). O también, en el inicio de la quinta temporada («Sovereign», 5x01), cuando Jax transmite el mensaje contenido en la última absorción empresarial de Damon Pope (tras aniquilar los matones de este a los líderes de la banda afroamericana de los One-Niners): «Pope acaba de decirnos que es él quien decide quién vive y quién muere».

La violencia en *Sons of Anarchy* sobrepasa el mero ámbito de la estructura organizativa y las disputas de liderazgo para trasladarse a través de toda la estructura social. Ello es consecuente con aquellas lecturas marxistas que sitúan en el trabajo la función de «mediador» o «intermediario» principal del sistema capitalista. De este hecho se deriva que la violencia, fluyente y versátil, impregne la lógica operativa tras la división social y racial del trabajo en el universo ficcional de la serie. La lucha de clases se conjuga como guerra perpetua entre bandas pertenecientes a etnias diferenciadas (afroamericanos, asiáticos, latinos, blancos y supremacistas blancos, eslavos...), con lo que la pugna por el territorio encubre, al mismo tiempo, la tensión por la entrada de potenciales amenazas en el mercado y la revelación de la «verdad incómoda» sobre el mito multicultural de Estados Unidos.

En este mundo hobbesiano de permanente combate, la agresividad dimana, a su vez, de la atomización del cuerpo social propiciada por la preferencia neoliberal por las agrupaciones profesionales flexibles, inspiradas por efímeros acuerdos de interés, y por la mano de obra prescindible. Desde esta óptica se explican los actos de violencia que impactan, por citar apenas un par de ejemplos, en las prostitutas-mano de obra autónoma en el área de influencia empresarial de SAMCRO; o también en la rutina criminal del escuadrón clandestino de motoristas nómadas armado *ad hoc* por Clay a espaldas del club. La división del trabajo afecta, en igual medida, a la propia atribución de papeles de género en las esferas pública y privada. La dicotomía entre modelos y agentes productores *versus* reproductores (Aguado Peláez, 2015) marca una barrera de violencias, a veces visibles, otras más sutiles. A pesar del indudable protagonismo concedido tanto a Gemma Teller como a Tara Knowles en la serie, la función primordial de ambas en el relato parece reducirse a la función maternal y asistencial; algo que, por otra parte, certificaría la propia advertencia de la matriarca a la pareja de su hijo: «Yo soy una madre furiosa y tú una cuidadora» («The Culling», 2x12). En el personaje de Tara se concentra, en esencia, la pugna de unas expectativas de emancipación genuina postergadas hasta acabar en tragedia.

La orientación frenética de la asociación de motoristas la conduce, al mismo tiempo, a la paradoja: cuanto más se desprende la hermandad de los antiguos valores de solidaridad grupal para buscar un lucro sin barreras, mayor es su relación parasitaria respecto de las instituciones. Ello queda encarnado, sin ir más lejos, en la figura de Clay: su proyecto para el club parte de la incertidumbre personal sobre la vida que le espera sin la garantía de una jubilación. Desprotección que se extiende al resto de miembros del club, incapacitados todos ellos para recibir una asistencia médica regular.

De todo lo apuntado podría extraerse un significativo corolario: en lugar de germinar y enraizarse en el sistema, la violencia *es* el sistema. Ante dicha evidencia, la única vía de salida imaginada por SAMCRO consiste en encomendarse a la «función social equilibradora» de la violencia. Recurriendo a la influyente interpretación de Cawelti, ello sería consistente con la «condición fronteriza» de la sociedad estadounidense: un ámbito en el que la violencia, más que excepcional, resulta normativa (1975: 535).

«Polvo y tristeza»

> Solo quiero otra vez mi antigua ciudad.
> (CLAY MORROW, «Family Recipe», 4x08)

La trama de *Sons of Anarchy* sitúa en la resaca amarga del impulso iconoclasta de los años sesenta la ruptura de un «pacto originario». Tal es el lamento que se desprende de las palabras del diario del difunto John Teller; palabras que resuenan en el presente del colectivo SAMCRO en forma de oscura premonición sobre el ocaso de la vida comunitaria. El lento y penoso declive del viejo ideal de libertad y armonía grupal se inicia en la travesía histórica en que, a resultas de la convulsiones sociales y de las olas reivindicativas en Europa y en Estados Unidos, el capitalismo se deshace de su talante autoritario y patriarcal, incorporando el componente hedonista de la contracultura. Esta mutación, lejos de nutrir un sentido más fértil de comunidad, acabó legando un escenario de sujetos «des-centrados» y a merced de los valores y usos de un imaginario capitalista devenido sistema mundial. La destrucción del antiguo orden moral y de su aparato burocrático-institucional ha traído, como corolario, una elemental indefensión para los individuos y las comunidades humanas. Así lo considera Sennet (2006: 10) cuando expone la «manera retorcida» en que la historia sació las aspiraciones de los movimientos contraculturales.

En un producto televisivo, como *Sons of Anarchy,* donde se establecen claras equivalencias entre los significados de *familia-colectivo, nación* y *territorio,* la Charming «asediada» del siglo XXI traduce al discurso ficcional las tensiones acerca de la deriva globalizadora percibidas en la cultura estadounidense. Lo hace retomando la dramática contradicción que ya señalara Daniel Bell (1994) en su radiografía de la sociedad capitalista de Estados Unidos hacia finales de los años setenta: la incompatibilidad entre la vocación modernizadora de un modelo económico de innovación constante y los cimientos de la tradicional moral puritana. El añadido antinormativo de la contracultura, y su sentimiento de festiva anarquía, incubó un panorama favorable para un caos distinto: el de la competencia inmisericorde y la (auto)aniquilación comunitaria. Es este el espíritu que guía la desesperada admonición del sheriff retirado Wayne Unser a Gemma Teller:

> [...] tienes que darte cuenta de que no estamos en 1967. Esta vida no es ni romántica ni de libertad. No hay ningún camino hacia nada que tenga sentido. Solo hay polvo y tristeza. Y ambos sabemos que solo va a empeorar («Aon Rud Pearsanta», 6x11).

Sin embargo, *Sons of Anarchy* se resiste a abandonar el influjo del mito y reserva, para su resolución, un acto de fe y redención consecuente con el moralismo subyacente en la serie. Como argumenta Didion, toda verdadera narrativa de forajidos motorizados exige un destello de «fatalismo romántico» y conclusivo, mediante el cual el líder motorista descubre a la audiencia su condición de «héroe existencial» (1993: 100). La inmolación de Jax Teller —un sujeto «marcado» por la violencia— sirve para el cumplimiento de tal precepto. La cualidad «balsámica» del mito se concreta en un trance de violencia sacrificial que supone, al mismo tiempo, una fantasía compensadora acerca de la crisis del sistema, ante la que Jax jugaría el papel de «variable reguladora». Según esta visión —en igual medida maniquea, mística y reductora—, el cuerpo de Jax es el último de los «valores sacrificables» a la voracidad inconmensurable de ese mercado que todo lo abarca. El relato quiere convencer, entonces, al espectador de que, tras la desaparición del protagonista, llegará la pacificación y un auténtico «orden humano» será restituido. Un orden revigorizado en su magnitud moral-espiritual, pero intacto en sus estructuras materiales. Y con ello, una vez más, el mito ofusca la violencia constitutiva de Estados Unidos, la nación-mercado.

Capítulo 7
Vigilantismo, justicia y venganza en *Sons of Anarchy*
Víctor Hernández-Santaolalla

En Charming no pasa nada sin nuestro control o sin sacar tajada.
CLAY MORROW («Pilot», 1x01)

El vigilante puede definirse como ese ciudadano que, frente a la percibida incapacidad, impotencia o corrupción de la legalidad imperante, decide tomarse la justicia por su mano, llegando a violar las propias reglas del juego legal (Rosenbaum y Sederberg, 1974) como una forma de mantener, reforzar y/o (re)equilibrar la balanza social; no necesariamente como reconciliación, sino también como una forma de venganza (Karmen, en Balley, 1993) y, según Miquel Carbó, nunca para subvertir las actuales relaciones de poder (1992: 239). De hecho, como representantes del orden y agentes preservadores del *statu quo,* los vigilantes no solo emprenderían acciones para frenar la criminalidad, sino también para limitar el margen de actuación de aquellos otros grupos o actores que buscan alterar la repartición socioeconómica; redistribución que podría llegar a producirse cuando esta significara una ganancia para el grupo establecido (Rosenbaum y Sederberg, 1974: 551). En definitiva, el vigilantismo pretende la salvaguarda de la sociedad de las amenazas exteriores que pudieran alterarla como consecuencia de la ineficacia de las fuerzas de la ley y el orden, encargadas al fin y al cabo de la protección de la sociedad. En este sentido, la acción vigilante podría llegar a dirigirse al propio régimen «con el fin de hacer de la "superestructura" una guardiana más eficaz de la "base"» (1947: 556. TP).

Vigilantismo en Estados Unidos

Aunque pueden encontrarse orígenes remotos de vigilantismo en 1676 en Virginia, en la denominada Rebelión de Bacon (en Balley, 1993: 34), el primer movimiento vigilante en Estados Unidos tiene lugar en Piedmont South Carolina en 1767. A partir de entonces, y aunque se puede establecer el inicio del siglo xx como el fin de este vigilantismo clásico, su espíritu prevalecerá y se convertirá en una constante de la nación (Brown, 1975: 96-99), contando generalmente con una opinión pública favorable, pues cuando un pueblo es provocado o irritado, hasta sus acciones ilegales se consideran legítimas y propias de buenos ciudadanos. Este apoyo enlazaría, asimismo, con la confianza que tienen los ciudadanos en los cuerpos y fuerzas de seguridad del Estado: según una encuesta de Gallup realizada en 1989, solo el 48% de los estadounidenses declaraba confiar en la policía para protegerlos de la violencia criminal (Scully y Moorman, 2014). En 2006, dos años antes de que se estrenara *Sons of Anarchy,* el porcentaje había incrementado hasta el 61%, mientras que en 2014, año de fin de la serie, se situaba en el 57% (McCarthy, 2014).

El germen de la aparición del vigilantismo se puede hallar en la ausencia de una ley eficaz en el espacio fronterizo, lo que llevó a los pioneros estadounidenses a aplicar su propia justicia como mecanismo para el restablecimiento del orden y de los principios de sus comunidades de origen —ante todo el valor de la vida y el de la propiedad— en los territorios colonizados. Dentro de estos movimientos destacaron, por su nivel de organización y por su impacto y trascendencia posteriores, los comités de vigilancia de San Francisco (California), que se desarrollaron en 1851 y 1856 (Brown, 1975: 100). Una suerte de vigilantismo organizado que coexistía con otro menos formalizado, el denominado *instant vigilantism,* que si bien se desarrolló en prácticamente todos los estados occidentales, fue especialmente eficaz, nuevamente, en California (1975: 103), estado en el que se localiza la ficticia ciudad de Charming, residencia de SAMCRO.

El vigilantismo se torna así en un pilar fundamental del devenir de los Estados Unidos, algo que se trasladará también a la ficción. Desde los relatos de superhéroes, cuya razón de ser se encuentra, precisamente, en «la insuficiente, y en ocasiones incompetente, aplicación legítima de la ley» (Phillips, 2010: 29. TP)[9] hasta las recientes historias de antihéroes

9/ Cómics como *Watchmen* o *The Dark Knight Returns* (véase Skoble, 2005, y

como el asesino en serie Dexter Morgan (*Dexter*, AMC, 2006-2013) o el ciberactivista Elliot Alderson (*Mr. Robot*, USA Network, 2015-), la figura del vigilante ha sido una constante en la narrativa estadounidense. «Él es claramente Otro, pero entendemos por qué. Él amenaza a los que "se lo merecen" y no representa ninguna amenaza para aquellos de nosotros que somos "normales"», dirá Donelly sobre Dexter (2013: 25. TP); una descripción que bien podría servir para describir a tantos otros vigilantes ficcionales.

Por su parte, para Phillips, uno de los ejemplos más claros dentro de los relatos que reflexionan acerca del vigilantismo es *El caballero oscuro* (*The Dark Knight*, Christopher Nolan, 2008). Para el autor, el filme plantea hasta qué punto se pueden trasgredir las libertades civiles para preservar la seguridad ciudadana, lo que a su vez entiende como uno de los mayores retos de la democracia después de los atentados del 11 de septiembre de 2001 (2010: 30). En este contexto, los agentes de policía de la ciudad de Gotham, limitados a las imposiciones de la legalidad imperante, dejan que Batman imparta su propia justicia, al tiempo que los ciudadanos apoyan su vigilantismo, aunque solo en la medida en que este revierte en beneficios para ellos mismos (2010: 31-33). Esto es algo parecido a lo que, como se verá más adelante, ocurre en *Sons of Anarchy*, donde las acciones de SAMCRO son aplaudidas y censuradas en función de cada momento.

Vigilantismo en Charming

Brown señala tres elementos principales que servirían para definir la filosofía del vigilantismo: «autopreservación, derecho a la revolución y soberanía popular» (1975: 115. TP). Por su parte, para Johnston (1996), aunque acciones como el castigo al criminal o el ejercicio de la justicia por medio de la violencia y de acciones alejadas de la ley pueden reconocerse como propias de los vigilantes, estas no permiten realizar una definición clara del fenómeno. Para solventar este proble-

---

Dubose, 2007); *Vigilante, Punisher* o *Green Arrow* (véase Scully y Moorman, 2014) reflexionarían precisamente sobre este tema; así como también lo harán sus adaptaciones a otros medios.

ma, el autor señala seis características clave que permitirían identificar las acciones vigilantes: 1) la actividad debe ser planificada, premeditada y organizada, aunque dicha predisposición y preparación sean mínimas; 2) debe ser desarrollada por agentes privados, descartándose así las acciones de los agentes de la ley, aunque estos últimos cometan actos ilegítimos, abusos de poder, o incluso estén fuera de servicio; 3) debe ser emprendida por ciudadanos autónomos y activos, que no cuenten con el respaldo de instituciones estatales o persigan fines comerciales; 4) debe conllevar el uso de la fuerza o la amenaza de utilizarla; 5) que, a su vez, funcione como respuesta al crimen o a la trasgresión de las normas sociales —real o percibida—, y 6) que, en última instancia, se traduciría en un incremento de la sensación de seguridad ciudadana (1996: 222-232). Así, atendiendo a las condiciones expuestas por Johnston, a continuación se hará un repaso por las actividades llevadas a cabo por SAMCRO en Charming, con el objetivo de dilucidar si pueden o no identificarse como vigilantes de la ficticia ciudad californiana.

Premeditación y organización

Actuar en defensa propia ante el atacante puede entenderse como una forma de tomarse la justicia por sí mismo, al igual que el linchamiento, de carácter privado y colectivo, y en cierto sentido espontáneo, serviría como respuesta a los actos del supuesto criminal (Vilas, 2005). Sin embargo, en ninguno de estos casos se puede hablar de vigilantismo, pues este requiere, como se acaba de apuntar, una mínima voluntad y organización, aunque sea contextual.

Velar por la seguridad de una víctima potencial o supervisar una determinada localización son entendidas por Johnston (1996) como algunas de las acciones que funcionarían como predisposición para un acto de vigilantismo. En *Sons of Anarchy* esto se traduce en una labor de custodia de Charming y sus vecinos, lo que a su vez remitiría a la importancia de la noción de frontera. La frontera de Charming funciona como un muro dentro del cual la civilización puede vivir en paz y tranquilidad gracias al turno de guardia constante de SAMCRO. Así, al igual que el muro de Adriano pretendía separar a los bárbaros de los romanos; el Muro Verde del *Nosotros* de Zamiátin delimitaba un espacio de lógica y organización, que no estaba permitido abandonar, o el de *Juego de Tronos* (*Game of Thrones,* HBO, 2011) mantenía a los Siete Reinos a salvo de los salvajes, la frontera de Charming confina a sus habitantes a un espacio de seguridad libre de drogas, guerras entre bandas o grandes corporaciones que afecten a los pequeños comerciantes. La frontera, como el muro, debe entenderse así dentro de «una lucha de opuestos entre civilización y caos» (Fernández Pichel, 2015: 264), entre el nosotros y los otros, y siguiendo el razonamiento maniqueo, entre lo bueno y lo malo.

Ya en los primeros segundos del episodio piloto se muestra el cartel de «*Thank you for visiting Charming*», y a lo largo del mismo queda claro cómo SAMCRO intenta frenar la entrada en el pueblo de otras bandas; en concreto de los One-Niners y de los Nords. Respecto a este último grupo, Clarence «Clay» Morrow recuerda a su líder, Ernest Darby, que en Charming no sucede nada sin que ellos lo controlen u obtengan algún beneficio, permitiéndoles así que cocinen *crack* en el pueblo, pero no venderlo. Este recordatorio de la imposibilidad de romper el binomio Charming-SAMCRO será una constante del club: «Si pasa en Charming es problema de SAMCRO», recuerda Clay a Elliot Oswald en «Smite» (2x05).

Entre estos problemas potenciales, uno de los más notables es, precisamente, el del tráfico de drogas. Este se convierte en una de las mayores preocupaciones de los Hijos, no solo porque allí donde hay drogas hay agentes de la ley vigilando, sino porque es precisamente esa promesa de limpieza una de las razones por la que cuentan con el apoyo del pueblo: «Charming trata a los Hijos como héroes. [...] Clay promete mantener a Charming a salvo y sin drogas. Por eso la gente tolera a los moteros. ¿Qué pasaría con la opinión pública si no pudiera hacer eso?», reflexiona Ethan Zobelle, líder de la Liga de Nacionalistas Americanos, ante David Hale, ayudante del sheriff («Fix», 2x03).

Sin embargo, el dejar las drogas fuera de las fronteras de Charming no significa que SAMCRO no pueda lucrarse con el negocio del narcotráfico, ya sea dejando pasar la mercancía hasta Stockton a cambio de un peaje («The Push», 3x06) o, a partir de la cuarta temporada, haciendo acuerdos directamente con el cártel Galindo, a pesar de que Gemma le recuerde a Clay que ellos no se dedican a las drogas («Dorylus», 4x03). Al fin y al cabo, en Charming se hace lo que

SAMCRO desea, y como dijo Robert «Bobby» Munson a Darby en la conversación mencionada antes del episodio piloto, «si quisiéramos un negocio de drogas lo tendríamos».

Pero, volviendo a la predisposición de SAMCRO hacia la supervisión y protección de su hogar, especial mención merece el episodio «Fun Town» (1x03). En este, Elliot Oswald —quien el día antes, junto a su mujer, rehuía a Clay y Gemma en la feria— desea contratar los servicios del club para encontrar al violador de su hija: «Quiero que le encuentres y me lo traigas a mí primero. Te pagaré lo que quieras [...] Sé lo que sois». Pero Clay rechaza su dinero, dejando claro que nadie entra en Charming —«en mi pueblo», dirá— y ataca a una niña inocente, advirtiendo a Oswald que cuando se lo entreguen deberá hacerse justicia. Durante la posterior discusión en la «mesa» sobre si deben atender dicha petición, Alexander «Tig» Trager plantea que ya tienen demasiadas deudas económicas como para seguir haciendo del Llanero solitario y arriesgarse por una persona externa al club. Pero Clay sentencia: «cuando putean a alguien en este pueblo no va a la poli, viene a nosotros». De esta forma, se pueden apreciar dos concepciones diferentes del «otro» para SAMCRO: en primer lugar, aquel que no pertenece al club; en segundo lugar, aquel que no pertenece a Charming. De hecho, cuando Jackson «Jax» Teller y Filip «Chibs» Telford van a preguntar a los feriantes si saben algo del suceso, Jax señala que, ya que «esas cosas no pasan en nuestro pueblo, debió ser uno de fuera».

Privacidad y autonomía

En cuanto a la segunda condición, autores como Rosenbaum y Sederberg (1974) indican que se pueden dividir las acciones vigilantes en función de si son desarrolladas por agentes privados o públicos, destacando entre estos últimos los cuerpos policiales. De esta forma, cuando los policías desarrollan acciones de control estando fuera de servicio o cuando se exceden en sus procedimientos, estarían, según estos autores, actuando como vigilantes. En cierto sentido, atendiendo a esta posibilidad, los agentes de Charming, y en especial Wayne Unser, serían categorizados como vigilantes, aunque sin llegar a los extremos de los agentes de *The Shield* (FX, 2002-2008), por citar una serie con la que

Sons of Anarchy guarda una estrecha relación. Sin embargo, dirá Johnston (1996), porque los policías cometan actos ilegítimos o actúen como agentes privados cuando no portan el uniforme no abandonan su condición de trabajadores públicos ni pierden el poder que le otorgan la institución. Si acaso, esta interrelación entre lo público y lo privado ejemplifica la complejidad del fenómeno del control social, pero no por ello deben meterse a todos dentro del saco del «vigilantismo».

SAMCRO es una organización privada y sus miembros actúan por su cuenta, a pesar de que en más de una ocasión cuenten con la colaboración de la policía, ya sea recibiendo algún soplo, como hace David Hale en «Fa Guan» (2x09), al contarle a Clay las verdaderas intenciones de Zobelle, o no interponiéndose en su camino. De hecho, son precisamente estos últimos «acuerdos» los que supondrían el mayor inconveniente a la hora de tratar a los miembros del club como vigilantes, ya que, como recogía Johnston (1996) como tercera condición, no podrán ser entendidos como tales aquellos que cuenten con el apoyo estatal o, que actúen como una empresa privada que protege los intereses de los ciudadanos persiguiendo fines comerciales. En su relación con Unser, SAMCRO podría llegar a incumplir ambos requisitos al mismo tiempo: por un lado, al contratarlos como seguridad privada para su compañía de transportes («Seeds», 1x02); por el otro, al haber firmado con ellos un pacto no escrito para mantener la seguridad en Charming, lo que podría entenderse como una forma de ese apoyo estatal. En «Hell Followed» (1x09), Unser dirá a Clay:

> Tú y yo, pase lo que pase ahora, siempre hemos tenido una cosa que nos mantenía unidos: dejar la sangre y la avaricia lejos de nuestra puerta [...] Y mi miedo es que, conociendo todo el orgullo que hay dentro de esa chaqueta esto no va a acabar aquí [...] Soy un viejo poli. Y este viejo poli te dice que el ojo por ojo no puede seguir [...] Si te cargas a ese jefe Mayan, desencadenarás una guerra que meterá a este pueblo en los libros de historia. Los malos saldrán del gueto y traerán toda su porquería a Charming. La próxima vez no serán los putos escorias de Darby los que caerán; será uno de los tuyos. O Floyd. O un chaval cualquiera. ¿Ves dónde voy con esto? El trato siempre fue que vosotros vivíais en Charming y la mierda se quedaba fuera. No puedes cambiar las reglas o todo se irá al infierno.

Se pueden encontrar más ejemplos a lo largo de la serie, y quizás más radicales. SAMCRO llega a prestar su ayuda a Elliot Oswald en su lucha por la alcaldía contra Jacob Hale, con quien también harán negocios a partir de la quinta temporada, cuando este es ya el alcalde de Charming, dejando así clara la estrecha relación entre el club y el poder político. En cuanto a la persecución de intereses privados y comerciales, en la segunda temporada, Clay solicita dinero a Zobelle a cambio de la protección de su local de puros («Smile», 2x05); una idea que se retomará en el episodio «J'ai Obtenu Cette» (5x13), cuando una pequeña comerciante se queja a Nerón «Nero» Padilla de la extorsión sufrida por una banda rival de los Byz Lats. Sin embargo, a pesar de que en ocasiones hagan acuerdos con los poderes públicos o se lucren con sus actos de protección, son más las ocasiones en las que deben burlar a los primeros —más de una vez firmando supuestos acuerdos que acaban quebrantando— y en las que se prestan voluntaria y gratuitamente para ayudar a sus vecinos.

Violencia y seguridad ciudadana

Respecto a la cuarta condición de Johnston, a saber, que el ejercicio de vigilantismo debe conllevar el empleo de la fuerza o la amenaza de su uso, no cabe duda de que el ejercicio de la violencia física es algo frecuente en los Hijos; un rasgo que compartirían al mismo tiempo con muchos del resto de colectivos que aparecen en la serie, desde los Calaveras hasta la Liga Nacionalista Americana, pasando por los Mayans, los One-Niners, los cárteles Galindo y Lobo Sonora, o los exmilitares comandados por Moses Cartwright y August Marks. Charming y sus alrededores configuran un escenario de violencia, un campo de batalla donde las bandas y los clubs utilizan la fuerza como instrumento de supervivencia y dominio. En palabras de Thomas Barker:

> La violencia extrema es una característica alarmante de las bandas de motoristas alejadas de la ley en todo el mundo [...] Los *one percent outlaw motorcycle club* y sus miembros han estado enfrentándose unos con otros como individuos, grupos y clubs desde su formación, y este legado de violencia continúa sin cesar en la actualidad (2014: 45. TP).

Ese *one percent* del que habla Barker es un término que utilizó la American Motorcycle Association tras los incidentes ocurridos en Hollister, California, en 1947, y que pronto adoptaron clubs como los Hell's Angels como distintivo. De esta forma, el «uno por ciento» estaría formado por aquellos clubs de motos desviados de la norma social que suelen participar en actividades criminales. Esta definición, que bien podría atribuirse a los «Big Four clubs» (Hell's Angels, Bandidos, Outlaws y Pagans) —o «Big Five», si se incluye el club Sons of Silence (Barker, 2005)—, difícilmente sería válida para todos aquellos grupos que, movidos por una profunda devoción a Harley-Davidson y un fuerte sentimiento de camaradería (Quinn, 2001: 395), en la actualidad se autoidentifican como parte de ese uno por ciento.

Retomando el sentido original del término, Barker (2014: 45) reconoce que estas bandas suelen nutrirse de hombres violentos (o potencialmente violentos). Este rasgo se vería, a su vez, incrementado y apoyado por el propio grupo, algo que también se puede apreciar en las filas de SAMCRO. Clay incita a Jax en el episodio piloto a rematar a un Nord —«que siga los pasos del que ha sido el mejor de sus padres», desea Gemma ante su marido—, y premia a Juan Carlos «Juice» Ortiz con la etiqueta de *Men of Mayhem* por su buena actuación liquidando al supuesto traidor («Fruit for the Crows», 4x07). En este sentido, es cierto, como señala Dunn (2013), que muchos de los actos violentos que perpetran los Hijos responden a una necesidad (o ilusión, cabría añadir) de protección tanto del individuo como de la «familia» —«Luchamos porque creemos» («We fight cause we believe»), puede leerse en la tumba de John Teller—, pero también es cierto que en tantas otras ocasiones el uso de la fuerza o su incitación persigue fines lucrativos y/o vengativos, acarreando más problemas que soluciones. Según recoge el propio John Teller en *The Life and Death of Sam Crow*, la mayoría de los miembros del club no eran violentos por naturaleza, sino que este fue un rasgo adquirido e «inevitable», consecuencia de vivir alejados de las normas y la protección sociales (1x02, «Seeds»). No en vano, el club fue fundado por veteranos de Vietnam, una solución que toma Kurt Sutter y que enlaza con el origen de muchos clubs reales tras el final de la II Guerra Mundial, y cuenta entre sus miembros con combatientes de otros conflictos, como Edward Kip «Half Sack» Epps, herido en Irak.

Pero más allá de la naturaleza violenta de la serie y del club, idea que se analiza en el capítulo firmado por Sara González Fernández en este mismo volumen, cabe detenerse, siguiendo los términos de Johnston, en la amenaza del uso de la fuerza física. Al respecto, no son pocas las ocasiones en las que los integrantes de SAMCRO, conscientes de su reputación y de la imagen que se han creado, utilizan la coacción y la intimidación para conseguir sus fines sin tener que mancharse las manos de sangre. De nuevo en el piloto, Clay amenaza a Darby con represalias si vuelve a vender dentro de las fronteras de Charming, al tiempo que Jax hace lo propio cada vez que ve comprometido el club o, especialmente, su núcleo familiar: en «With an X» (4x06) amenaza a Ima Tite, actriz porno compañera de Lyla, y en «Darthy» (5x12) a Wendy tras drogarla. En este sentido, la amenaza, retomando lo señalado por Dunn (2013) con respecto a la violencia, es una forma de protegerse a sí mismos y a su grupo —la familia, el club y los vecinos—, de todo hombre y mujer que pueda interferir en sus planes, ya sean miembros de una banda, grandes empresarios o agentes de la ley: «los polis que se ponen en nuestra contra suelen desaparecer», advierte Chibs a la sheriff Althea Jarry en el episodio final de la serie («Papa's Goods», 7x13). Incluso Tara Knowles aprende rápido esta lección y no duda en amenazar a Margaret Murphy, la administradora del Hospital St. Thomas, apoyándose en SAMCRO y la influencia del club en la policía («The Culling», 2x12).

Pero la violencia y la amenaza de la misma no son características exclusivas del vigilantismo o, si no, deberían considerarse vigilantes, como ya se ha señalado, prácticamente todas las bandas que van apareciendo en *Sons of Anarchy*. Siguiendo con las condiciones de Johnston, estas acciones deben estar dirigidas a combatir o vengar el crimen o la alteración (o percepción de los mismos) del orden social. El primer suceso claro de esta función, y que ya se ha comentado, deriva de la violación de la hija de Oswald, que acaba con el asesinato del culpable en un intento por hacer «justicia» («Fun Town», 1x03). En «Albification» (2x01), Jax obliga a Opie a matar al supuesto Mayan que acabó con la vida de su esposa, a pesar de que el propio vicepresidente sabe que él no fue realmente el culpable. En esta línea, aunque no se ajusticie realmente al culpable, la idea de que se ha perpetuado el castigo sería suficiente. Algo parecido ocurrirá en «Black Widower» (7x01), cuando Jax torture y mate al chino que, según Gemma, había matado a Tara. Sin embargo, aunque ambas muertes servirían para calmar la sed de venganza, los verdaderos culpables y la amenaza de que sigan dañando al individuo, a la familia, al club y, en última instancia, a Charming, sigue imperante. Por ello, tanto Opie como Jax podrán vengar a sus respectivas esposas, y ambos lo harán matando a las culpables con un disparo en la parte posterior de la cabeza. La diferencia es que, si bien Jax acaba con la vida de la asesina directa, su madre, con el beneplácito de la misma —«somos así», le recuerda («Red Rose», 7x12)—, Opie no ejecuta a aquel que apretó el gatillo, sino a la agente Stahl, la culpable última, pero en cualquier caso indirecta; en una escena en la que Chibs también consigue vengarse de Jimmy O'Phelan, siguiendo ambos al pie de la letra la Ley del Talión («NS», 3x13).

En definitiva, desde la postura del vigilante, la violencia o la amenaza de su uso deben utilizarse como mecanismo de control social y mantenimiento del orden, lo cual revocaría, enlazando con la última condición de Johnston, en un incremento de la sensación de seguridad ciudadana. Respecto a este último punto, precisamente, señala Eduardo Galeano:

> En un mundo que prefiere la seguridad a la justicia, hay cada vez más gente que aplaude el sacrificio de la justicia en los altares de la seguridad. En las calles de las ciudades, se celebran las ceremonias. Cada vez que un delincuente cae acribillado, la sociedad siente alivio ante la enfermedad que la acosa. La muerte de cada malviviente surte efectos farmacéuticos sobre los bienvivientes. La palabra farmacia viene de *phármakos,* que era el nombre que daban los griegos a las víctimas humanas de los sacrificios ofrendados a los dioses en tiempos de crisis (2009: 81).

Esto lleva a que los vigilantes sean vistos por sus conciudadanos como garantes y salvaguardas de la paz y la tranquilidad del pueblo. Un ejemplo de esta percepción heroica en *Sons of Anarchy* aparece en una de las escenas eliminadas de «Seeds», el segundo episodio de la serie, en la que se muestra cómo Piermont «Piney» Winston, asiduo de la barbería de Floyd, se marcha de esta sin pagar. El joven ayudante no duda en preguntar a su jefe por qué nunca cobra al motero, ante lo que Floyd se limita a pedirle que eche un vistazo a la zona a ver si encuentra alguna gran cadena comercial. Esa es la razón, y aunque no lo reconozcan, todos los del pueblo lo saben: «SAMCRO keeps Charming charming», o lo que es lo mismo, es el club el que permite que la localidad mantenga su esencia, su encanto. Asimismo, en «Old Bones» (1x07), Jax Teller agrede al exnovio de Tara Knowles, a lo cual este último responde clavándole unas tijeras. Sin embargo, los testigos declaran que el orden de los acontecimientos fue el inverso, protegiendo así al vicepresidente de SAMCRO. Pero, ¿qué ocurre cuando el vigilante ya no puede mantener la seguridad y la estabilidad? Pues que será rechazado por aquellos que algún día le protegieron y ayudaron. Esto lo sabe bien Ethan Zobelle, dirigente de la Liga de Nacionalistas Americanos, quien plantea introducir el tráfico de drogas en Charming para que los ciudadanos dejen de etiquetar a SAMCRO como héroes del pueblo.

La caída del vigilante queda aún más clara en la tercera temporada. En su primer episodio, «So», se celebra el funeral de Half Sack, al cual asisten numerosos vecinos del pueblo, quienes no pueden evitar ponerse nerviosos ante la vulnerabilidad de SAMCRO, pues se supone que no les puede pasar nada malo a ellos en Charming, como comenta el ayudante del sheriff David Hale a su hermano. Precisamente, los Calaveras, una banda «marioneta» de los Mayans, aprovechará este contexto de indefensión para atentar contra el club, provocando varios heridos y la muerte por atropello de Hale, que no conseguirá detener a tiempo la furgoneta donde iban los pistoleros. A pesar de la sangrienta revancha que se toma Jax en el momento, ante la mirada de los agentes de la ley presentes, el incidente parece confirmar la incapacidad de SAMCRO para mantener la paz en Charming. Es significativo cómo los clientes de la barbería de Floyd salen del local cuando Piney entra («Caregiver», 3x03). Por su parte, el sheriff Wayne Unser confiesa a Clay que lo único que le ha movido hasta ahora es dormir tranquilo sabiendo que está manteniendo Charming a salvo, pero que últimamente ya no duerme mucho («The Push», 3x06).

A lo largo de las temporadas, SAMCRO y Charming mantendrán una relación de amor y odio. En la cuarta temporada, por ejemplo, el club se vuelca en la recaudación de fondos para proteger Charming Central Garden ante la inminente construcción de Charming Heights, lo cual Gemma y Clay conciden cómo una forma de hacer ver a los vecinos que los Hijos se preocupan, y frenar las sospechas de que están detrás de los últimos ataques en el pueblo («Family Recipe», 4x08). En el evento, Clay decide pronunciar unas palabras a los asistentes:

> Mi mujer se crió en este pueblo, y se convirtió en mi hogar hace 31 años. Quiero a Charming. Sé que algunos pensáis mal de mi club y creéis que tendríamos que habernos ido. Pero, preguntaos una cosa. ¿Qué es peor? ¿Un par de ventanas rotas, alguna pelea de vez en cuando... o unas excavadoras arrasando vuestro pueblo? Los Hijos de la Anarquía siempre han dado la cara por Charming. Nos sentimos orgullosos sabiendo que hemos mantenido este pueblo unido. Hemos respaldado y protegido a los pequeños comerciantes. Charming Heights es el principio del fin. Tarde o temprano, vuestros negocios acabarán igual que estos jardines... pendientes de un hilo. Esperando y rezando por recibir la caridad de los demás. Hoy yo ofrezco esa caridad. Dos cheques por setenta y cinco mil dólares [aplausos y palabras de aprobación]. Uno de esos cheques es mío, así que sé lo que pensáis. Dinero sucio, robado. Da igual, podéis pensar eso. Pero, el otro cheque es de un hombre que cree en este pueblo aún más que yo. Un hombre cuya familia le ha dado vida a esta comunidad durante casi cincuenta años. Así que si no queréis darme las gracias a mí, al menos dádselas a él. El hombre que debería ser alcalde: Elliot Oswald.

En la sexta temporada la balanza vuelve a girar radicalmente hacia el lado opuesto, y los ciudadanos empiezan a pedir definitivamente que SAMCRO desaparezca del pueblo, tanto en el ayuntamiento como en la calle. La matanza que el hijo de Darvany Jennings, la novia de Arcadio —primo de Nero—, lleva a cabo en el colegio con una de las KG-9 que SAMCRO había dado a los Byz Lats («Straw», 6x01), termina de hacer ver a Charming que las acciones del club tienen consecuencias sobre ellos, y que la época en la que Unser y Clay conseguían que todo en el pueblo fuese pequeño y seguro ya ha pasado, como puntualiza el teniente Eli Roosevelt («Salvage», 4x08).

Auge y caída del vigilante en Charming

Siguiendo las directrices de Johnston, poca duda cabe de la categoría de vigilante que adquiere SAMCRO; una función que les ha permitido convertir a Charming en una especie de oasis libre de drogas y de los cambios socioeconómicos que sufre el país. Con el beneplácito de la oficina del sheriff Unser y el apoyo de los ciudadanos y los pequeños comerciantes, los Hijos se han erigido en los auténticos dueños de la ciudad. SAMCRO y Charming se tornan así en un *pack* indivisible, de modo que los cambios en uno de los elementos conllevan inevitablemente transformaciones en el otro. Esta es una percepción colectiva: Unser le dice a Zobelle que le «gusta pensar que el pueblo elige a sus ocupantes. Algunos se quedan y otros desaparecen» («Eureka», 2x04), en lugar de decir que es el club el que toma esta decisión, al tiempo que Jax, cada vez que desea abandonar el club se plantea directamente mudarse de ciudad.

Con el paso de las temporadas, los admirados héroes de la ciudad se convierten en los reprobados verdugos, y de un modelo socialmente constructivo de vigilantismo, que pretende reinstaurar la estabilidad social gracias al apoyo o a la participación de la mayoría de la comunidad, se pasa a un modelo socialmente destructivo que, al generar el rechazo de la mayoría de la población, tiene como consecuencia la anarquía y una lucha interna entre los vigilantes y sus opositores (Brown, 1975: 118-120). La protección y conservación dejan cada vez más espacio para la venganza descontrolada, chocando así la justicia personal con la social y la divina —según escribió John Teller en su diario («Fix», 2x03)—, y los que en una ocasión fueron garantes de la seguridad y la paz se convierten en los causantes últimos del caos y la destrucción de su propio hogar. La parca a la que debían enfrentarse los «otros», aquellos que amenazaban con romper la estabilidad de Charming, visitará en más de una ocasión a los vecinos y familiares de SAMCRO. De poco sirve vigilar que nadie rompa el orden social cuando el enemigo se encuentra en el propio hogar y el vigilante se convierte en el germen de la destrucción social que se deseaba preservar. Al fin y al cabo, ¿quién vigila a los vigilantes?

Capítulo 8
La violencia como cultura: una espiral hacia la destrucción
Sara González Fernández

> Siento un tremendo arrepentimiento por los actos violentos que he cometido, tanto planeados como espontáneos. Pero creo que lo que me produce más pena es que he aprendido a justificar esta conducta. Siempre encuentro una razón, una causa, una necesidad que me aporte ese lubricante espiritual para encerrar mi culpabilidad en un compartimento salvaje. Me he convertido en esa cosa, esa cosa que tanto odiaba.
>
> Jax Teller («A Mother'sWwork», 6x13)

Cuando la sangre y las balas son la ley

La presencia de la violencia en televisión siempre ha suscitado cierta controversia en función de su adecuación al público, de los formatos en los que se incluye o de los horarios en los que se emite. Y es que, a pesar de constituirse como uno de los elementos más recurrentes en las series de ficción, tanto por el espectáculo que genera como por las emociones que provoca en el espectador, las televisiones generalistas estadounidenses siempre han tenido cierto reparo en mostrar escenas de violencia explícita en la ficción serial. En cambio, las televisiones por cable parecen haber encontrado en los contenidos violentos unas poderosas armas con las que diferenciarse de la programación tradicional televisiva y superar, con ello, las estáticas barreras de la moralidad. Esta tendencia por ofrecer una renovación argumental en las series de televisión ha provocado que la violencia sea algo más que un recurso estético o funcional y se convierta, en muchas ocasiones, en el eje vertebrador de la propia ficción.

Este contexto es el que ha propiciado que *Sons of Anarchy* haya tenido cabida en la parrilla televisiva estadounidense. El que pueda ser considerada como una de las series más violentas emitidas hasta el momento no responde tanto a la cantidad de violencia que en ella se incluye, como a que esta ocupa el rango de papel protagonista al salpicar todos los aspectos de la vida de los personajes. No obstante, la personalidad de esta ficción viene marcada por la cultura de la violencia que se respira en el universo de esta banda de moteros. Pero, ¿qué se entiende por cultura de la violencia? La naturalidad con la que una sociedad normaliza y legitima los actos violentos como única forma de afrontar los conflictos o problemas cotidianos.

Ahora bien, si se extrapola este concepto a la ficticia ciudad californiana de Charming en la que se ambienta la serie, se observa que en la sociedad que conforma esta población no hay una cultura de violencia extendida ni asentada de forma generalizada. De serlo así, no repudiarían ni tendrían miedo a los miembros del club cuando sus turbios y delictivos negocios afectan al bienestar de la ciudad. Así se manifiesta en la quinta temporada, cuando tienen lugar una serie de allanamientos en las viviendas de varios vecinos y la ciudad se encuentra aterrada al sospechar que el club está detrás de estos asaltos («Small World», 5x06). Este rechazo se refleja de forma más latente a partir de la sexta temporada cuando SAMCRO les comunica a los irlandeses su deseo de abandonar el negocio del tráfico de armas («One One Six», 6x02) y estos inician una serie de represalias violentas que materializan al asesinar a varios integrantes de la banda y al volar por los aires la sede y el taller mecánico del club («The Mad King», 6x05). Esta oleada de violencia acaba con la calma que se respiraba en Charming y, por ello, cuando SAMCRO abre un nuevo negocio para fijar su sede, los vecinos no quieren relacionarse con ellos, incluso se cambian de acera para no cruzárselos: los culpan de crear un clima de desasosiego e intranquilidad en la ciudad.

Por consiguiente, se podría decir que esta cultura de la violencia se ajusta más bien al ámbito interno de este club de moteros que a la sociedad en la que este se inserta. Y todo ello a pesar de que en un principio la población recurría a ellos porque, a su manera, impartían justicia y contribuían a mantener el orden en las calles gracias al acuerdo no escrito alcanzado con las autoridades locales: SAMCRO se comprometía a que Charming fuera una población pacífica a la que no le repercutiría negativamente sus actividades ilegales siempre que la policía local no se inmiscuyera en ellas. Sea como fuere, si la violencia gira en torno al club, sus negocios y su estilo de vida, más que de cultura se puede hablar de una subcultura de la violencia. Ahora bien, no todas las subculturas son violentas, pero en el caso de que lo sea esta se configura como una forma de vida en la que no importa el dolor y el sufrimiento que puedan causar los actos cometidos siempre que con ello se puedan conseguir los fines propuestos. De esta manera, y como señala Crespo, se entiende por subcultura el «conjunto de conductas, creencias y/o valores particulares a un grupo de personas específico [...] que difieren en cierta medida de los que posee la cultura en general» (2009: 129).

En el caso de SAMCRO, los ideales románticos con los que buscaban diferenciarse del resto de la sociedad y bajo los que nacieron fueron la rebeldía y la libertad social. Con ellos, y unas dosis de violencia, adrenalina y peligro, estos antihéroes sobre ruedas harían de Charming una ciudad con orden y alejada de las drogas y la criminalidad ocasionada por otras bandas urbanas. Sin embargo, esas aspiraciones iniciales evolucionaron hasta arrastrar al club y a sus miembros a la ilegalidad y la delincuencia organizada y, con ello, a perder su esencia y su razón de ser. No obstante, en la subcultura de la violencia que envuelve el universo de SAMCRO se dan los principios que originan su aparición y que los distingue de las normas y principios de la cultura dominante. Entre ellos, destacan los siguientes:

Surge entre pequeños grupos o bandas urbanas minoritarias que tienen una estética, un lenguaje y un comportamiento muy definido. Este club de moteros se caracteriza por su organización, jerarquía y hermetismo. Cuenta con un número limitado de integrantes y para formar parte de él hay que pasar un duro periodo de prueba con el que garantizar su lealtad, capacidad de resistencia y sangre fría. Una vez dentro de SAMCRO sus miembros deben adoptar la estética agresiva del club como una de sus principales señas de identidad: vestimenta negra, cuero, tatuajes y el indispensable chaleco de motero con la imagen de la muerte con la guadaña al dorso como emblema de la organización. Su lenguaje y comportamiento va acorde con sus principios y, por tanto, es amenazante, provocador, desafiante y cargado de violencia.

Hay más probabilidades de que se asiente en lugares en los que las autoridades locales son débiles o se muestran incapaces de cumplir la ley en el sentido más estricto. En Charming es Wayne Unser, el jefe del

Departamento de Policía, el que simboliza la corrupción de las autoridades al colaborar y no perjudicar en la medida de lo posible a SAMCRO. Considera que su presencia beneficia a la ciudad para mantenerla alejada de las drogas y la violencia y protegerla, entre otras cuestiones, de todos aquellos que quieren acabar con la identidad y la esencia de Charming, tal y como ocurre con los especuladores urbanísticos.

La violencia actúa como *modus operandi* para resolver los problemas derivados de los negocios, aunque también se extrapola a otros ámbitos como el social e incluso el familiar. Las ramificaciones de la violencia se adentran en todas las facetas de la vida de estos moteros. La entienden como una herramienta eficaz con la que dominar, poder solucionar sus problemas, conseguir sus objetivos y, sobre todo, poner a salvo la supervivencia del club y de la familia por muy caro que sea el precio que haya que pagar por ello.

Como apuntan Hogg y Vaughan (2010: 468), el propio grupo impone unas normas a sus integrantes a partir de las cuales se premian y se aprueban las acciones violentas y se sanciona el no hacer uso de ellas. En relación a esta cuestión, cabe destacar que una de las formas de distinguir positivamente a los miembros del club, además de con respeto y admiración, es otorgándole la etiqueta de *Men of Mayhem* para que la lleven en su chaqueta de cuero. Con ella, el hombre que la porta puede sentir el orgullo de haber matado a alguien que podía haber puesto en riesgo los intereses del club. Un ejemplo de ello se da en la cuarta temporada cuando Juice recibe esta insignia por parte de Clay tras matar al compañero al que culparon de robar un paquete de cocaína. Juice fue compensando con esta distinción porque actuó para salvaguardar los beneficios del club, ya que el robo de esta sustancia habría puesto en peligro el negocio del tráfico de drogas que SAMCRO mantenían con el cártel Galindo e, incluso, también la vida de los propios moteros.

Si se sigue la línea clásica marcada por Wolfgang y Ferracuti (1971), toda subcultura se vertebra en tres cuestiones fundamentales: la configuración de unas normas de conducta, de un grupo y de una serie de comportamientos, actitudes y actuaciones determinadas por las reglas acordadas por el propio grupo. Efectivamente, SAMCRO se entiende como una entidad muy organizada a la que se le debe lealtad, obediencia y valor criminal. Cuenta con un presidente y un vicepresidente como miembros de mayor responsabilidad y capacidad de decisión, aunque todas las medidas a adoptar se someten a votación y se aprueban si obtienen una mayoría favorable. SAMCRO debe compartir los valores y las directrices a seguir del club y, al mismo tiempo, asumir las responsabilidades de sus actos si no los cumplen. De esta manera, hay premisas que son inquebrantables —por ejemplo, no pueden ser miembros de la organización ni las mujeres ni los negros o tampoco se pueden hacer tratos con la policía ni colaborar con ella—, y otras que están por encima de todo y de todos: salvaguardar la supervivencia del club y ofrecer seguridad a sus familiares. En relación a esta última cuestión, hay que señalar que la protección de la familia y del entorno más cercano a SAMCRO es algo que resuelve el propio club, ya que entienden que es un tema que solo les afecta a ellos y no hay necesidad de recurrir a las autoridades. Así, a lo largo de las siete temporadas de la serie es frecuente ver cómo en más de una ocasión la sede del club se convierte en un refugio temporal para los familiares, amigos y personas más cercanas a los miembros del club. Allí se reúnen todos a la espera de que los chicos solucionen los problemas que tienen con otras bandas y acabe el estado de alerta que los hace sentir amenazados. Esta es su manera de proteger a los suyos: sin recurrir a la ley ni al orden social, sino a través de sus reglas y de un código normativo que los legitima para recurrir a la violencia y poner fin a todo lo que les amenace. Esta violencia que conciben como justa o, más bien, necesaria, no entiende de límites ni compasión cuando de lograr sus objetivos se refiere. Amenazar, asesinar, torturar, descuartizar o deshacerse de un cadáver son las prácticas habituales a las que recurren los miembros del club para cumplir con las reglas de SAMCRO, aunque para ello tengan que dejar a un lado e, incluso, olvidar sus valores morales y personales.

Sin abandonar esta línea, hay que señalar que, además de SAMCRO, en la serie también aparecen diversas bandas criminales como los Nords, los Mayans o los One-Niners y grupos relacionados el IRA y la mafia rusa. Todos ellos se rigen igualmente por los valores y las normas que han establecido a partir de su propia subcultura de la violencia, que es la que vertebra cada una de las actuaciones y decisiones de los distintos colectivos. Por ello, los conflictos que se originan entre estas bandas, aunque tienen como punto en común la violencia como instrumento para defender sus intereses y marcar su territorio, se desarrollan de forma distinta, ya que cada uno tiene diferentes reglas, límites y códigos de honor que no pueden sobrepasarse sin que con ello se origine un enfrentamiento.

El ADN de la violencia

En la formación y el desarrollo del ser humano, los factores socioculturales son determinantes para forjar la personalidad del individuo. Por ello, el ambiente familiar, el educativo, el cultural o el socioeconómico pueden deshumanizar a una persona o convertirla en un ser noble y benevolente. El desarrollo de conductas violentas responde al ambiente y no tanto la naturaleza del ser humano, ya que, como señala Sanmartín, «la violencia es en la mayoría de los casos resultado de que factores aprendidos, culturales en el sentido amplio del término, alteren el equilibrio natural de la agresividad» (2004: 36). Y es que la agresividad es un impulso genético, un instinto innato de supervivencia de la especie, pero la violencia es el resultado de la falta de control de la misma y esto es algo que se aprende. Por ello, autores como Jiménez-Bautista afirman que «la violencia del ser humano no está es sus genes sino en su ambiente, de forma que la biología resulta insuficiente para explicar la violencia» (2012: 14).

Sin embargo, el que resulte insuficiente no quiere decir que sea prescindible, puesto que si los genes determinan la estructura del cerebro, el ambiente sociocultural modula y perfila la conducta que adopta el ser humano a lo largo de su desarrollo. Y es que tanto los factores genéticos como los culturales «están entrelazados y actúan conjuntamente en múltiples aspectos de nuestra conducta, como el lenguaje, la adicción y la violencia» (Mosterín, 2007: 26). Al ser la violencia un fenómeno tan complejo no se puede explicar su origen de una forma taxativa. Por ello, a pesar de que a lo largo de la serie Jax Teller afirma que el despiadado uso que llega a hacer de la violencia es inevitable porque lo lleva en su ADN y, por tanto, no puede luchar ante el determinismo genético, no está en lo cierto: esa es la forma que tiene para autoconvencerse y justificar ante los demás esa transformación personal que lo ha abocado hacia la destrucción violenta de sí mismo y de todo lo que le rodea.

El caso de Jax es uno de los más significativos en cuanto al desarrollo de conductas violentas como aprendizaje a través de su entorno. Y es que, si bien en un principio el protagonista tenía como objetivo acabar con la deriva violenta hacia la que se había llevado al club, sobre todo a partir de su participación en el tráfico de drogas, cuando alcanza la presidencia Jax se convierte en un ser despiadado capaz de matar a sangre fría, e incluso de recrearse en los asesinatos que comete. Tomar las riendas del club lo lleva a perder las de su propia vida, debido a que la vorágine de acontecimientos violentos en las que se había metido SAMCRO con otras bandas criminales solo se podía solventar con más violencia. Aprende rápido y bien de su antecesor y, por ello, el hacer uso de unos actos violentos cada vez más cruentos responde a la influencia que el entorno en el que se desenvuelve ejerce sobre él: si no es implacable con el rival no merece ser un líder respaldado por los suyos, no genera el respeto, ni el ejemplo ni el temor necesario tanto para los suyos como para los ajenos a la banda como para ser el presidente del club. Como el propio Jax señala: «Así es como se aprende a ser un líder, hermano, haciendo la mierda que más duele, mierdas que preferirías ordenar a otros, son gajes del oficio. Así es como te ganas el respeto» («Papa's Goods», 7x13).

El ser humano se adapta al ambiente que le rodea y, por tanto, el que se incline hacia una conducta violenta o no depende tanto de la cultura y la educación recibidas, como de los estímulos que le suscite su entorno vital. Por ello, Jiménez-Bautista está en lo cierto cuando afirma que «el ser humano es conflictivo por naturaleza, pero pacífico o violento por cultura» (2007: 99). Uno de los personajes de la serie que mejor representa esta cuestión es Tara Knowles. La mujer de Jax es una prestigiosa doctora que, tras marcharse de Charming cuando era joven para alejarse de la vida de la ciudad y sobre todo de la influencia de SAMCRO, regresa para trabajar en el Hospital St. Thomas donde se reencuentra con su antiguo amor. Su unión hace que Tara ingrese irremediablemente en el universo del club, a pesar de que, en un principio, ella quiere guardar las distancias para que su relación personal no le afecte a su vida profesional. Pero, sin darse cuenta, Tara se convierte en una mujer mucho más dura e implacable de lo que era antes de volver a Charming. Es una cómplice más de las actividades delictivas de SAMCRO que ha aprendido a la perfección cómo deber comportarse la mujer de un motero gracias a la enseñanzas diarias de Gemma Teller y, es por ello por lo que las conductas y actitudes violentas que antes recriminaba a su marido y ante las que luchaba para poner a salvo a su familia, las acaba entendiendo y aceptando como si formaran parte de la normalidad debido a que ya se ha acostumbrado a ellas. Tara es el personaje que más evoluciona en este sentido debido a la influencia que ejerce el ambiente que le rodea, algo que provoca que ejecute acciones insospechadas tanto para sí misma como para los miembros del club. No obstante, al comprobar en lo que se han convertido tanto ella como su marido, lucha hasta el final para que sus hijos crezcan lejos del entorno de sangre y violencia que les rodea, ya que quiere evitar que continúen con el legado violento del club al habituarse a estas prácticas desde pequeños: sabe que es imposible escapar de las garras de SAMCRO una vez entras en él. De ahí que, en una ocasión, Tara le diga a Jax lo siguiente:

> Yo lo he sacrificado todo por ti. He intentado ver lo que tú ves, verlo como tú lo ves, pero no puedo. Todo lo que veo son mentiras y violencia y cómo te han cambiado. Te has convertido en un monstruo. Moriré si tengo que hacerlo. Al menos sé que intenté evitar que se conviertan en lo que tú eres (refiriéndose a sus hijos) («A Mother's Work», 6x13).

La violencia, por tanto, no viene prefijada biológicamente en el ADN, son los impulsos de la naturaleza humana los que «nos empujan a la violencia, como la depredación, la dominación y la venganza» o bien «nos impulsan hacia la paz, como la compasión, la equidad, el autocontrol y la razón» (Pinker, 2012: 632). Ahora bien, el contexto sociocultural del individuo es fundamental para controlar o fomentar dichos impulsos y es el que realmente determina la personalidad y la conducta de la persona. Basta recordar cómo en la séptima temporada de la serie el pequeño Abel comienza a imitar las conductas violentas y agresivas que ve en su entorno: se autolesiona, se pelea de forma violenta con niños en el colegio e incluso protege a su hermano Thomas martillo en mano para evitar que nadie le haga daño. Su abuela, orgullosa, sabe que con estas actuaciones el niño está desarrollando el germen de la violencia de su padre que hará que perviva la esencia del club en un futuro. Tras el desequilibrio emocional que sufre tras la muerte de su madre y la ausencia de su padre al atender más los negocios del club que a sus hijos, Abel no tiene un hogar ni unos cuidadores estables. Pasa los días rodeado de actrices porno, moteros y delincuentes que no le dedican tiempo ni le brindan el afecto que necesita. Las armas, los asesinatos y las peleas están a la orden del día y funcionan como caldo de cultivo para un menor que comienza a ver estas conductas como normales, de ahí que todo desemboque en el aprendizaje de las mismas.

Hombres y mujeres ante la violencia: diferente motivación, mismo objetivo

Variada y de todo tipo. Así es la violencia que se incluye en esta serie, que va desde la violencia de género a la violencia sexual, sin olvidar el matricidio, el suicidio, los accidentes mortales o los asesinatos. Todo ello deja un elevado índice de muertes en una ficción en la que la violencia protagonizada por los hombres es visceral y la de las mujeres es emocional. Pero para ambos el fin justifica los medios y, por ello, siempre acaban justificando sus actuaciones por muy perversas y crueles que puedan llegar a ser.

Los hermanos no se traicionan

La dureza, la barbarie, la violencia y la acción parece que siguen teniendo nombre de varón. Es innegable decir que el peso de la serie lo llevan los hombres. Y en una serie en la que todos sus protagonistas masculinos son violentos solo puede deparar un cúmulo exacerbado de violencia en cualquiera de sus manifestaciones. Principalmente, la forma de expresión de violencia a la que más recurren los personajes masculinos es la física; una violencia destructiva y feroz que ataca al que se interpone en el logro de sus objetivos o al que intenta perjudicar los intereses de su club. A pesar de ello, la violencia verbal también está presente mediante amenazas, intimidación y ataques provocadores con los que amedrantan e incluso atemorizan a sus adversarios.

Ahora bien, ¿cuáles son las motivaciones que les impulsan a hacer uso de la violencia?, ¿por qué recurren a ella? Principalmente y, como afirma Kotsko, porque las actividades violentas «son emocionantes y les procuran sensación de poder. De hecho, cuando ya no hay necesidad que valga, no abandonan la senda criminal» (2016: 138). Entretanto, en SAMCRO hay una regla de oro: los hermanos no se traicionan. Y por traicionar entienden colaborar con la policía, actuar a sus espaldas o llevar a cabo cualquier tipo de acción a sabiendas que va a perjudicar al club o a cualquiera de sus miembros. La lealtad y la fidelidad son principios clave para entender la hermandad de la organización y en el momento en el que se quebrantan se sanciona con la pena máxima: expulsión y muerte sin contemplaciones. Esto es lo que le ocurre, por ejemplo, al que fuera presidente de SAMCRO, Clay Morrow, y a Juice, ambos por traicionar y engañar a Jax, entre otros motivos.

Junto a la traición, otra de las motivaciones que les lleva a hacer uso de la violencia es la sed de venganza. Su sentido de la violencia justa hace que la sangre derramada de uno de los suyos se pague con la sangre derramada del que ha ejecutado el crimen. Solo así pueden resarcir el dolor provocado y pueden sentir que se ha hecho justicia. No obstante, la problemática que genera la venganza es que se presenta a modo de represalia y, por tanto, a partir de ella se generan otras nuevas en una espiral que parece no tener fin. Es lo que ocurre cuando en la séptima temporada Jax mata a un miembro de la banda de los chinos por haber asesinado supuestamente a su mujer. A partir de ahí se desata una ola de violencia que acaba con la vida de varios integrantes de ambas bandas al continuar matando para subsanar el daño causado anteriormente. Así, además de la venganza, la consecución de objetivos y la necesidad de matar para evitar males mayores hace que la violencia utilizada por los hombres de la serie no sea gratuita, sino que siempre tiene una razón de ser dentro de las normas y reglas de su organización. De esta manera, la violencia tiene una finalidad instrumental, es decir, que «se emplea como medio para conseguir otra meta, como venganza, dinero o control de la víctima para abusar de ella» (Garrido, 2012: 15).

La familia no se toca

Aunque en este tipo de series la mujer suele adoptar un perfil bondadoso, comprensivo y pacífico frente a los chicos duros y sanguinarios, en SAMCRO el género femenino se enfrenta a los mismos dilemas violentos que los hombres. El hecho de que no tengan peso en la organización debido a que no pueden formar parte de ella por el mero hecho de ser mujer no les resta un ápice de crueldad y fiereza cuando hay que recurrir a ella. Y es que la mujer de esta ficción no es más compasiva por no poder salir con la moto a saldar las cuentas pendientes con otras bandas criminales.

Lo cierto es que recurren a la violencia de la misma manera que los hombres, aunque las motivaciones que le lleven a ella sean diferentes. Para ellas, las causas por las que hacen uso de la violencia son más emocionales, tales como los celos y la protección de la familia. En el caso de Gemma y Tara, las dos *old ladies* de la serie, sacan su lado más violento cuando sienten que su relación está amenazada por otra chica y no escatiman en golpearla hasta que sacian la rabia que llevan en su interior. Se trata, por tanto, de una violencia reactiva, ya que «se ejerce como respuesta a una amenaza percibida o una provocación» (Garrido, 2012: 15). Por otra parte, las dos son capaces de hacer lo que sea para no separarse de su familia. Ese egoísmo protector hace que se conviertan en unas matriarcas capaces de matar, amenazar, engañar o coaccionar a aquel que se atreva a separar a los suyos de su lado. De hecho, cuando Gemma mata a Tara es porque cree que se va a divorciar de su hijo y se va a marchar de Charming con sus nietos. No puede soportar la idea de estar lejos de sus nietos y acaba con la vida de la doctora con un ensañamiento y una crueldad digna de cualquier sicario de una banda organizada.

Por otro lado, las mujeres recurren más a la violencia verbal que a la física. Saben reconducir la explosión de violencia que hay en su interior para convertirla en unas afiladas palabras con las amenazar y manipular psicológicamente a su adversario. Su forma de expresar la violencia es más sigilosa que la empleada por los hombres, pero no por ello menos dañina. Quizás se trate de una cuestión cultural, ya que a un hombre no se le cuestiona el que haga uso de la violencia física mientras que a una mujer sí. En este drama violento en el que las féminas son tan crueles como los hombres, lo único que parecen tener en común ambos géneros es que, a través de la violencia, pretenden alcanzar sus objetivos y que todos mueren dentro del marco de su propia ley.

Capítulo 9
Race over money. Representaciones e identidades raciales en *Sons of Anarchy*

Francisco Javier López Rodríguez

> Clay a Ethan Zobelle: Mire, no sé lo que le ha contado Darby y no sé qué pretende, pero seré muy claro. Nadie amenaza a SAMCRO y nadie nos dice qué podemos o no podemos hacer; negros, marrones o blancos. Así que ¿por qué no se sube a su cochecito alemán y se va con sus nazis? («Albification», 2x01).

La serie de televisión *Sons of Anarchy* supone un caso de estudio muy apropiado para observar cómo se perpetúa o se cuestiona el régimen de representación racial (Hall, 1997) dominante en la sociedad estadounidense de principios del tercer milenio. Las teorías de la formación racial (Winant, 2000) defienden que la raza, atributo físico que se ha convertido en un principio organizador fundamental de nuestra vida social, no debe ser vista como una etiqueta descriptiva, sino como un proceso continuamente articulado y construido a lo largo del tiempo. Considerar la raza como una construcción social implica entenderla, en vez de como un atributo natural, como una categoría social codificada socio-históricamente y en estrecha relación con otras variables como la clase, la nacionalidad o el género. Así, el concepto de raza puede ser visto como una metáfora de «relaciones sociales institucionalizadas que combinan procesos de explotación y dominación, por un lado, con procesos de sujeción y representación, es decir, con luchas sobre el significado y la identidad, por el otro» (Winant, 1994: 113. TP).

Por este motivo debemos reconocer la gran importancia que han tenido y todavía tienen los medios de comunicación de masas en la configuración de dichas identidades raciales a través de la propagación de imágenes y relatos que contribuyen a caracterizar a determinados grupos de un modo estereotipado. Nuestra aproximación a *Sons of Anarchy* consiste en un análisis cualitativo del discurso audiovisual centrado en la representación visual y narrativa de los personajes atendiendo principalmente a su identidad racial. Tal y como señalaron Downing y Husband, «las categorías raciales y los significados que les otorgamos no son estáticos. Tanto el contenido sustancial de los estereotipos raciales como las ideas que los legitiman varían con el paso del tiempo» (2005: 3. TP), y por ello resulta necesario analizar de un modo crítico las obras audiovisuales para identificar y combatir las imágenes negativas o estereotipadas que se difunden de forma sistemática.

Fuera del espectro racial: los Hijos de la Anarquía

La raza blanca se ha considerado históricamente como la categoría racial «neutra», es decir, como una identidad invisible y privilegiada formada a lo largo de siglos en los que se ha ejercido la opresión y la exclusión de grupos sociales no blancos. Si bien se ha prestado mucha atención al modo en que las identidades raciales no blancas han sido representadas en los medios de comunicación, durante bastante tiempo se ha tendido a obviar que el concepto de «raza blanca» también es una construcción sociocultural y que, en ningún modo, supone una categoría homogénea. En el caso particular de Estados Unidos, donde ha sido producida y se ambienta la serie de televisión *Sons of Anarchy*, «aunque blanco se usa típicamente para referirse a las personas con ascendencia europea, las nociones locales de lo que significa blanco varían, reflejando a menudo la ecología racial de una comunidad o región» (McDermott y Samson, 2005: 247. TP).

Desde los años noventa se ha venido reflexionando sobre la construcción identitaria de los blancos, la cual destaca precisamente por su carácter normativo. Aunque los no blancos (afroamericanos, asiáticos, latinos) deben lidiar con discriminaciones o estereotipos basados en sus razas casi a diario, los blancos no suelen ser conscientes de pertenecer a un grupo racial específico ni de los privilegios que les otorga dicha adscripción. La identidad blanca surge como una categoría no marcada, neutra o estandarizada en la sociedad, de modo que aquellas personas blancas que no tienen muchos contactos con personas de otras razas pueden no ser conscientes de las ventajas sociales de las que gozan. La posición privilegiada de los blancos y su relación con otras razas ha generado diversas posiciones que van desde negar que los blancos tengan ventajas sobre otros grupos a rechazar «lo blanco» como opción identitaria, pasando por el reconocimiento de la importancia del contexto en la construcción de la raza blanca. La serie de televisión *Sons of Anarchy* permite observar esta última tendencia puesto que la caracterización de los protagonistas principales como blancos se desarrolla a través de sus relaciones con bandas o grupos con identidades raciales diferentes. En concreto, se pueden destacar tres estrategias en la representación de estas relaciones: invisibilización de la propia raza, integración racial y enfrentamiento racial.

Si bien es cierto que los Hijos de la Anarquía son conscientes de su adscripción a la raza blanca, pues una norma no escrita del club exige que los miembros sean caucásicos o hispanos, a lo largo de la serie este aspecto se naturaliza gracias a la inserción de personajes de ideología neonazi y supremacista, y a la práctica inexistencia de personajes no blancos en el entorno íntimo y familiar de los protagonistas. Tal y como ilustra la cita que inicia este capítulo, en numerosos momentos de la serie los personajes principales se refieren a sus rivales según el color de su piel: negros (afroamericanos), marrones (latinos), amarillos (asiáticos) y blancos (neonazis y supremacistas). Esta clasificación cromática y la visión del mundo que representa muestran a los Hijos de la Anarquía como un grupo fuera del espectro racial. Dado que los personajes blancos caracterizados como villanos y adscritos a ideologías supremacistas encarnan los valores negativos tradicionalmente vinculados a la raza blanca (racismo, exclusión, dominación, riqueza), los protagonistas quedan liberados de esta dimensión. De modo similar, el hecho de que las esposas, parejas, hijos y amigos de los miembros del club sean mayoritariamente caucásicos, tal y como ocurre en muchas series de TV estadounidenses, hace que el espectador asuma la raza blanca como «normal» o «neutra» frente a la aparición de personajes no blancos en contextos más marcados (crimen, suburbios, descampados).

Las relaciones entre los Hijos de la Anarquía y los grupos de moteros o bandas de delincuentes adscritas a otras razas se desarrollan a través de dos pautas variables: la armonización y el enfrentamiento. Por un lado encontramos una cierta tendencia a la armonía racial a través de los pactos o la colaboración entre bandas. En varias ocasiones vemos cómo Jax o Clay organizan reuniones con los líderes de otras bandas para discutir acuerdos que, en principio, beneficiarían a todos los integrantes. Desde la distribución de los territorios a la organización del tráfico de drogas pasando por la resolución de conflictos internos, Jax Teller demuestra ser capaz de aunar a todos estos grupos en pos de un bien colectivo. En diversos episodios observamos una alianza multiracial con el objetivo de destruir amenazas comunes como los supremacistas blancos, o para colaborar con grupos extranjeros, tales como el cártel Galindo o los terroristas irlandeses. En todos estos casos son los protagonistas blancos quienes se encargan de pensar las estrategias y de convencer a los cabecillas de otras razas, por lo que resulta obvio su rol como líderes y su amplia capacidad de acción. Esta tendencia hacia la integración resulta obvia en la trama final de la serie, pues Jax se sacrifica a cambio de una modificación histórica en los estatutos de SAMCRO. Por el otro lado, los enfrentamientos entre las bandas y las disputas raciales también son muy frecuentes en la serie, ya que los pactos se rompen fácilmente y varias contingencias hacen que entren en juego personajes o eventos que desestabilizan el frágil equilibrio racial. Como ejemplo supremo de esta pauta de relación se puede señalar la ofensiva que Jax, cegado por el odio y el dolor, lanza contra la banda china liderada por Lin. A través de diversos medios, Teller lleva a cabo un «genocidio» asiático en la zona y consigue eliminar toda presencia de la mafia china, lo cual le permite negociar nuevas concesiones de territorios y áreas de distribución de droga entre sus aliados. Dicha operación puede verse como un reflejo o resquicio del imperialismo y de la violencia racial que el hombre blanco ha ejercido a lo largo de la historia contra otros grupos.

Los afroamericanos

Tras los blancos, los afroamericanos componen el grupo racial con un mayor número de personajes relevantes en *Sons of Anarchy*. Asimismo, el modo en que la serie aborda a lo largo de sus temporadas la cuestión racial a través de la trama de Juice y la incorporación de T. O. apunta a que la integración de los afroamericanos es uno de los temas clave. En varios momentos de la serie se hace referencia a la existencia de una «ley no escrita» en el club de moteros consistente en no permitir a miembros negros, si bien es cierto que los latinos o hispanos pueden unirse. En la cuarta temporada, el sheriff Roosevelt recibe la información de que el padre de Juice es negro y la usa para chantajearle, pues si los Hijos de la Anarquía se enteran de que es medio-negro podría ser expulsado. Este hecho hace que Juice desarrolle un profundo conflicto interno que desemboca en un robo a su propio club, el asesinato de un «hermano» y un intento de suicidio. Cuando finalmente le confiesa a Chibs la situación, este le responde que de nada importa la raza de su padre sino la categoría que aparezca en sus documentos de identidad. Juice está catalogado como «hispano» y, por tanto, puede pertenecer sin problemas al club. Así pues, es interesante ver cómo en este caso la raza se define no como un atributo biológico o un rasgo vinculado a cierta cultura, sino por ser una mera formalidad burocrática que determina en términos totales la adscripción o no a un determinado grupo racial. Consciente de lo injusta que es la regla no escrita de SAMCRO, Jax pide una votación para que sea suspendida y, poco antes de su sacrificio final, consigue que T. O. sea el primer afroamericano en unirse al club de moteros. Como vemos, este final se ajusta a la tendencia habitual del drama estadounidense a mostrar el racismo como un problema superable, pues Wayne señala que

> en relación a la raza, las imágenes de diversidad que incluyen amistad entre blancos y negros y la cooperación multicultural validan el «final» de la raza al proporcionar una evidencia visible de la integración y del éxito de las medidas económicas y políticas neoliberales racialmente neutrales al tiempo que la ausencia de animosidad blanca perpetúa el mito de que los estadounidenses han dejado el racismo atrás (2014: 198. TP).

En cuanto al resto de personajes afroamericanos, la mayoría de ellos se asocia con el crimen y la violencia, ya sea como miembros de las bandas One-Niners o Grim Bastards, o como grandes empresarios con influencias políticas que han amasado sus fortunas gracias a negocios fraudulentos como el tráfico y la venta de droga, tales como Damon Pope y su sucesor August Marks, quienes usan a las bandas mencionadas previamente como peones en sus actividades ilegales. Como ciudadanos de Charming y adscritos a la justicia encontramos al sheriff Roosevelt y a su mujer Rita. Ambos son asesinados, lo cual sugiere la imposibilidad de alcanzar una sociedad multirracial en la que los afroamericanos dejen atrás su rol como sujetos marginales y/o delictivos.

Los latinos

Los Mayans son un club formado por mexicanos y suponen el principal rival de SAMCRO. Están dirigidos por Marcus Alvarez, quien es caracterizado como un líder con capacidad para negociar, muy cercano a su familia y con un alto código del honor (acepta que su hijo sea asesinado para compensar a sus enemigos). En la tercera temporada entra en juego un nuevo clan de latinos, los Calaveras, dirigidos por Salazar. A causa de SAMCRO Salazar es expulsado de su grupo, por lo que en un intento por ejecutar su venganza secuestra a Tara antes de ser abatido por Jax. Aunque Salazar y Alvarez comparten rasgos comunes (su apariencia marcadamente latina, sus actividades ilegales o el amor por sus parejas, también latinas y con aspecto de mujeres fuertes), Salazar está caracterizado de un modo más violento, pasional y radical. Salazar carece de la diplomacia y el sentido del honor que Marcus muestra en diversas escenas, por lo que representa de un modo más estereotípico la furia y la pasión que generalmente se atribuyen a los latinos.

También se puede ver una construcción opuesta en dos relevantes personajes latinos que se incorporan más adelante en la serie. Se trata de Romeo Parada, el representante del cártel Galindo, y Nero Padilla, el regente del prostíbulo de lujo «Diosa». Romeo aparece caracterizado como un tipo duro y peligroso curtido en multitud de batallas. Su alianza con el club hace que aumente el número de actividades ilegales cometidas por los Hijos. Por su parte, Nero Padilla es el antiguo líder de una banda de mexicanos (los Byz Lats) y lleva varios años retirado de la calle. Inicialmente caracterizado como el típico *Latin lover,* gana en profundidad a lo largo de los episodios hasta convertirse en un personaje reflexivo, empático y con humanidad. Él insiste en que SAMCRO deje los negocios de las armas y las drogas, pero lo cierto es que tras su encuentro con los moteros, Nero irá volviendo a su antigua personalidad y terminará involucrándose cada vez más en actividades violentas.

Así pues, la imagen que esta serie ofrece de los latinos oscila entre el estereotipo del hombre duro y violento (Salazar y Romeo), y una representación más equilibrada y profunda en la que se perciben rasgos típicamente adscritos a los latinos que resultan aceptables en la sociedad estadounidense tales como el apego a la familia y el sentido del honor.

Los supremacistas blancos

Sons of Anarchy cuenta con varios personajes caracterizados por su ideología supremacista blanca, es decir, creen que los blancos son superiores a las personas de otras razas y que, por tanto, los blancos deberían gobernar, dominar o controlar a los no blancos en términos sociales, políticos y económicos. En la primera temporada conocemos a Ernest Darby, el líder de una banda neonazi (los Nords) que defiende la supremacía de la raza blanca. A pesar de ser un convencido racista que odia a los no blancos, Darby no duda en aliarse con los Mayans en su afán por arrebatar el mercado de la heroína a los One-Niners, la banda de los negros. De ideología similar, en la segunda temporada aparecen varios miembros de la Liga de los Nacionalistas Americanos, un grupo supremacista que niega la igualdad de los seres humanos y que cree en la superioridad de la raza blanca sobre la negra o la latina. El mayor dirigente de la Liga es Zobelle, un hombre calculador y sin escrúpulos que no duda en usar a Darby para introducir el tráfico de drogas en Charming y así provocar a SAMCRO. Para Zobelle el discurso supremacista no es más que una estrategia y no duda en traicionar dicha ideología al aliarse con los Mayans para afianzar su poder. Frente a esta versión utilitaria de la ideología blanca, la mano derecha de Zobelle, Dawson, sí que está plenamente convencido de la supremacía del hombre blanco y demuestra ser todo un fanático que odia visceralmente a las razas no caucásicas. Al descubrir la alianza de Zobelle con los latinos, Dawson se rebela y le acusa de ser un traidor de su raza. Este personaje permite observar cómo dicha visión del mundo es producto de la educación, puesto que su hijo de apenas ocho años ya es un ejemplo de neonazi en proceso de creación. Así pues, Zobelle y Dawson se diferencian en su utilización de la ideología supremacista: mientras que para el primero es un medio para reforzar su poder, para el segundo es un fin en sí mismo que justifica sus acciones y su modo de vida.

Tal y como señalan King y Leonard, los personajes blancos que poseen ideologías racistas o supremacistas suelen aparecer en la televisión estadounidense como «transgresores, perversos, violentos, anti-sociales, y a menudo como adversarios hipócritas» (2014: 53. TP). Suelen ser personajes villanos que cumplen dos funciones principales: generar drama y acción en la narrativa de la serie, y reconfortar al espectador, puesto que muestran que el racismo blanco, cuando aparece, es extremo, excesivo y marginal. En el caso de *Sons of Anarchy,* como ya se ha comentado, la inclusión de supremacistas blancos contribuye a borrar la identidad racial de los protagonistas.

Los asiáticos

Kawai establece que los asiático-americanos se encuentran sometidos generalmente a un doble estereotipo: el de «minoría modelo» y el de «peligro amarillo». Como minoría modelo, los asiáticos son vistos como un grupo no conflictivo que contribuye y aporta a la sociedad estadounidense a través de su esfuerzo. Como peligro amarillo, la diferencia cultural entre los orientales y los occidentales se percibe como un obstáculo puesto que los asiáticos tienden a mantener su propia cultura, idioma y valores sin adaptarse plenamente al sistema estadounidense. Kawai concluye que «cuando los asiático-americanos son representados de un modo estereotipado en los textos mediáticos, los estereotipos de la minoría modelo y del peligro amarillo se mezclan, de modo que surgen significados ambivalentes» (2005: 126. TP), de modo que es imposible separar ambos estereotipos. Asimismo, hay que tener presente que la imagen de culturas o razas minoritarias se construye en relación con los discursos sobre otros grupos sociales, por lo que debemos considerar la teoría de la «triangulación de las razas», según la cual los asiático-americanos han sido considerados histórica y racialmente como inferiores a los estadounidenses blancos pero como superiores a los afroamericanos (Kim, 1999).

No obstante, la imagen de los asiáticos que encontramos en *Sons of Anarchy* parece ir en contra de esta triangulación ya que los personajes de ascendencia china tienen una presencia narrativa más limitada y estereotípica que los afroamericanos o los latinos. La banda de criminales chinos dirigidos por Henry Lin aparece por primera vez en el quinto episodio de la primera temporada y cobra mayor importancia hacia el final de la segunda. En la tercera temporada Clay y Lin negocian el suministro de armas y uno de los requisitos que impone Lin es que les proporcionen actrices pornográficas y prostitutas para cumplir la fantasía de una serie de chinos ricos que desean montar una fiesta privada y grabar sus propias películas eróticas con chicas típicamente estadounidenses (rubias y voluptuosas). Esta fiesta ofrece una imagen ridícula de los asiáticos en tanto que los presenta como seres con una sexualidad depravada y como víctimas de la agresión de Opie, quien se niega a que su novia participe. El triunfo del hombre blanco sobre la mujer (que es rescatada a la fuerza y cuya sexualidad es sometida a las relaciones de pareja normativas) y sobre el hombre oriental (ridiculizado y vapuleado violentamente) es absoluto en esta escena. Lin vuelve a aparecer en la quinta temporada como suministrador de armas en sustitución de los irlandeses antes de que toda su banda sea destruida por Jax en la temporada final. Así pues, la serie presenta a los asiáticos como una minoría con la que no se puede mantener una relación de confianza, sino a la que se recurre en momentos de necesidad, demostrando que la amenaza del peligro amarillo es constante. Finalmente, otros rasgos estereotípicos propios de los asiáticos que se pueden observar en la serie son la importancia de la familia (los tíos de Lin intervienen y desean venganza), la sexualidad desviada, así como la violencia y la crueldad, pues Jax cree que el inhumano modo en que su esposa fue asesinada encaja con el *modus operandi* de los chinos.

A modo de conclusión

La raza es un elemento importante en la configuración de los personajes de la serie de televisión *Sons of Anarchy* puesto que este rasgo está en estrecha relación con su contexto social, las actividades delictivas que cometen y sus relaciones con otros personajes. Básicamente, la serie concibe la raza como un compartimento estanco, de ahí que los grupos de criminales que aparecen tiendan a ser racialmente homogéneos. En general, las relaciones interraciales son muy escasas en la serie, pues normalmente se originan por el interés de un acuerdo puntual, están marcadas por el peligro y es muy frecuente la traición entre bandas. No obstante, esta desconexión racial parece ser superada hacia el final de la serie a través de las decisiones de Jax, quien consigue que un afroamericano ingrese por primera vez en SAMCRO y elige a un latino como figura paternal para sus hijos. La dimensión heroica del protagonista, que desde el comienzo del relato se había mostrado como idealista y con deseo de cambiar la realidad social, parece triunfar espiritualmente.

Si bien es cierto que el hecho de que todos los grupos raciales participen en actividades ilegales vendría, en principio, a igualar a las razas, se pueden observar diferencias notables en la capacidad de acción, en el grado de éxito, en el tipo de crímenes que se cometen y en los motivos por los que se llevan a cabo. En este sentido, dado que la focalización del relato se centra en una banda de blancos, el espectador tiende a identificarse con este grupo y a percibir a las otras bandas desde su óptica. Así pues, los grupos raciales con una mayor presencia histórica en Estados Unidos (afroamericanos y latinos) son representados de un modo más positivo y tienen más relevancia narrativa que otros grupos (asiáticos y árabes).[10] Asimismo, la presencia de personajes blancos con ideologías racistas contribuye a naturalizar la normatividad de la raza de los protagonistas, quienes parecen estar fuera del espectro racial.

Por último cabe destacar brevemente que si se combina la perspectiva de género con la de raza se observa la práctica ausencia de personajes

---

10/   A pesar de que no se han analizado en este capítulo, en determinados episodios de *Sons of Anarchy* aparecen personajes secundarios adscritos a las razas árabe y nativoamericana. En el primer grupo se encuentran los hermanos Khia y Amir Ghanezi, originarios de Irán, que se dedican a rodar escenas pornográficas violentas en las que las actrices son brutalmente agredidas. Estos personajes aparecen en el primer episodio de la sexta temporada («Straw») y, pese a su breve intervención, contribuyen a caracterizar a los hombres de Oriente Medio de un modo negativo. Al igual que ocurre con los asiáticos, la serie da a entender que las relaciones sexuales entre mujeres blancas y hombres no blancos están marcadas por prácticas aberrantes que van desde el fetichismo a la violencia. En el segundo grupo se incluyen a los miembros de la reserva Wahewa, quienes aparecen por primera vez en el capítulo «Balm» (2x10) elaborando balas de modo artesanal. Clay negocia con ellos una posible colaboración para que le suministren munición pero dicho proceso resulta más bien una imposición por parte del líder del club motero, quien deja claro que la banda puede «ayudar» o aniquilar a los nativos. Sin duda, se observa una perpetuación del dominio que el hombre blanco ha venido ejerciendo sobre los pueblos aborígenes durante siglos.

femeninos no blancos. Salvo la mujer del sheriff Roosevelt, las mujeres de otras razas son personajes episódicos, limitados y vinculados a roles de servidumbre, marginalidad o explotación sexual, tales como Neeta, la niñera que cuida de los hijos de Jax; Vivica, la matriarca criminal; o las inmigrantes ilegales latinas amantes de Chibs que mueren calcinadas en el episodio piloto.

Bloque III

*THESE ANGELS HAVE TURNED
MY WINGS TO WAX NOW*

Capítulo 10
Simbología y ritos en la hermandad de SAMCRO.
El universo mitológico de *Sons of Anarchy*
María del Mar Rubio-Hernández

Este club necesita una cura, hermano. Y tienes que ser tú quien la traiga.
BOBBY MUNSON a JAX TELLER («Gilead», 2x07)

Introducción. Una lectura interpretativa de la serie

Sin mediar palabra, Jax Teller entra en «la *clubhouse*» y se dirige a «la capilla», se sienta a la cabeza de la mesa y su mirada, algo perdida, se posa sobre la insignia del club mientras sostiene el parche de presidente en la mano. Chibs se sitúa a su derecha y el resto de miembros ocupan sus puestos. Tara irrumpe en la sala y Gemma asoma amenazante para contemplar cómo su hijo toma el poder. Cual composición pictórica, el capítulo acaba con un paralelismo entre Jax y su padre iniciando su mandato años atrás, con sus respectivas *old ladies* tras de sí. Todo ello mientras se escucha una versión de *The house of the rising sun* aludiendo a la nueva era del club, a pesar del oscurantismo de la escena: «There is a house in Charming Town...».

Este final de temporada («To Be, Act 2», 4x14) es uno de los pasajes más representativos por la carga simbólica que presenta. Atendiendo a los elementos descritos cabe preguntarse por su significado, así como por los códigos a los que responden dentro de la narrativa de la serie y que deben ser conocidos por los espectadores. Es precisamente ese el principal objetivo del presente capítulo, en el que se analizan los símbolos y ritos que conforman el universo de SAMCRO. Para ello, se adopta una postura hermenéutica, es decir, se ofrece una interpretación propia de la serie, asumiendo que el texto mediático no presenta un sentido único. No obstante, el hecho de aceptar la pluralidad de significados no es sinónimo de relativismo; para descifrar su significado se hace necesario conocer el contexto en el que se inscribe y disponer de un bagaje cultural que permite identificar dicho componente simbólico. La tematología mediática estudia precisamente aquellos elementos presentes en el imaginario colectivo que se materializan y actualizan de forma específica en un relato. Como expone Chillón, esta metodología «se pregunta por el grado y, sobre todo, por los modos en que las figuraciones generadas por la cultura mediática son deudoras de representaciones cristalizadas y sedimentadas por la tradición cultural» (2000: 138).

En este capítulo se analiza el significado de los símbolos y de la mitología que se desarrollan en torno a la banda, recuperando elementos de la tradición religiosa y literaria que son reconocidos por el espectador al introducirse en dicho universo. Teniendo en cuenta que el hombre es un ser simbólico, esta aproximación pretende profundizar en la experiencia interpretativa del receptor de esta ficción mediática.

La hermandad de SAMCRO. Arquetipos y figuras

Al igual que las bandas de motoristas reales, Sons of Anarchy Motorcycle Club Redwood Original se configura como una hermandad de lazos férreos, conformada por nueve miembros originales en la que el sentido de pertenencia y lealtad constituyen las bases sobre las que se sustenta. La banda dispone de una serie de reglas, símbolos y relatos propios que la identifica y la diferencia de otras agrupaciones moteras de la región. Como toda comunidad, el hecho de disponer de rituales, tradiciones y mitos favorece la cohesión del grupo y cumple una función legitimadora, garantizando así el cumplimiento de las leyes y roles de cada miembro. Según Huici, el mito «constituye un elemento de cohesión social que define la identidad del grupo frente al otro o a los otros y marca con claridad cuáles deben ser los roles de los individuos, tanto en sus relaciones personales como con el propio grupo» (1996: 86). De esta forma, el club cuenta con su relato de fundación, en el que la figura mitificada de su creador John Teller juega un rol significativo; unos principios sobre los que se originó —*brain before bullets* (cerebro antes que balas)— y un espacio que congrega a sus miembros. Dichos elementos resultan determinantes en la constitución del grupo, perfilándose como un potente instrumento unificador, pues, como apunta García Gual, «al funcionar como creencias colectivas, como un repertorio de relatos sabidos por la comunidad, vinculan a esta con su tradición» (1989: 21).

El personaje de John Teller se configura como un ente omnipresente que determina tanto la trayectoria del club como el viaje del héroe experimentado por Jax. El fundador de SAMCRO, fielmente seguido por muchos, toma forma a través de sus palabras y su legado, por lo que se le confiere un carácter divino. El arquetipo del gran padre y líder parece encarnarse en la figura de Jax, que representa desde esta perspectiva al enviado o esperado. Hay diversas referencias que permiten interpretar la figura de Jax como un personaje mesiánico a pesar de su conducta criminal. Precisamente, esa dualidad es la que lo conduce a un final inevitable, entendido como una forma de redención, y para representarlo se construye una escena final plagada de símbolos religiosos en alusión a la muerte de Jesucristo, estableciendo así un paralelismo entre ambos. Jax es considerado por algunos miembros como el elegido para instaurar un nuevo orden y devolver al club a la senda original, derrocando así una estructura de poder corrupta. Son numerosas las veces en las que Opie, Bobby o Piney intentan convencerlo de que es el único que puede cambiar el rumbo, depositando en él su esperanza de salvación. Una vez cumple su cometido, Jax decide terminar con su vida para el bien de sus hijos. Igualmente, su sacrificio supone un ofrecimiento para el club, que ya restaurado, puede empezar de cero sin la carga del pecado cometido. En este sentido, las palabras de Lévi-Strauss con respecto a la construcción de los relatos fundacionales en la historia resultan significativas; el autor expone que estos pueden ser de carácter retrospectivo, incidiendo en el pasado para fundar un orden tradicional, o prospectivo, proyectándose en un porvenir luminoso (2008: 253). En este caso, el rol mesiánico de Jax, al salvar al club como encarnación del Padre-Dios, funde ambas visiones.

Además de esta lectura religiosa, pueden encontrarse referencias a la leyenda artúrica, de modo que Teller, cual Arturo en el trono del mercado ilegal, lidera a sus caballeros motorizados que velan por la seguridad de Charming con la ayuda de una Excalibur en forma de arsenal armamentístico. El rol de dichos caballeros de la mesa redonda resulta también revelador. En Opie se materializa la figura del mártir, puesto que ingresa en la cárcel por voluntad propia, asumiendo una culpa que conllevaba el riesgo de muerte como un gesto de generosidad por el bien del club. El autosacrificio es un acto propio de héroes y dioses que anteponen el bien de la sociedad a su propia vida; expía el pecado de todo un pueblo (Dell, 2015: 152) y, en su caso, marca un antes y un después en la sucesión de los hechos. El resto de discípulos o caballeros que acompañan a Jax son Chibs, quien puede concebirse como un representante de Pedro (fundador de la Iglesia), fiel seguidor que recoge su legado y hereda el mando; Bobby, un sabio consejero cual druida, y Tig, que parece experimentar una conversión como San Pablo.

En oposición a estos personajes se sitúan otros como Clay, quien representa la codicia que seduce al poder, el egoísmo que corrompe y la crueldad implacable; Juice como equivalente a Judas, que intenta ahorcarse debido a su traición al club, y Gemma, que a pesar de configurarse como la matriarca de la gran familia de SAMCRO, se acaba mostrando como una personificación del mal, que teje una trama durante años y arrastra a quiénes encuentra a su paso, similar al arquetipo de la Eva bíblica. El final de cada uno de ellos parece responder al concepto trágico de *fatum,* presente de forma continua a través de la parca del emblema de la banda. Paradójicamente, a pesar de la importancia del concepto de anarquía, el desacato o incumplimiento de las reglas internas del grupo conlleva un castigo final para algunos miembros, que igualmente reciben aquellos que actúan de forma honrada. Cabe preguntarse si es la única salida para personajes que se ajustan al concepto de antihéroe y si solamente algunas figuras como Nero o Wendy cuentan con un final que los redime y los purifica en cierto modo.

Símbolos

Los símbolos y ritos comunes aportan consolidación al club, funcionando «como un factor de agregación social, como un receptáculo sobre el que descansa un sentimiento común de pertenencia; favoreciendo, de este modo, la identificación comunitaria» (Carretero Pasín, 2006: 123). Como ocurre en el contexto real, quien se inicia en esta subcultura en busca de identidad, encuentra una tradición que le proporciona valores, modelos de comportamiento encarnados en héroes y símbolos (Mindich, 2014: 44). Así, el espectador, al igual que un *prospect,* debe familiarizarse con la simbología que configura el universo de SAMCRO.

La mesa o centro de poder

Son numerosas las ocasiones en las que la mesa juega un rol central, puesto que es testimonio de los encuentros por parte de los nueve. En ella aparece el logo del club, tallado en una posición central, como otro miembro más de la hermandad. El simbolismo que la rodea es tal que, cuando se produce el ataque por parte del IRA en la casa («The Mad King», 6x05), hay poco que se pueda recuperar, salvo la mesa y el mazo, compañero este último de todo un rito que gobierna la toma de decisiones del club. Tal aspecto resulta significativo pues, como dice Bobby: «nuestra casa está donde esté la parca» («Sweet and Vade», 6x07).

La mesa como elemento central de poder en torno al que se agrupan diversos sujetos cuenta con una vasta tradición procedente de narraciones míticas, que se ha cristalizado en ficciones literarias y audiovisuales. Así, puede entenderse como una referencia simbólica a la Última Cena narrada en el Nuevo Testamento, en la que los doce apóstoles se sientan a la mesa junto a Jesús de Nazaret, quien comparte el pan y el vino en clara alusión al sacramento de la Eucaristía que rememora su sacrifico. En dicho episodio evangélico, la mesa se convierte en testigo de las últimas lecciones del Mesías a sus discípulos, donde revela algunas profecías y mandamientos antes de su prendimiento y crucifixión. Dicha mesa, bañada de simbolismo, se asocia con la primera mesa del Santo Grial de José de Arimatea y la Mesa Redonda de Arturo en los poemas que configuran la leyenda artúrica (Rogers, 1990: X). Como narra Robert de Boron (siglo XII), José de Arimatea, a partir de una aparición de Jesucristo, construye una mesa a semejanza de la de la Última Cena en la que celebrar la Eucaristía, que serviría a su vez como modelo para la mesa redonda, cuyo artífice fue Merlín durante el reinado de Pendragón (Barber, 2004: 149). Una vez Arturo es proclamado rey de Britania, se rodea de los mejores soldados, conformando así la orden de los Caballeros de la Mesa Redonda. En textos anteriores, el primero en describir la mesa es Robert Wace (*Roman de Brut,* c. 1155), relacionando esta práctica con ritos del folclore celta, en los que los guerreros se sentaban en círculo en torno al rey o dirigente. En ambos casos, el líder se rodea de sus hombres de confianza y se conforma un espacio de carácter sagrado, recreando una práctica ritual, como se observa en la serie. Ellos mismos aluden a «la capilla» para referirse a la sala que alberga los encuentros entre los miembros con el parche y al momento de toma de decisiones cruciales, por lo que esta habitación se carga de una significación mítica y religiosa que separa dicho área del resto de la casa.

The clubhouse: *la sede de la comunidad*

Este espacio actúa como una casa hermandad para el club y una entidad simbólica por sí misma. Tal y como se muestra en los diferentes capítulos, la casa cuenta con zonas diferenciadas, como las habitaciones, el salón-bar o la capilla. Como espacio colectivo, la casa alberga una amplia diversidad de situaciones, acorde a los hechos vividos por el propio club, además de las funcionalidades comunes de una residencia que brinda alojamiento. Igualmente, la casa supone un refugio que ofrece protección a la extensa familia de SAMCRO en momentos de peligro o amenaza. En otras ocasiones, cuando los protagonistas huyen de su propia realidad o contexto familiar, se cobijan en dichas habitaciones y se aíslan, entendiendo esas escapadas como una señal de crisis en el ámbito doméstico. Para Jax la azotea toma un sentido aún más significativo puesto que se separa del resto del grupo, buscando un lugar oculto de las miradas ajenas, para leer el manuscrito de su padre. El asalto que se produce cuando intentan dinamitar la casa supone un atentado a las bases del propio club, al espacio que metafóricamente lo representa, poniendo de relieve la vulnerabilidad de una banda que parece irreductible.

En definitiva, puede decirse que la casa en su conjunto, y de forma concreta la capilla, adquieren un carácter sacro y diferenciado del resto de escenarios, por lo que supone «un rito de paso de lo profano a lo sagrado; de lo efímero y lo ilusorio a la realidad y la eternidad; de la muerte a la vida, del hombre a la divinidad» (Eliade, 1989: 25-26).

La Parca

El emblema del club aparece representado en diversos soportes de forma continua, identificando así a sus miembros y diferenciándose de otros grupos. Dicho símbolo, que se convierte también en uno de los elementos distintivos de la serie a nivel comercial y funciona como logo, contiene diversos elementos reconocibles que cuentan con una tradición extensa. Así, se distingue una calavera, personificando a la muerte (la Parca), que sostiene una guadaña y la letra A inscrita en un círculo, símbolo del anarquismo. El hecho de que el club adopte esta imagen supone la apropiación de todo un imaginario en torno a la muerte y lo funesto, funcionando a modo de advertencia hacia otros.

La muerte ha sido representada de muy diversas formas a lo largo de la historia; la tradición de materializarla como un esqueleto con una guadaña envuelta en una capa negra aparece en el siglo XIV en Inglaterra. Su tratamiento femenino, no obstante, se origina en la Edad Media. Para la mentalidad de la época el referente teológico para personificar la muerte debía buscarse en las sagradas escrituras, concretamente en la expulsión del paraíso. La lógica propia de la sociedad asoció a la responsable de dicha perdición, Eva, con la muerte «relacionando así el origen de la muerte, la lujuria y todos los males con su desobediencia tentadora» (Guthke, 1999: 43. TP). En años anteriores, sin embargo, este concepto fue encarnado en un cuerpo masculino (1999: 44), que resultaba una reminiscencia a Thanatos, el dios griego de la muerte, representado como un ser alado similar al ángel de la muerte. En español se hace referencia a «la Parca», recuperando así la tradición romana. Las parcas eran personificaciones del destino, al igual que otras figuras como las moiras o nornas de las mitologías griega y nórdica. Concretamente destaca la tercera de ellas, Morta, la más poderosa y anciana que cortaba el hilo de la vida (Sechi Mestica, 2007: 184). En todo caso, la figura de la muerte no siempre se entiende como el ente que la provoca, sino también el que guía el alma del difunto hacia el más allá.

Aunque el creador de la serie ha afirmado en diversas ocasiones que la vagabunda representa la figura de Jesucristo, puede interpretarse igualmente como ángel de la muerte al actuar como mensajera de dicho infortunio. Lo cierto es que se trata de un personaje sobrenatural, y así es reconocido por el espectador, pues aparece en lugares o situaciones vinculados a la muerte, como en el último capítulo cuando alerta a Jax de su inminente final. Es más, a través del personaje se vinculan la muerte de padre e hijo, puesto que la vagabunda encarna igualmente a la mujer que murió en el accidente provocado por John Teller, Emily Putner, por lo que el círculo funesto parece quedar así cerrado.

La estética biker

Además de ocupar espacios relevantes en lugares de la casa, el emblema del club acompaña a los personajes de forma continua a partir de su vestuario y sus tatuajes. En la cultura del motorista, el estilo va más allá de lo estético, impregna cada parte de su ecosistema y está entrelazado con su individualidad (Mindich, 2014: 43). El principal elemento que da sentido a la agrupación en sí y que por ende configura la apariencia de sus miembros son las motos. No solamente ocurre en la ficción, sino que la mayoría de bandas moteras reales escogen las Harley como seña de identidad, al igual que se observa en la serie. Así, cada miembro *customiza* su moto según su personalidad, por lo que cada una de ellas representa un carácter único, como un apéndice del personaje con el que se mimetiza (Cappuccio, 2013:147). Asociada a la Harley, la chaqueta de cuero cumple diversas funciones en la comunidad. Por un lado, se trata de la prenda distintiva del club, que les otorga identidad visual como banda, permitiendo su reconocimiento. De esta forma, supone un elemento estandarizador, puesto que todos los miembros la llevan a pesar de presentar estilos diferentes. Por otro lado, es el reflejo del estatus del individuo dentro del club a partir de los distintos parches que ostenta: presidente, vicepresidente, *prospect,* etc. Ganar o perder el parche se convierte simbólicamente en la admisión o expulsión del club. La cazadora representa lo que son y su filosofía; el hecho de llevarla supone la aceptación de las normas y la forma de identificarse socialmente. Hay, además, otros aspectos de su atuendo muy significativos, como las prendas de colores oscuros, que se asocian a la muerte y el peligro; en este sentido, destacan algunos momentos de la serie en los que Jax lleva una camiseta blanca, como señal de pureza y luz, contrastando con su *look* usual.

Los tatuajes son parte de la apariencia y estética que los identifica como moteros. Podría decirse que son representaciones visuales de fragmentos de vida del personaje, utilizando un lenguaje simbólico por el que determinadas experiencias, enseñanzas y personas clave quedan grabados en su piel de forma permanente, a modo de recuerdo. Hay *tattoos* específicos de cada uno de los miembros del club, lo cual responde a un cuidado diseño de los personajes. Por ejemplo, Jax y Opie cuentan con algunos en honor a sus seres queridos fallecidos; este último, concretamente, representa a Donna con alas de ángel. Otros tatuajes responden a convenciones o prácticas dentro del club: las *old ladies* como Gemma o Tara llevan tatuado un cuervo, simbolizando su lealtad por la banda, mientras que aquellos miembros que tienen hijos se tatúan su nombre y, lógicamente, todos se graban el símbolo del club, lo cual los hermana como integrantes de la comunidad. Su inscripción supone parte de los ritos de ingreso; de igual forma, cuando un miembro es expulsado, debe deshacerse de él, demostrando así su desvinculación y quedando señalado como desertor, a modo de estigma que lo marca.[11]

El manuscrito de John Teller

John Teller recoge por escrito sus pensamientos y reflexiones cuando el club comienza a perder el horizonte, con el fin de guardar testimonio y dejarlo como legado para su hijo bajo el título: *The Life and Death of Sam Crow: How the Sons of Anarchy Lost Their Way*. En cierto sentido, podría decirse que adquiere el alcance de libro sagrado porque de algún modo supone un despertar para Jax; durante su lectura toma conciencia de la espiral de violencia y venganza en la que se hallan inmersos y que ha apartado al club de sus principios. Las lecturas se desarrollan en soledad, de modo que Jax se aísla de sus compañeros para favorecer así una comunicación con su padre. El afán de Gemma por destruirlo y por eliminar todo rastro de los escritos de John Teller (tanto el manuscrito como las cartas que enviaba a Maureen Ashby) son una muestra del valor de dichos documentos y las consecuencias de la revelación de información que había permanecido oculta. Gemma es capaz de cualquier cosa, literalmente, por evitar que Jax descubra esa verdad. Todo esto confiere a dichos escritos un carácter revelador, de modo que puede ser concebido como texto sagrado que tiene el poder de iluminar y revelar la verdad —al igual que las sagradas escrituras o los evangelios

---

11/ Para más información sobre «Los tatuajes como emblemas de la narración en *Sons of Anarchy*», véase el capítulo firmado por Sergio Cobo Durán en este volumen.

apócrifos—. En este sentido, cabe destacar la escena final de la primera temporada («The Revelator», 1x13), repleta de simbología, en la que Jax aparece desafiante en el funeral de Donna tras un primer encuentro con la vagabunda. Una vez este se retira a la tumba de su padre, Piney le entrega el manuscrito de John, alentándole a iniciar el esperado cambio en el club, mientras se escucha una versión de *John the revelator,* una canción tradicional góspel que alude a Juan de Patmos, el escritor del *Apocalipsis* en la Biblia. Con dicho paralelismo se sugiere que el libro de John supone una revelación para Jax.

Cuervos: los mensajeros oscuros

La aparición de la calavera no es la única referencia simbólica a la muerte en la serie. Otro de los elementos asociados a ella que el club toma como emblema son los cuervos, presentes en diferentes tradiciones mitológicas para encarnar conceptos unidos a la guerra o la muerte. A los animales se les adjudicaba roles en los universos mitológicos polarizados, de modo que en diversas tradiciones se presupone que los depredadores o reptiles contienen el mal (Deane-Drummond, Artinian-Kaiser y Clough, 2013: 162). De hecho, en las religiones primitivas, ciertas aves despiadadas como el águila o el cuervo eran vistas como manifestaciones especiales del poder sobrenatural (Ellis, 1988: 12). Igualmente, en los primeros textos cristianos del siglo I a.C. ya se representa la fauna metafóricamente, de modo que los animales carnívoros se asociaban con el mal cósmico y se concebían como seres al servicio de Satán (Deane-Drummond, Artinian-Kaiser y Clough, 2013: 161).

No obstante, desarrollan también un rol de mensajeros, como es el caso de Huginn y Muninn, los dos cuervos de Odin encargados de llevarle información cada día. Igualmente, en el Antiguo Testamento (Reyes 17:3-6) se narra cómo Dios envía cuervos para alimentar al profeta Elías durante la sequía y hambruna que asoló la región de Samaria como castigo divino. Según el Talmud, Noé mandó una paloma y un cuervo desde el arca tras el diluvio, y mientras que el cuervo no regresó, la paloma lo hizo con una rama de olivo en su pico (Génesis 8:7), lo que provocó que ambas aves tomaran un significado antitético en el imaginario cristiano, de modo que el cuervo se configuraría como un símbolo del mal, y por ende, de Satán (Dell, 2015: 224). Como sostiene Romero López, «la tradición evoca a la paloma como mensajera de la paz y la esperanza, del bien y del Espíritu Santo; la simbología del cuervo ha quedado relegada al lado oculto» (2013: 204). Precisamente una paloma es atropellada por Jax en el mismo capítulo en que Tara muere («A Mother's Work», 6x13) como metáfora de la victoria de la violencia sobre la paz y la armonía en el desarrollo de los acontecimientos. Las alusiones metafóricas cierran la serie, puesto que la escena final está protagonizada por dos cuervos que picotean el pan y el vino, en alusión a la muerte de Jax, como un guiño a la imagen de inicio del primer capítulo, en la que también aparecen estos animales.

Ritos y ceremonias

Algunos de los símbolos descritos anteriormente forman parte de ritos del universo de SAMCRO; se trata de prácticas que definen a la hermandad y que configuran su esencia. Al celebrarse dichos actos se produce un alejamiento del contexto ordinario, por lo que se configura un espacio y tiempo míticos. Así lo expone Eliade al afirmar que cuando el individuo o el grupo celebra una ceremonia o culto, tiene lugar «la abolición del tiempo profano y la proyección del hombre en el tiempo mítico» (1989: 41).

Reuniones en la capilla

Es ineludible, un momento que debe ser respetado y en el que únicamente son admitidos los nueve miembros con el parche. Los *prospects* no pueden sentarse a la mesa ni participar activamente hasta finalizar el duro ritual de iniciación (salvo en algunas ocasiones). En dicho ceremonial cada uno cumple un rol concreto atendiendo a una estructura jerárquica y lo que se decide toma carácter de ley. Se desarrolla toda una serie de convenciones que estructuran el acto en sí, comenzando por la propia disposición de los integrantes alrededor de la mesa. A pesar del carácter democrático de la toma de decisiones, el presidente es quien se sienta a la cabeza, teniendo al vicepresidente a su izquierda y a su principal hombre de confianza a la derecha. Esta triada parece remitir a la Santa Trinidad y a la tradición iconográfica que representa al hijo a la derecha del padre, de modo que quienes ocupan dichos puestos gozan de autoridad en el grupo. Durante gran parte de la serie, la triada corresponde a Clay, Jax y Tig, hasta que Jax ocupa el puesto central. En segundo lugar, el protocolo a seguir indica que, tras la exposición del problema por parte del presidente y el consiguiente debate, es el primero quien da pie a la votación. Durante el proceso, cada miembro expresa libremente su opinión, aunque lo cierto es que en muchas ocasiones resulta una consecuencia de las estrategias internas que se suceden en una ardua guerra de poder, como la que protagonizan Jax y Clay. Una vez se toma una decisión, el presidente golpea con el mazo como máxima autoridad, sentando así la ley. El mazo, por lo tanto, simboliza también el poder y todo lo negativo que ello conlleva, como la codicia que ciega a su poseedor; así lo expresan personajes como Opie al declarar que el mazo corrompe.

Conducir una Harley

Otro de los rituales que se producen de forma repetida, como parte de la propia cultura motera a la que pertenecen, son los momentos de conducción en la carretera. Ya sea para desplazarse en una misión o como forma de evasión, en soledad o en grupo, dichas escenas son comunes a lo largo de toda la serie y se presentan de forma idealizada. Desde un punto de vista audiovisual, se construye un retrato idílico de los moteros que, cuales nobles caballeros, cabalgan sobre sus sementales mecánicos en su honorable cometido de proteger Charming. En dicho tratamiento, se apela a conceptos como la libertad, la masculinidad y la independencia, ideas que entroncan con el imaginario colectivo estadounidense, materializado especialmente en el contexto simbólico del Oeste americano donde la territorialidad cobra un significado especial.

Además de las posibles referencias sexuales que equiparan la sensación de conducir una Harley con el éxtasis, muchos moteros lo definen como una forma de refugio y evasión. Jax, de hecho, lo describe como algo terapéutico, que le ayuda a evadirse y olvidarse de los problemas (Cappuccio, 2013: 140). Al respecto, en la propia guía de comunicación de Harley-Davidson, concebida como marca de culto que cuenta con una comunidad de fieles seguidores, se especifican los elementos esenciales que definen la experiencia del consumidor: «la euforia del individualismo, la libertad de elegir, la dedicación a la aventura, la oportunidad de cambiar y el descubrimiento de nuevas experiencias y emociones» (citado en Atkin, 2008: 47) y así lo expresan los protagonistas de la serie.

Celebraciones religiosas

A pesar de que la religión no sea determinante para los protagonistas, a excepción de algunos casos como Chibs o Nero, o el progresivo acercamiento de Gemma a la iglesia como búsqueda de confort y paz interior, se celebran distintas ceremonias sacramentales como las bodas, aunque de forma desacralizada. No obstante, teniendo en cuenta el alto número de muertes que se producen en la serie, los funerales destacan como un rito de despedida y homenaje del club hacia sus integrantes caídos. Así, todos escoltan en moto el coche fúnebre con el cuerpo del fallecido e introducen objetos simbólicos en el ataúd para darle el último adiós. Sin ser creyente, Jax demuestra ser un personaje espiritual y las visitas al cementerio se convierten en una práctica frecuente cuando necesita consejo o alejarse de su realidad para reflexionar sobre el caos que lo rodea. El espacio sacro, en oposición al contexto violento en el que vive, lo aísla y favorece una comunicación consigo mismo u otros seres ya difuntos. Jax suele verbalizar algunas de sus reflexiones, lo que supone una forma de conocer sus dilemas y fantasmas. Especialmente reveladora supone la última conversación con su padre en la autopista, en el punto exacto de su muerte; una suerte de despedida que recuerda al pasaje bíblico del huerto de los olivos.

En definitiva, SAMCRO cuenta con una doctrina propia y una pirámide de valores, siendo la lealtad, el honor, la fraternidad y un concepto propio de la justicia sus pilares básicos. Se rechaza así todo lo que sea sinónimo de debilidad y vulnerabilidad. Dichos ideales se materializan en una mitología, unos héroes y unos símbolos propios que constituyen una comunidad fraternal indisoluble, puesto que «cuando dicha pertenencia está motivada por la creencia en unos mitos comunes, sagrados, dadores de identidad y de sentido, la cohesión de dicho grupo es indisoluble» (Huici, 1996: 143).

Capítulo 11
Revisión de mitologemas en las series de ficción: a propósito de *Sons of Anarchy*

M.ª Ángeles Martínez García y Antonio Gómez Aguilar

> *Gemma sabe las verdades detrás de las mentiras dentro de todos los secretos.*
> *Es la Guardiana Mayor.*
> Juice sobre Gemma («Suits of Woe», 7x11)

Introducción

El capítulo se centra en una hipótesis concreta: los mitologemas se «reinventan» a lo largo de la historia debido a que apelan a las preocupaciones esenciales del ser humano y se materializan en distintos soportes, como el discurso audiovisual. En este texto se revisa cómo la figura de Agripina, la madre del emperador Nerón, representa el tema de la obsesión de una madre por su hijo, hasta el punto de que este último cometa un matricidio. A partir de ahí veremos cómo este mismo tema se representa en la serie de ficción *Sons of Anarchy*. Para ello se definirán primero los conceptos de mito y mitema; a continuación se revisará la historia de Agripina y su hijo Nerón para finalmente llevar a cabo un análisis del discurso sobre la serie enunciada buscando parámetros comunes entre ambas.

A propósito de mitos y mitologemas

Tal y como apunta Kerényi,

> la mitología: es la suma de elementos antiguos transmitidos por la tradición [...], que tratan de los dioses y los seres divinos, combates de héroes y descensos a los infiernos, elementos contenidos en relatos conocidos y que, sin embargo, no excluyen la continuación de otra creación más avanzada. La mitología es el movimiento de esta materia: algo firme y móvil al mismo tiempo, material pero no estático, sujeto a transformaciones (2009: 17).

Las funciones y características del mito lo hacen idóneo para el momento vital que vive el ser humano contemporáneo. Perdida su confianza en la razón y asumida su incapacidad para aprehenderlo todo a su alrededor, el ser humano busca referencias a las que asirse para responder a sus preguntas y llenar su vacío existencial. Los estudiosos del siglo xx comienzan a integrar aspectos cualitativos además de cuantitativos en los planteamientos científicos (Lévi-Strauss, 1987: 45) y se crean figuras clave en el seno de las distintas esferas sociales, como el cine, la literatura, las artes, en definitiva, y también otros ámbitos como el deporte o los videojuegos.

Lo ideal sería desprender al mito de su carácter sagrado o arquetípico, es decir, que entendamos al mito no únicamente como las grandes historias o las hazañas de los héroes, sino como cualquier historia que pueda trascender, ser repetida, dar lugar a nuevos relatos o incluso ser el origen de nuevos mitos.

Tal y como propone Segal:

> Para empezar, propongo definir el mito como una historia. Que el mito es una historia, aunque sea otra cosa, parece obvio. Después de todo, cuando se nos pide que nombremos mitos la mayoría de nosotros piensa primero en historias de dioses y héroes griegos y romanos (2004: 4. TP).

El mito, en su carácter de relato, ha sido siempre considerado como «una realidad cultural compleja, abordable e interpretable desde perspectivas múltiples» (Eliade, 1999: 12). Esto es lo que Durand (1993: 17) denomina como plurivocidad constitutiva del mito, lo cual refleja los distintos elementos que lo componen.

El relato mítico se basa en la intuición y el sentimiento además de ser, tal y como apunta Cencillo (1998: 13), un producto colectivo. El mito cumple unas funciones esenciales para el ser humano:

—Aprehensión del entorno. El mito es la primera forma de relación del ser humano con todo lo que le rodea (Huici, 1998: 20), muy anterior a la aparición de la ciencia. Se trata de una primera interpretación del mundo (García Gual, 1989: 27).

—Búsqueda de sentido. Es un discurso dinámico que resuelve lo indecible de un dilema (Durand, 1993: 340). No se refiere a la naturaleza real de las cosas, sino a las paradojas y a las condiciones del existir humano (Cencillo, 1998: 555), es decir, es una especie de búsqueda iniciática en la que lo esencial no es contar una historia sucedida de verdad, sino trazar las constantes existenciales de la humanidad. Está permanentemente presente en nuestra cultura (Kolakowski, 1990: 15) porque gracias a él se dan los primeros pasos para dar forma al sinsentido, al caos inicial: «de la palabra original y mítica surge el orden y nace el cosmos» (Mardones, 2010: 188).

—Modelo de conducta humana. Funciona como «sistema de referentes orientativos de la praxis humana» (Cencillo, 1998: 23). Fija unos modelos ejemplares de acciones humanas significativas y de ahí precisamente se deriva el significado y valor de los relatos míticos (Rosales, 1996: 17). Ahora bien, como apunta Eliade (1999: 140), «El mito no es, en sí mismo, una garantía de "bondad" ni de moral. Su función es revelar modelos, proporcionar así una significación al mundo y a la existencia humana».

Este capítulo parte de la definición de Kerényi (2004) de mitologema para revisar cómo el mito es continuamente reinventado. Referencias básicas de este estudio son los escritos de Campbell (2012) sobre el impacto del mito en el mundo actual, las aportaciones de Durand sobre mitocrítica, las contribuciones de Kerényi, figura esencial en la mitología moderna, así como el diccionario de símbolos de Chevalier, entre otras fuentes.

El mitologema es un modelo que, inserto en una cultura, da origen al mito o también, como apunta Propp, a los cuentos de hadas. De esta forma, los mitologemas se convierten en elementos configuradores esenciales del imaginario colectivo de las culturas. Por mitologema, de acuerdo a la definición de Kerényi (2004), se entiende un complejo de material mítico que es continuamente revisado, plasmado y reorganizado. Cencillo (1998: 59) habla de mitologemas como unidad primaria de significación de los mitos, es decir, unidad de significado mínima, de tal forma que varias representaciones puedan remitir a un mismo significado. El mitologema se acerca mucho al concepto de arquetipo de Jung (1998: 5) que se completa con elementos culturales y da origen al mito.

> El concepto de arquetipo como la forma de expresión del inconsciente colectivo es discutible. Además del inconsciente puramente personal propuesto por Freud, se supone que existe un nivel más profundo del

> inconsciente. Este nivel más profundo se manifiesta en imágenes arcaicas universales que se expresan en los sueños, las creencias religiosas, los mitos, y los cuentos de hadas. El arquetipo, como una herramienta psíquica sin filtros, aparece a veces en su forma más primitiva e inocente (los sueños), a veces en una forma considerablemente más compleja debido a la operación de la elaboración consciente (en los mitos) (TP).

Los mitologemas han sido el origen tanto de la religión como de los sueños, los mitos y los cuentos de hadas, en tanto que todos ellos beben de los mismos temas globales. A este corpus habría que añadir también, aunque no hayan sido estudiados desde este punto de vista, las leyendas urbanas, las películas y los videojuegos (Stefanello, 2008). El mitologema evoluciona, pero siempre lo hace de forma más lenta que las representaciones a través de las cuales se manifiesta y responde habitualmente a un cambio social profundo. Estas se denominan «formas de representación mítica» y pueden expresar más de un mitologema, al mismo tiempo que un mitologema se puede expresar a través de más de una forma de representación mítica. Esto dependerá del momento concreto y los mitologemas predominantes.

Un ejemplo paradigmático: la serie *Sons of Anarchy* (2008-2014)

A continuación se estudia la obra para encontrar rasgos asociados a un tema concreto: la figura materna que se obsesiona con su hijo. Esto se ha plasmado en numerosas ocasiones y remite al mito de Agripina, basado en la figura de la reina Agripina y la turbia relación con su hijo Nerón. El siguiente apartado da cuenta de la historia de la emperatriz romana de forma muy sucinta para sentar unas bases sólidas, de tal manera que en el apartado que le sigue sea más fácilmente identificable el paralelismo con la serie *Sons of Anarchy*.

Agripina, el poder a costa de todo

Agripina fue una persona real; nació en el año 15 d.C. y murió en el año 59 d.C. Fue la bisnieta de Augusto, hermana de Calígula, esposa y sobrina de Claudio y madre de Nerón. Por lo tanto, hija, hermana, esposa y madre de emperadores romanos.

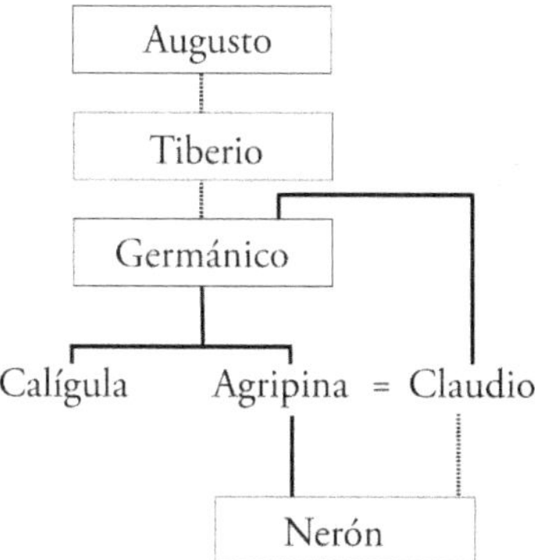

Figura 1. Árbol genealógico
Fuente: Elaboración propia

A los trece años se casó con su primer esposo, el cónsul romano Enobardo, el cual dijo una frase premonitoria al comienzo de su relación: «Nada bueno puede salir de la unión de Agripina y yo». Y efectivamente, de su matrimonio nació nueve años después el que fuera el emperador Nerón, cuyo reinado estuvo siempre rodeado de polémica. Cuando Agripina estaba embarazada de Nerón consultó a un mago persa que tenía muy buena reputación en Roma y el astrólogo profetizó que iba a dar a luz a un varón. También le dijo que llegaría a ser emperador, pero que asesinaría a su madre, a lo que esta respondió: «¡Qué mate a su madre, con tal de que sea emperador!» (Franzero, 1956: 13).

A los 25 años, Agripina la Menor (conocida así para diferenciarla de su madre, Agripina la Mayor) enviudó, coincidiendo este hecho con el nombramiento de su hermano Calígula como emperador. Esto le dio a ella y a sus hermanas un trato preferencial en la corte hasta que Calígula enloqueció y ella fue desterrada, mientras su hijo Nerón quedaba en la corte. Tras la muerte de Calígula y el nombramiento como emperador de su tío Claudio, Agripina volvió a la corte y se casó en segundas nupcias para poder sobrevivir. Sin embargo, esta unión sería breve, entre otras cosas porque ella misma se encargó de asesinar a su marido para contraer matrimonio con su tío Claudio. Hasta aquí Agripina había dado un gran paso en su carrera desmedida hacia el poder; sin embargo, le quedaba un hito importante: desbancar a Británico, hijo carnal de Claudio y legítimo heredero. «El poder imperial de Nerón aparece en el entramado mental romano estrechamente asociado a la figura de Agripina» (Requena Jiménez, 2006: 101). Así se hizo, Claudio apostó por Nerón y, cuanto tuvo dudas sobre si su hijo legítimo Británico debía ser su sucesor, su esposa Agripina lo envenenó.

Esto trajo consigo que Nerón fuese nombrado emperador con tan solo 16 años y que comenzase una relación de amor-odio entre madre-hijo que no auguraba un buen final. «La capacidad de Agripina en el proceso de transmisión de poder llega al extremo de vincularse incluso al trato carnal con ella, rememorando el mito de la posesión de la madre, tan presente en numerosas tradiciones y de tan complejo análisis» (Requena Jiménez, 2006: 103). No obstante, detrás de esta obsesión por su hijo se escondía su propia ansia de poder. No hay más que ver que en las monedas de la época romana aparece la efigie del emperador Nerón del mismo tamaño que la de su madre Agripina (Draper, 2014: 17).

Nerón fue un emperador venerado y temido al mismo tiempo. Sus primeros años de reinado fueron una especie de edad de oro marcada por su deseo de ser popular entre la gente.

Figura 2. Relieve en el que se representa a Agripina coronando a su hijo Nerón, momento clave en la relación de ambos
Fuente: Carlos Delgado; CC-BY-SA

Sin embargo, poco a poco Nerón fue ganando enemigos, entre los que se encontraba la propia Agripina, que había perdido lo que, no debe olvidarse, era su principal obsesión: la capacidad de influencia en su hijo. Así, el final de Agripina vino de la mano de su nuera Popea

Sabina y su propio hijo, quienes, convencidos de que Agripina ya no era útil para el imperio, decidieron asesinarla. Ella, al tanto de esas intenciones, comenzó a tomar veneno en pequeñas dosis para inmunizarse y, tras escapar a nado de un barco que intentó hundir Nerón con ella dentro, se rindió a los hombres enviados para matarla en la misma ciudad donde dio a luz a su único hijo, que ahora iba a ser responsable de quitarle la vida. El asesinato de su madre perseguiría para siempre la conciencia de Nerón.

La figura de Agripina supone la primera vez en la historia occidental que aparecen figuras femeninas asociadas a la belleza y al poder, que se implican al mismo tiempo en los asuntos públicos y lo hacen desde su posición de madres. Esta actuación en un espacio que había sido tradicionalmente reservado a los varones hace que se inviertan los roles y se ponga, por tanto, en peligro el modelo social preestablecido.

Revisión de mitologemas en Sons of Anarchy

La Agripina real esconde detrás de su historia un mitologema muy potente que ha sido reinventado y actualizado en numerosas ocasiones: la obsesión de una madre por su hijo y el posterior matricidio. En el caso de la serie de ficción *Sons of Anarchy* se han detectado ciertos paralelismos interesantes entre personajes y tramas de ambas historias.

PERSONAJE REAL	PERSONAJE SERIE
Agripina la Menor	Gemma Teller
Nerón (hijo de Agripina)	Jax Teller (hijo de Gemma)
Claudio (tercer marido de Agripina)	Clay Morrow (segundo marido de Gemma)
Enobardo + Pasieno Crispo (primer y segundo marido de Agripina)	John Teller (primer marido de Gemma)
Claudia Octavia (primera mujer de Nerón)	Wendy Case (primera mujer de Jax)
Popea Sabina (segunda mujer de Nerón)	Tara Knowles (segunda mujer de Jax)

Cuadro 1. Paralelismos historia de Agripina e historia de Gemma Teller
Fuente: Elaboración propia

Nos centraremos para este capítulo en la figura femenina más importante de la serie *Sons of Anarchy* para establecer puntos clave en los que pueda dilucidarse si efectivamente se trata de una actualización del mitologema enunciado anteriormente.

Gemma Teller Morrow (1957-2014) nació en Oregón y vivió en Charming, California. En 1978 conoció a John Teller, un veterano de la guerra de Vietnam; dos meses después se quedó embarazada y se casaron. Gemma es la madre de Jackson «Jax» Teller, viuda de John Teller y posteriormente también de Clay Morrow, la abuela de Abel Teller y Thomas Teller II. Es el personaje que más apariciones tiene en la serie después de Jax, lo que da idea de la importancia que tiene en el desarrollo de las tramas.

De carácter fuerte y decidido, lucha por el Sons of Anarchy Motorcycle Club, Redwood Original, en adelante SAMCRO, y por su familia, dos asuntos que ella ve como uno solo, utilizando a veces métodos turbios con tal de conseguir su propósito: mantener su posición de poder. De mente retorcida, es una experta en la manipulación psicológica de los demás: extorsionadora, asesina y sobreprotectora de su hijo y sus nietos. Al mismo tiempo, siente una especial animadversión por todas las «amigas» o novias de Jax, en esa obsesión compulsiva que tiene con su único hijo,[12] que será una de las principales características de este personaje.

El control del club en la sombra

Al igual que ocurre con Agripina, fundamentalmente en la etapa en la que es la esposa del emperador Claudio, cuando intercede en temas políticos, Gemma Teller controla en la sombra los asuntos delicados de SAMCRO. Tras la muerte de John Teller, fundador y jefe del club, Gemma se casa con Clay, quedando en una posición de liderazgo. Llamada *Queen of SAMCRO* —Reina de SAMCRO— ejerce su poder de forma vedada manteniendo a raya tanto a los miembros integrantes como al personal externo.

12/   Gemma también fue madre de Thomas Teller en 1984. Gemma padece una malformación genética de corazón que pasa a sus hijos y a causa de esta Thomas falleció en 1990. Esta es una posible razón para que Gemma sea todavía más posesiva con su único hijo vivo.

Prueba de esto son momentos significativos que se dan en capítulos como «La feria» (1x03), dirigido por Stephen Kay, en el que Gemma resulta una pieza clave para averiguar quién es el presunto violador de una niña, la hija de Elliott Oswald. A pesar de la oposición de los padres de esta, la interroga con sucias artimañas, al igual que convence a la madre para que se dé el escarmiento merecido a los culpables.

Otro momento crucial que da cuenta de hasta dónde puede llegar Gemma por el club se da en el capítulo «Albification» (2x01), dirigido por Guy Ferland, en el que ella es atacada y violada, y decide no contar a Clay o a su hijo Jax lo ocurrido para destruir los planes de extorsión de sus atacantes sobre el club. Esto le lleva a confiar en Tara, novia de Jax, creando un vínculo con ella que no tardará en destruirse y también a tener serios problemas en su matrimonio con Clay.

Por último, hay que destacar ese momento crucial en el capítulo «NS» (3x13) dirigido por Kurt Sutter, en el que se insinúa que tanto ella como Clay fueron los responsables de la muerte de John, ya que ellos eran amantes con anterioridad, al igual que Agripina fue también responsable de la muerte de su segundo marido.

A lo largo de la serie son numerosos los símbolos de la necesidad de Gemma de control sobre SAMCRO y su familia. Por ejemplo, colecciona pájaros, que se convierten en símbolo de control como mascotas enjauladas. Ella les muestra afecto y los cuida, tal y como a su familia, pero los mantiene bajo control en la jaula. En esta misma línea está el parque infantil cercado, que recuerda a sus jaulas de pájaros, que se encuentra en la sede de SAMCRO y donde sus nietos juegan bajo su control.

Su necesidad de autoridad se extiende a las parejas de su hijo Jax; de hecho, intenta acabar con Wendy cuando esta se ve incapaz de salir del mundo de la droga. Al principio, también odia a Tara, hasta que siente que la controla y cambia su relación con ella. Sin embargo, Tara es muy lista y en realidad le ha hecho sentir a Gemma una sensación falsa de control; Gemma lo averigua y ante esta sensación de pérdida de poder sobre Tara y sus nietos reaccionará de una forma tan brutal que acabará en tragedia: la muerte de Tara en el capítulo «A Mother's Work» (6x13), a manos de ella misma con un tenedor en el fregadero.

Este momento es muy significativo porque Gemma no es responsable directa más que de tres asesinatos en la serie, todos ellos mujeres. Sin embargo, la mayoría de las muertes que se producen son instigadas por ella de forma indirecta. Un ejemplo se da cuando en la séptima temporada hace creer a Jax que ella no ha matado a Tara y, por lo tanto, hace que Jax mate a unos falsos culpables.

La ascensión al poder de Jax Teller

Jackson, más conocido como Jax, es el hijo de John y Gemma Teller. Como ya se ha comentado, Gemma enviuda y se vuelve a casar con Clay Morrow, su amante y jefe de SAMCRO tras la muerte de John. Jax es el vicepresidente del club y futuro sucesor de Clay; vive un camino de ascenso al poder, que alcanzará a finales de la cuarta temporada de la serie, cuando Clay renuncia a seguir siendo el líder. Esto queda plenamente ratificado en el capítulo «Aon Rud Persanta» (6x11), dirigido por Peter Weller, en el que Jax mata a Clay Morrow y donde juega un papel fundamental su madre Gemma. De la misma forma en que Agripina presionó a Claudio para que nombrase a Nerón su sucesor, Gemma desde el primer episodio de la serie, dirigido por Allen Coulter y Michael Donner, deja clara su intención. En la cama con Clay, esta le transmite su preocupación por Jax, pues no quiere que con sus dudas acerca del carácter del club su hijo desmonte lo que han construido durante años y, por tanto, ella quede sin poder. Ya anuncia los planes de futuro que tiene en su cabeza: que Jax sea presidente de SAMCRO. Sin embargo, Clay se niega a dimitir.

En la segunda temporada, Jax quiere seguir como «nómada» en una especie de «crisis existencial» y entonces su madre le pide que lea el libro que escribió su padre, John, en busca de respuestas. Sin embargo, esto no resulta eficaz y Gemma llega al punto de contar con todo lujo de detalles la violación que ha sufrido para enojar a Jax. Esta acción provoca que Jax decida quedarse en SAMCRO tras saber lo que ha pasado para vengarse.

En la cuarta temporada también hay que destacar una línea que comienza con la relación de Clay y Gemma muy deteriorada, donde él le reprocha que ella no es su jefa para ordenarle nada. En el capítulo «Hands» (4x10), dirigido por Peter Weller, Clay deja a Gemma gravemente perjudicada tras una intensa pelea. Tras esto, ella se da cuenta de que Clay debe morir a manos de su hijo, de tal manera que él ocupará su sitio como presidente de SAMCRO. La siguiente temporada, la quinta, comienza con Jax como presidente del club, con toda la responsabilidad y problemática que eso plantea.

Decadencia y fin de Gemma Teller

La relación madre-hijo nunca es sencilla en la serie. Una atracción tan intensa, marcada por el ansia de poder de Gemma-Agripina, provoca una tensión tan fuerte que el final es fatídico para ambos. Al final de la cuarta temporada, Gemma teme que su hijo se vuelva en su contra y comience a investigar la muerte de su padre. Poco a poco la relación empieza a deteriorarse hasta un punto álgido: Jax descubre que, a pesar de los intentos de su madre por evadir la responsabilidad que tiene sobre la muerte de Tara, ella es la autora del asesinato. En el capítulo «Suits of Woe» (7x11), dirigido por Peter Weller, Jax finalmente conoce toda la verdad de lo ocurrido cuando visita a Juice en la cárcel y este le cuenta que Gemma es, en efecto, la causante de la violenta muerte de Tara. Gemma se traslada a Oregon por su propia seguridad, pero Jax la sigue hasta allí.

La muerte de Gemma Teller es tal vez la que más paralelismos presenta con la historia de Agripina la Menor. En el capítulo «Red Rose» (7x12), dirigido por Paris Barclay, su hijo le da un tiro por la espalda. Gemma se había trasladado Oregon para visitar a su padre en la residencia en la que está interno y se reconcilia con él, arrepintiéndose por su comportamiento en el pasado. Posteriormente, Gemma vuelve a la que fuera su casa —igual que Agripina va a su casa donde dio a luz a Nerón— y mientras mira tranquila sus recuerdos de la infancia, aparece Unser, el antiguo jefe de policía corrupto de Charming, que viene a arrestarla por su propia seguridad. Sin embargo, en ese momento aparece Jax y mata a Unser. Gemma, lejos de oponerse, se resigna a su destino y pide ir al jardín que tanto le gustaba en su infancia para que, finalmente, Jax le dé un tiro en la espalda y acabe con su vida.

El final de Jax es semejante al de Nerón: Jax se suicida al chocar contra un camión —por lo cual no es enteramente responsable de su propia muerte— mientras lo persiguen varios coches de policía. Nerón se suicida también, y tampoco es su mano la que lo hace, sino que se hace matar por su secretario cuando estaba a punto de ser arrestado. Paralelismos, como se puede ver, muchos entre ambos líderes.

Conclusiones

Como conclusión de este análisis se extraen una serie de parámetros que permiten interpretar y valorar cómo los mitologemas tradicionales siguen encontrándose en los nuevos relatos audiovisuales.

Tanto Agripina como Gemma Teller son dos mujeres tan bellas como ambiciosas y calculadoras. Ambas pertenecen a una estirpe con poder y, aunque a ellas no se les permite gobernar directamente, mueven los hilos en la sombra y manejan las voluntades de los hombres que son finalmente los brazos ejecutores de los más sanguinolentos asesinatos.

Ambas tienen unas ansias de poder que van más allá de la ética y ejemplifican el poder soterrado de mujeres lastradas en un sistema donde la figura del hombre es superior a la de la mujer. No obstante, esto no mermará su ascenso a lo más alto y el control efectivo de los intereses y relaciones de poder.

Las dos son sobreprotectoras con sus hijos, únicos vástagos que sobreviven y a los cuales enaltecen por encima de ellas mismas con tal de que ocupen la posición más relevante, a la derecha, por cierto, de la que se colocan ellas para gobernar en la sombra.

Ambas mueren a manos de sus hijos. El momento en que los dos hijos acceden finalmente a posiciones de poder, marca un punto de inflexión en las relaciones madre-hijo, de tal manera que esta empieza a resquebrajarse porque Gemma-Agripina ya no puede seguir manteniendo el control en la sombra. En ambos casos la figura de la pareja de Jax-Nerón juega un papel fundamental. Ni Tara ni Popea Sabina dejarán que su suegra siga ocupando la posición privilegiada que ostentaba en el reino. El matricidio marcará a Jax y a Nerón hasta el final de sus prematuras vidas, abocadas al suicidio justo antes de ser capturados.

En definitiva, las mismas historias que se repiten una y otra vez...

Capítulo 12
Cultura *fandom*, arquetipos y neotribalismo en *Sons of Anarchy*

Javier Barraycoa Martínez y Jorge Martínez Lucena

Esto es lo que somos.
Gemma Teller («Red Rose», 7x12)

La cultura *fandom* y *Sons of Anarchy*

Sons of Anarchy es una serie televisiva que, como tantas otras recientes, señala varios indicios inequívocos de las nuevas tendencias en la cultura de masas posmoderna. Ya no solo por una evidente manifestación de la crisis de los metarrelatos (Lyotard, 1979) en la narratividad que han descrito muchos autores sino porque en su entorno se arremolinan fenómenos como la cultura *fandom*. El anglicismo *fandom,* en referencia a los seguidores de un producto cultural, alude a la capacidad del prosumidor, ya no un mero consumidor, de proyectar dicho producto más allá del autoconsumo, gracias a su identificación, a su apología, representación y compromiso personal y a una multiplicidad interminable de actitudes de sus seguidores. El anglicismo *fandom* se asocia con muy diversos fenómenos culturales cada uno con su especificidad propia: el *cosplay,* los *doujinshi* o *fanzines,* el *vidding,* las *comic cons,* los *fanart,* el *fansub,* los *scanlation* o el coleccionismo, incluso la traslación del producto cultural a estilos publicitarios.

En resumidas cuentas, se podría definir el *fandom* como: «el anglicismo que surge de la contracción de *fanatic kingdom,* y que da nombre al conjunto de aficionados a algún pasatiempo, persona o fenómeno en particular» (Crisóstomo, 2016: 102). Con él se pone nombre a la emergencia de un universo paralelo que surge en torno a un producto cultural. Normamente se ha explicado el fenómeno como fruto de la combinación de nuevas tecnologías con la crisis que la identidad personal está sufriendo en nuestros tiempos (Taylor, 1989). Con el fenómeno *fandom,* el *consumidor* se transforma, como se ha dicho, en *prosumidor,* esto es en productor habitual —a su vez— de cultura de masas. Esta poliédrica sublimación del producto cultural es quizá un reflejo de dos realidades opuestas y complementarias. Por un lado, el fracaso de una narratividad clásica y que nuestra aún latente racionalidad sigue requiriendo de la cultura. Por otro lado, la hiperindividualización que busca desesperadamente nuevas formas de identificación con el producto —léase personajes de ficción— ante la anomia posmoderna (Carretero, 2006).

Se presenta así el paradigma del *consumer-generated content,* el consumidor generador de contenidos o impulsor de los mismos. Este sujeto exije al sistema cultural que los huecos lógicos de las tramas de las series televisivas sean rellenados con complementos experienciales de todo tipo. Esta dinámica también tendría su razón de ser en el constante religamiento entre los productos culturales globales y la necesidad en un omnipresente multiculturalismo de identificarse con lo universal (Toffler, 1980: 29). Sea como sea, en cualquier caso, como auguran los expertos, el *fandom* representa un primer paso de las futuras estrategias de la cultura de masas (Gray, Sandvoss y Harrington, 2007: 361).

Atendiendo a *Sons of Anarchy,* el paradigma que se ha explicitado funciona perfectamente en Estados Unidos. El protagonista de la serie, Jax, ha sido considerado el Hamlet del siglo XXI. Eso sí, un personaje shakesperiano lleno de recovecos y matices que Hamlet no puede cubrir. El impacto del personaje, su envoltorio dramático así como la estructura relacional en la que debe desenvolverse, ha causado furor en Norteamérica, donde la serie ha mantenido altísimas cuotas de audiencia. Es por ello por lo que el fenómeno *fandom* se ha manifestado en su forma capitalista y consumista más radical. Por ejemplo, la banda sonora de la serie, basada en estilos musicales propios de los clubs de moteros *(rock, hard rock, metal...),* va acompañando las temporadas y la trama desarrollada en los capítulos, haciendo coincidir muchas veces el relato con la canción.

Todo un elenco de canciones versionadas han ayudado a mitificar la serie. El abanico va desde Curtis Stigers & the Forest Rangers, *This Life* (tema central) o la canción más celebrada de la última temporada: una versión de la famosa canción de blues *Sitting on top of the world,* interpretada por Chris Goss; pasando, en el primer episodio de la cuarta temporada por una versión de *What a wonderful world* tocada por Alison Mosshart & The Forest Rangers (irónicamente mientras suena la canción, al mejor estilo de *El Padrino,* se suceden las imágenes de asesinatos y venganzas, cuando la hermandad celebra una boda). Por último, al otro lado del Atlántico, la serie ha transmitido su estilo en numerosas campañas publicitarias, basadas —sobre todo— en la vestimenta de los protagonistas y/o en la música.[13]

En Europa en general, y en España en particular, los seguidores fieles e incondicionales de *Sons of Anarchy* son minoritarios, pero no por ello menos fieles y apasionados. Este hecho debe ser explicado. Quizá haya influido notablemente un tipo de estética con la que no hemos tenido una relación experiencial tan cercana. Se cumpliría aquello que afirmaba Adorno de que tras las actitudes estéticas se esconde: «defender lo no-idéntico que oprime en la realidad» (1974: 13).

Se ha señalado más arriba que el fenómeno *fandom* en Europa debe ser explicado o bien por concomitancias inconscientes o bien por el dominio cultural en Europa de la anteriormente mencionada anomia, que busca encontrar sentido en la infinitud de los micromitos que encontramos en los media (Balandier, 1994). Para una mejor comprensión de esta propuesta explicativa podemos recurrir al término *ennui,* de origen francés, que vendría a traducirse como depresión o aburrimiento crónico. Esta actitud sociológicamente reconocible, incapacitaría para la acción social (la *praxis* en términos aristotélicos). En una extraña combinatoria, el hombre occidental se siente hiperindividualizado. Su autorrepresentación como ser racional y libre le obliga a sentirse dueño de su destino. Pero cuando llega el momento de tomar esas riendas, queda abatido por el peso de la responsabilidad que le lleva a la inacción como mecanismo de defensa. Steiner, señala como algo propio de ciertas generaciones la hiperactividad o «energías que se deterioran y se convierten en rutina a medida que aumenta la entropía» (Steiner, 1992: 34), acabando en la pasividad y la depresión. Esta referencia a la *entropía, anarquía* o *khaos,* se adecúa perfectamente al título de la serie

---

13/   Para más información sobre la música en la serie, véase los capítulos firmados por Jorge David Fernández Gómez y Joaquín Marín Montín en este volumen.

y al personaje principal (y como señalaremos posteriormente ya nos anuncia la contradicción de «hijos» sin padre).

El perfil del protagonista, Jax, es uno de los más activos, y sin embargo es el que más duda y el que siempre se aproxima al abismo de abandonar esa vida agitada y autodestructiva. Analizar a Jax es descubrir la contradicción entre la hiperactividad, la capacidad de resolución, y a la vez el constante bloqueo al que le abocan oscuros pensamientos y remordimientos. Un bloque irresoluble hasta que no solucione «lo oculto» y siempre permanente que constituye la figura de su padre, muerto en extrañas circunstancias.

Es en este ámbito de dialéctica psicológica que sufre el personaje, donde se puede justificar el entusiasmo de los seguidores europeos. Es en este terreno de la moralidad y la identidad, donde se esconde el atractivo de la serie más que en su estética motera que retroalimentará el *fandom* norteamericano. De ahí que se haga difícil explicar la diferente reacción ante *Sons of Anarchy* a ambos lados del Atlántico. Como diría Rigoberto Lanz, definiendo la subjetividad moderna: «La visibilidad de estos fenómenos escapa a las miradas convencionales de las disciplinas instaladas en el mundo académico» (2004: 438).

El juego de los arquetipos o el infructuoso camino de la Redención

El atractivo de Jax reside en representar al héroe posclásico como superación de héroe clásico y el manierista. Esta tesis la defiende Cano-Gómez cuando propone, aplicándolo al caso de *Sons of Anarchy*, que:

> Lo posclásico es una obra que busca la filiación total del espectador para conseguir una intensa relación emocional, la identificación absoluta. [...] Es frecuente, de hecho, que el héroe pueda convertirse cada vez más en un psicópata, al tiempo que la audiencia siente un descreimiento generalizado sobre los grandes relatos [...] y están sometidos a un intenso sentimiento de desmitologización (2012: 439).

Es evidente que hay mucho de esta posclasicidad en el protagonista, como también son rastreables numerosas estrategias psicológicas que atraen a muchos espectadores. En este sentido, se puede afirmar que Jax corresponde perfectamente al arquetipo del *héroe* junguiano; esto es, al personaje cuyos vicios y debilidades se convierten en sus virtudes. Así, siendo un héroe mundano y fracasado, el público se puede identificar más plenamente con él que con el héroe clásico.

Para Jung, el *héroe* vive en dos niveles simultáneamente: el interior del alma (inconsciente) y el nivel externo (consciente). La redención de este héroe, que en Jung sería un acto de explicitación de lo inconsciente, debe confrontar dos niveles de moralidad. Uno de ellos debe ser permanentemente trasgredido y es el que se dirige hacia fuera de la comunidad redimida (la banda de moteros en este caso, a la que se accede por ritos iniciáticos incluyendo el asesinato). El otro orden de moralidad es *sagrado* e indiscutible y es el código interno de la banda. Su mantenimiento es la esencia del grupo y su trasgresión implica la muerte si no física al menos grupal. Estos códigos de conducta ya fueron detectados tempranamente por J. Campbell, al descubrir la capacidad de las tribus urbanas de crear sus propios rituales y normas: «tienen sus propias bandas, sus propias iniciaciones y su propia moralidad» (1991: 35).

Otro arquetipo universal que defiende René Girard, especialmente en su obra *Veo a Satán caer como el relámpago* (2002), y que aparece explícitamente en la serie, es que toda violencia es mimética y tiende a generar una masa indiferenciada y violenta. La violencia pone constantemente en peligro de disolución al grupo social, al borde de su autodestrucción. La única manera de mantener vivo al grupo es bajo una complicidad. De ahí que —propone Girard— toda violencia mimética acaba con el sacrificio de una víctima que, a su vez, se transforma en el mito fundacional de una sociedad y en la justificación de su existencia. De hecho, las siete temporadas de *Sons of Anarchy* son un recorrido entre dos ritos sacrificiales, el primero siempre tácito, aunque se va explicitando a lo largo de las temporadas: el del padre de Jax, John Teller, esposo de la sorprendente y todopoderosa Gemma. A lo largo de los capítulos esa misteriosa muerte está presente y el espectador —sin hacerlo consciente— intuye que en ese asesinato (bajo sospecha de suicidio) está el hecho fundacional de la realidad que se describe en la teleserie. La segunda muerte ritual, con la que acaba la serie, es la muerte de Jax, el hijo del padre oculto (¿figura crística?), que deja abierta una incógnita que en la conclusión se intentará apuntalar.

En la trama se detectan dos ejes profundamente interrelacionados en el protagonista, por los cuales discurren y entrelazan muchas tramas aparentemente dispersas. Un eje es vertical, personal, que obliga a recorrer a Jax los caminos de sus raíces hasta su hipotética redención. Cuando comprueba que esta redención es prácticamente imposible, la proyecta en su hijo. Por este eje el protagonista recorre caminos de ida y vuelta en la soledad, desesperación y, muchas veces como un proceso iniciático, al ir descubriendo su pasado (gracias a unas cartas de su padre en las que se descubren la verdadera intención de la fundación de *Sons of Anarchy*). El otro eje es horizontal, colectivo, en constante relación con el grupo. La conciencia de Jax se debate entre el respeto a las normas y al liderazgo de su padrastro (a la postre el asesino inconfeso de su padre); o bien en imponer su propio carisma. En cierta medida la dialéctica se expone en estos términos: liderar al grupo tal como es, lo cual llevará a su inevitable destrucción, o destruir el grupo actual para refundarlo según soñaba su padre.

En la serie, Jax es el epicentro de tres generaciones, lo que lleva a mostrar otro arquetipo universal: ¿el hombre es libre o no puede escapar de su destino? En cierta medida los personajes que representan las tres generaciones no dejan de ser el mismo. Reaparecen así varios de los arquetipos junguianos como la identificación del yo propio con otros, especialmente con el paterno; o el arquetipo de la *sombra* que parece definir perfectamente al pesonaje de Jax en sus perpetuos momentos de duda. Para Jung, la *sombra* es la parte inferior de la personalidad. Es la suma de las disposiciones no asumidas por la consciencia por ser incompatibles con la personalidad aceptada. Ello provoca una sensación de constante contradicción y desequilibrio, producidos por la añoranza de aquello que no aceptamos en nosotros mismos. En términos vulgares son las *sombras* del pasado que acechan constantemente al protagonista y su temor a tener que asumir una realidad pasada que va descubriendo poco a poco y que le obligará a tomar decisiones dramáticas, como la destrucción de su cosmos.

En esa desesperación está latente siempre el mito del sino o destino y el terror a la predestinación y de que se repita en su hijo su propia existencia. De hecho, la primera gran crisis que manifiesta Jax, ya en la primera temporada, es cuando experimenta la paternidad. Empero hay dos formas de paternidad que aparecen en la serie: una de ellas es la del verdadero padre (implícita) y la otra la del padrastro (la explícita y experimentada). Será sobre la primera paternidad sobre la que Freud planea el famoso texto de *Totem y Tabú,* el gran padre, el dominante del grupo que debe ser asesinado (en este caso John Teller). Aunque el macho primordial que describe Freud en realidad lo encarna su padrastro Clay Morrow. Freud, describe así el origen del sentimiento de culpa y el sustento de la comunidad:

> la banda de los hermanos amotinados [...] Odiaban a ese padre que tan gran obstáculo significaba para su necesidad de poder y sus exigencias sexuales, pero también lo amaban y admiraban. Tras eliminarlo, tras satisfacer su odio e imponer su deseo de identificarse con él, forzosamente se abrieron paso las emociones [...] Aconteció en la forma del arrepentimiento; así nació una conciencia de culpa que en este caso coincidía con el arrepentimiento sentido en común [...] Revocaron su hazaña declarando no permitida la muerte del sustituto paterno, el tótem, y renunciaron a sus frutos denegándose las mujeres liberadas (1993: 143-144).

Ciertamente, estas descripciones freudianas pueden aplicarse en parte a Jax, en parte al grupo, en parte a su padre, en parte a su padrastro y, como no, a la permanente muralla que este último pone entre Jax y su madre para que se restaure la relación filial. De hecho, a nivel simbólico, algunos chalecos y chaquetas del club tienen la leyenda de *Men of Mayhem.* Es la inscripción de los escogidos e iniciados: los que han derramado sangre por el club. Jax, incluso es quien ostenta esta primogenitura de sangre al llevar de vez en cuando una gorra con la frase *Reaper Crew* (Equipo del Segador o de la Parca). Todos son partícipes y cómplices de un asesinato. De hecho los asesinatos iniciáticos no dejan de ser una reproducción del asesinato fundacional de John Teller.

Desde la lectura de René Girad, el verdadero macho primordial no es John Teller, sino Morrow, el padrastro asesino. Él ha propiciado el sacrificio de la víctima inocente, pero ello no ha liberado al grupo. La Redención aún está pendiente para todos y parece imposible especialmente para Jax. De ahí que —volviendo al esquema freudiano— el mismo *acto de liberación* (léase la muerte de John Teller), les provoca la esclavitud de la eticidad, esto es de la moral dominante del grupo que nunca podrá ser puesta en duda ni ser infringida. La muerte simbólica queda reflejada con la destrucción de la chaqueta de quien traiciona al grupo. Esta constante situación de glorificación del grupo y sumisión al mismo, es la que se le hace insoportable a Jackson. Especialmente cuando advierte que su propio hijo se verá envuelto en esa misma realidad. De nuevo asoma la dialéctica entre la libertad y la esclavitud.

Hay una serie de detalles que nos proporciona el autor de la serie que refuezan el arquetipo bíblico que pretende suplir Freud en *Totem y Tabú* y la falta original. Un primer detalle es que Jax había tenido un hermano (Tommy) muerto de una enfermedad cardíaca congénita. Es una clara alegoría de la herencia del mal de los padres en los hijos (o pecado original). Y el propio hijo de Jax, aunque es fruto de la relación con una yonqui (símbolo también de la caída), tendrá como nombre Abel: el primer inocente de la Biblia que es asesinado. La duda se cierne sobre si Abel heredará el *pecado original,* bien por su madre físicamente (la adicción a la heroína), bien espiritualmente por parte de Jax y su condición irrenunciable en el grupo. A lo largo de la tercera temporada la odisea de Abel, secuestrado y rescatado, empieza a cobrar fuerza simbólica. Jax, decide entregarlo en adopción. En cierta medida renegar de su paternidad, para salvar al niño de la vida que a él le ha tocado llevar. Es precisamente en esta temporada cuando Jax parece aceptar plenamente las normas de la hermandad, la autoridad del asesino de su padre y la aceptación de su relación con su madre parricida. El ciclo parece que se ha cerrado y es imposible escapar al destino.

Ello lleva inevitablemente a analizar el papel de las mujeres en la serie. Gemma ha sido definida como una *Eva primordial* que encarna dos realidades: la cooperación al mal (su relación adúltera con Clay Morrow llevará al asesinato de su marido), pero, por otro lado, es el pilar que sustenta todo la hermandad. En ella se reencarna plenamente el arquetipo junguiano de la madre que abarca una infinidad de realidades: autoridad moral, la matriarca, la tierra, el saber, la cueva —o útero— donde se engendra la vida (reflejado simbólicamente en el taller que regenta la hermandad y donde ella está omnipresente). Por otro lado, aparece Tara, la compañera de estudios de Jax, ahora médico. En un principio puede parecer el contratipo de la madre drogadicta de Abel, pero poco a poco se va convirtiendo en una personaje que de *inocente* pasa a representar la *doblez*. Ella es el verdadero amor de Jax. Pero en vez de rescatarlo de su mundo, será ella la que penetrará en su mundo, convirtiéndose los primeros encontronazos con la matriarca (Gemma) en complicidad. De nuevo el terrible sino parece llamarla a sustituir algún día a Gemma. Sin embargo, este reemplazo no se producirá, pues Tara será misteriosamente asesinada y todas las sospechas recaerán sobre la Matriarca que nunca se dejará sustituir. Otra misteriosa mujer que aparece esporádicamente a lo largo de las temporadas es «la vagabunda» En la primera temporada se le aparece a Gemma y le da el misterioso mensaje de que cuide *de sus niños*. Kurt Sutter solo ha dado una pista sobre esta figura femenina, en un vídeo que colgó en YouTube, afirmando —para sorpresa de todos— que «la vagabunda es Jesucristo».[14]

El neotribalismo o la búsqueda incierta de la comunidad auténtica y su autodestrucción

Todos estos misteriosos arquetipos de los que hemos venido hablando quedan cubiertos bajo un envoltorio bien entramado que es un tipo de orden social hasta hace poco atípico: la neotribu. Cuando Michel Maffesoli escribía *El tiempo de las tribus: el declive del individualismo en las sociedades posmodernas,* no se sabe si era consciente de que estaba forjando un paradigma interpretativo que se tornaría prácticamente imprescindible para analizar fenómenos sociales y, más aún, para las indagaciones sobre la cultura *mainstream* centrada en teleseries. En el caso de *Sons of Anarchy* podemos hacer uso de este paradigma para penetrar mejor en los sentimientos de identificación que la serie puede provocar.

La tesis de Maffesoli se traduciría en el siguiente esquema: estamos en un momento histórico sociológico que podríamos denominar del paso de la «polis al tiaso», es decir, de un orden *político* a un orden *fusional.* Ello significaría, siguiendo el esquema de Simmel, del que Maffesoli se siente heredero, que se está produciendo un cambio de gravedad de sociedades basadas en lo contractual y racional, donde prima la

14/ «Who Is the Homeless Woman? | Sons Of Anarchy Discussion». Disponible en https://www.youtube.com/watch?v=uCDc3q52xME. Para una lectura de la serie desde la religión véase el texto «Simbología y ritos en la hermandad de SAMCRO» de María del Mar Rubio-Hernández en este mismo volumen.

individualidad y la garantía de los derechos y deberes pactados, a una sociedad fusional. En esta última prima el sentimiento, la estética, la masa, la ausencia de contornos definidos y lo efímero. Por el contrario, el primer tipo social se aproxima a la búsqueda de la regularidad, de la perpetuación, de las reglas objetivas, de la declaración de límites intraspasables y —sobre todo, en terminología weberiana— al monopolio de la violencia física por una entidad supraorganizacional.

La *socialidad* o sociedad fusional, o sociedad de masas poscapitalista, se caracterizaría por una desindividualización que nos aleja del sentido clásico de la política. Maffesoli recurre al término de *sociedad táctil*, porque lo que une es la adición o suma de individualidades que se rozan, tocan, pero no se relacionan. Como una extraña ley sociológica, la sociedad fusional no deriva en la perpetuación de sociedades de masas inconexas y permanentemente líquidas (Bauman, 2002), sino que acaba configurando formas de cristalización que dan lugar a grupos concretos. Estos grupos, efectos secundarios del «neotribalismo», son los que quedan reflejados en la banda de los *Sons of Anarchy*. El propio Maffesoli recurre a una metáfora automovilística de Jean Baudrillard que encaja perfectamente con la serie, aparentemente de moteros. Baudrillard expone el ejemplo de las autopistas. Cuando uno recorre el camino de la vida, parece un deambular individual, pero visto desde otra perspectiva, una autopista no deja de ser un «flujo de regularidades que pone fin a los destinos individuales».

Sons of Anarchy viene a describir ese ámbito de sociabilidad propio de la posmodernidad que queda en un interregno entre las indestructibles estructuras legales y racionales y los estadios efímeros de encuentros impersonales sean en las grandes superficies de consumo, los conciertos o los espectáculos deportivos. Existen multitud de grupos neotribales que se van configurando, sin embargo muchos de ellos no dejan de ser una mera reactividad ante la sociedad fusional; vanos esfuerzos de inventar identidades que quedan reabsorbidas en las dinámicas efímeras de las modas. Por otro lado, en la sociedad racionalizada, concretada en forma de Estado-nación, el estrecho y aséptico círculo definitorio de la ciudadanía, ante la despersonalizacion de la globalización se reacciona de forma política con movimientos políticos e identitarios.

Sons of Anarchy nos expresa, casi a la perfección el modelo social que huye de estos extremos y se autorreivindica como la única posibilidad de sociabilidad digna aunque sea a costa de eliminar cualquier fundamento de moralidad externo al grupo. Siguiendo la descripción de Maffesoli y un esquema sociológico elemental propuesto por Durkheim en *Las formas elementales de la vida religiosa* (1982), intentaremos caracterizar un grupo neotribal. Solo así se podrá entender el atractivo que inconscientemente produce este tipo de microsociedades en el espectador.

La estética común como mecanismo de *sentimientos y experiencias compartidos,* es un tema esencial en Maffesoli. En la serie ello queda reflejado en el carácter casi totémico de las chaquetas y tatuajes y toda su simbología. Como señaló en su momento Durkheim no podría existir un grupo social sin haber elaborado formas de autointerpretación compartidas, bien ética, bien estéticamente.

La comunidad neotribal queda definida magistralmente así: «se niega a reconocerse en cualquier tipo de proyecto político, no se inscribe dentro de ninguna finalidad y cuya única razón de ser es consagrarse a un presente vivido colectivamente» (Maffesoli, 2004: 149). Por eso toda la vida cotidiana de *Sons of Anarchy* transcurre entre constantes conflictos entre una supraestructura política, reflejada en sus operativos de control social (policía, sistemas penitenciarios), otros grupos neotribales idénticos en la naturaleza grupal, pero distintos en estética y, finalmente, entre los propios conflictos internos (Maffesoli, 2004).

Una pista que determina la naturaleza del neotribalismo reflejado en *Sons of Anarchy* es que lo identitario no es tal. En las primeras temporadas la lucha entre bandas parece tener un carácter racial, tanto por las afinidades como por los odios que provocan nazis y «chicanos» Pero pronto, se descubren otros intereses que demuestran que el componente identitario no es un elemento esencial en la cohesión del grupo. Es infinitamente más importante la oculta complicidad que hemos relatado en el apartado anterior. Por eso, señala Maffesoli que «la experiencia del prójimo funda comunidad, aun cuando esta sea conflictiva» (Maffesoli, 2004: 146). Paradójicamente cohesiona más al grupo la tensión interna que los enfrentamientos externos.

Otro rasgo del neotribalismo es que rompe el equilibrio entre dos formas de solidaridad sociales que proponía Durkheim. Para el famoso sociólogo francés, las sociedades son frutos del equilibrio entre las estructuras sanguíneas que forjan el parentesco y otras formas de asociacionismo no sanguíneo que se manifiesta primitivamente en el totemismo. El neotribalismo posmoderno, supone la constante fractura del parentesco (no así su añoranza) a favor de totemismo; entendiendo este como forma de asociación miméticas. *Sons of Anarchy* es un claro exponente de este desequilibrio donde constantemente el parentesco y sus exigencias han de sacrificarse por el grupo.

Cuando se analiza este neotribalismo, se podría caer en el error de pensar que es un tipo de estructura social que puede prescindir de la autoridad. Ser Hijos de la Anarquía lleva a una contradicción. Pues la propia anarquía, para ser subsistente, acaba estableciendo una rígida estructura jerárquica que la opone totalmente a la sociedad fusional de masas. Los códigos de organización interna y jerarquía son muy importantes. A lo largo de la serie se describen nuevamente los conflictos entre ciertas normas, incluso a la hora de la toma de decisiones, donde constantemente vemos cómo se opone la votación a la imposición de la voluntad por mero carisma que se impone especialmente en las situaciones más críticas. Nuevamente la dialéctica, la irracionalidad y los arquetipos se transforman en complejos parámetros explicativos.

Conclusión: ¿Éxito, fracaso o trampa?

Aficionados, comentaristas y expertos en *Sons of Anarchy* ofrecen las más dispares versiones y juicios sobre el final de la serie. Algunos consideran que es uno más de los giros inesperados que va tomando la serie a lo largo de la temporada; otros consideran que son piruetas de Kurt Sutter para remedar una serie que no sabía cómo acabar. De hecho, en varias temporadas, excepto en la tercera, los finales parecen excesivamente rebuscados y retorcidos. Si se tiene en cuenta lo expuesto en este capítulo, el final puede cobrar mucho más sentido. Ciertamente, todos los fans intuían que Jax acabaría muerto. Pero nadie esperaba que fuera por un suicidio. Pero este suicidio, en su representación no es casual. Su propio padre fue asesinado bajo una inducción al suicidio estrellándose contra un caminón y así, como la pesada ley del destino, Jax replica su muerte.

Sin embargo, Sutter nos deja muchas pistas para la reflexión. El suicidio está prohibido entre los miembros de *Sons of Anarchy,* por ello estamos ante una trasgresión que también pretende ser fundante. No es una escapatoria sino un rito sacrificial para poder instaurar lo que su padre no pudo realizar. La escena del suicicio de Jax está acompañada de símbolos religiosos: la sangre, el pan y los brazos extendidos antes de morir. Hasta el último momento el creador de la serie obliga al espectador a tomar una decisión ontológica: hay libertad o todo está predestinado. Jax se extrella contra el camión en el que viajaba su madre que, por un *casual,* ha tenido que retrasar su marcha. Pero la muerte de Jax es claramente voluntaria, sacrificial y trasgresora. Con ello busca, no tanto el ejemplo a seguir, sino la transformación del grupo por desmitificación. Su muerte impedirá que sea un mito. Será odiado y ese odio y repulsión es el que acabará impidiendo que su propio hijo siga sus pasos. Visto así, el final cobra mucha más fuerza. La decisión *libre* de acabar con su vida, le libera del castigo del sino y la predestinación. No permitir ser asesinado ritualmente bajo los arquetipos que se han descrito, acaba rompiendo el ciclo repetitivo e interminable de esa forma de existencia.

Bloque IV

WITH ALL OF MY FAMILY

Capítulo 13
Las mujeres de la anarquía nunca llevan moto
Inmaculada Gordillo y Virginia Guarinos

¿Qué crees que necesito? ¿Amor? Solo los hombres necesitan amor. Las muje-
res necesitan que se las quiera.
(Gemma Teller a Nero Padilla,
«J'ai Obtenu Cette», 5x13)

Los estudios de género encuentran en las series televisivas un territorio sugestivo por la calidad y variedad de personajes que ofrecen estos
productos, así como por el alcance social y lo que ello implica en la
transmisión de valores y sistemas aceptados. Las esferas de acción tradicionales para personajes femeninos se han ampliado notablemente por
el enriquecimiento de espacios sociales y profesionales, aunque también
se insiste en mostrar roles y papeles enraizados en lo patriarcal.

Dentro de un territorio masculino donde la violencia, la corrupción,
la fraternidad entre machos, las bandas, las drogas y las armas marcan las tramas, parece no haber lugar para personajes femeninos que
alcancen una contundencia memorable. Sin embargo, ocurre todo lo
contrario: las mujeres de *Sons of Anarchy* no son un mero adorno, sino
que constituyen interesantes construcciones narrativas desde el punto
de vista de los estudios de género.

Las mujeres de SAMCRO

Sons of Anarchy organiza un universo masculino en torno a una banda
de moteros violentos, duros y delincuentes que se enfrentan a otras
bandas similares. Es un territorio cerrado a las mujeres pero ellas aparecen a lo largo de toda la serie, y de forma decisiva: «Es curioso que una
serie tan marcadamente masculina, ideada y ejecutada desde la evidente
perspectiva de lo varonil, tenga en los personajes femeninos sus bazas
más potentes» (González Viña, 2014).

Las mujeres que rodean a los Hijos de la Anarquía se organizan por sistemas jerárquicos: las *old ladies* (parejas de los moteros) frente a las *mamas o sweetbutts* (chicas para satisfacer sus necesidades sexuales a cambio de protección) (Aguado Peláez, 2015: 10). Entre las primeras destaca la *Queen,* Gemma Teller-Morrow, la mujer del jefe en las primeras temporadas, mientras Clay Morrow está al mando de SAMCRO. Además, su primer marido, John Teller, fue uno de los fundadores del club, y su hijo, Jax, es el heredero natural de la presidencia. A partir de la quinta temporada Gemma pasa a ser la madre del jefe. Muchas de las tramas de la serie giran en torno a ella y a sus decisiones.

Tara Knowles es una profesional de la medicina de expediente brillante, con especialidad en cirugía de trauma en neonatal y pediatra. Fue novia de Jax antes de marcharse fuera de Charming, pero al volver sigue sintiendo una fuerte atracción por el vicepresidente de SAMCRO. Se hace cargo de su hijo Abel (al que adopta como propio) y juntos tienen a Thomas. La doctora Knowles tiene un fuerte protagonismo en algunas de las tramas y mantiene una complicada relación con el club y con Gemma.

Wendy Case es la primera esposa de Jax y madre de su primer hijo. Aparece en la primera temporada embarazada, drogadicta y atormentada por los remordimientos al dar a luz prematuramente a un bebé enfermo a causa de una sobredosis. Tras desaparecer de la serie, vuelve rehabilitada en la cuarta temporada.

Otras mujeres que rodean al club se relacionan con los Hijos de diferentes modos: Luann Delaney es la mujer de Otto (Kurt Sutter, el creador de la serie), un fiel y activo miembro de SAMCRO desde la cárcel. Muy amiga de Gemma, Luann fue actriz porno y se convierte en productora del mismo tipo de cine al casarse con Otto. Donna Winston es la primera esposa del mejor amigo de Jax, Opie, que en el piloto sale de la cárcel después de cinco años. Donna exige a Opie que se mantenga fuera del club para no volver a perder la libertad, y lo presiona continuamente con abandonarlo y llevarse a sus hijos. Lyla Dvorak es la segunda esposa de Opie. Actriz porno y madre soltera, cuando se casa con Opie pasa a hacer solamente porno lésbico y más tarde, a la muerte de su marido, el club la ayuda hasta que se convierte en directora de cine de la nueva productora de SAMCRO, Red Woody, en la última temporada.

Existen más mujeres en el entorno de los Hijos: Fiona Larkin, la exmujer de Chibs; Mary Winston, la desnaturalizada madre de Opie; Margaret Murphy, la administradora del Hospital St. Thomas y jefa de Tara; Ally Lowen, abogada; Sandy, la novia de Rat y cuidadora de los hijos de Jax cuando Tara muere, o Cherry, *groupie* de una filial y más tarde novia del novato Kip «Half Sack» Epps. Cherry y Lyla podrían ser las cabezas visibles de esas mujeres (la mayor parte de las veces sin nombre) que rodean a los Hijos y que son prostitutas, *groupies* y actrices porno. Son solo cuerpos bellos, desnudos y jóvenes, con rostros maquillados y sonrientes. Algunas tienen una relevancia algo más sustancial, pero siempre en un número corto de episodios (como Carla, la medio hermana de Nero; Colette Jane, encargada de Diosa Norte; o Ima Tite, amiga de Lyla).

Por último, una mención especial requiere Venus Van Dam, una mujer transexual que ayuda a los Hijos y mantiene una dulce y sensible relación con el duro Tig, uno de los miembros del club, en la última temporada.

Enfrente de los SAMCRO, al otro lado de la ley y siguiéndolos muy cerca, se posicionan también algunas mujeres con presencia importante, como la detective June Stahl, una agente federal (ATF) que llega a Charming para investigar la participación de SAMCRO en el tráfico de armas. Aparece en la primera temporada y muere al final de la tercera, asesinada por Opie. Stahl es una mujer fuerte y con un sentido moral corrompido por su ambición profesional. En la tercera temporada aparece junto a Amy Tyler, su pareja personal y profesional.

Igualmente del lado de la justicia se sitúa la fiscal Tyne Patterson, otra mujer poderosa que no duda en ordenar implacablemente a sus hombres los pasos a seguir. Su objetivo es hacer justicia en el caso de un grupo de niños asesinados con un arma vendida por SAMCRO. Por eso su mirada y su estrategia se dirigen al club.

La tercera mujer profesional de la ley es la teniente Althea Jarry, que actúa como sheriff cuando Eli Roosevelt es asesinado. Mantiene una relación peculiar con uno de los miembros del club y persigue la justicia aceptando sobornos del club para ganar su confianza.

Espacios masculinos y femeninos

En *Sons of Anarchy,* los espacios aparecen de forma claramente patriarcal: los negocios son de los hombres y las mujeres tienen sitio solo en el hogar o como empleadas de segunda u objetos explotados. Los chicos del club poseen varios negocios legales que les permiten esconder sus verdaderas fuentes de ingresos. El taller mecánico es la actividad principal, pero también el negocio del cine porno, de las chicas de compañía y la pastelería en la última temporada. En estas actividades sí pueden trabajar mujeres: Gemma lleva papeleos del taller, Lyla dirige cine, Colette es la encargada de Diosa Norte, Sandy despacha en la pastelería... Sin embargo, los asuntos serios del propio club o de los negocios se discuten en el espacio denominado «la capilla» y simbolizado por la mesa de madera donde el icono de SOA está tallado en el centro (la muerte empuñando un fusil con una guadaña ensangrentada como bayoneta y sujetando una esfera con la «A» de anarquía). Aquí, en «la capilla» no pueden entrar mujeres y si se asoman por cualquier eventualidad se interrumpe la conversación automáticamente. Los asuntos de SAMCRO no son para mujeres, como resume Clay cuando le dice a Gemma: «Eso es asunto del club. No tienes que intervenir» («Fix», 2x03).

En el bar conviven moteros, *groupies* y prostitutas, sobre todo cuando hay celebraciones. En «Patch Over» (1x04) una conversación entre una chica nueva que Jax lleva y Cherry da algunas claves de cómo funcionan estas *groupies*. Cherry y «Half Sack» Epps se gustan, pero Cherry acaba acostándose con Clay. La chica le pregunta por qué, si le gusta el joven, se acuesta con «ese viejo», ante lo que Cherry responde: «Yo cuido de ellos y ellos cuidan de mí. Es una familia. Y cuando por fin pille a uno seré suya y solo suya».

Gemma, Tara, Donna y Wendy aparecen a menudo en la cocina, recogiendo ropa o al cuidado de los niños. Tara alterna su trabajo como cirujana del Hospital St. Thomas con las tareas del cuidado de la casa y sus hijos, mientras que Jax manifiesta claramente su negativa a cambiar pañales a sus hijos. Puede cogerlos en brazos, incluso en alguna ocasión puede darles un rato el biberón. Pero son las mujeres las que se ocupan de la educación, el cuidado y la responsabilidad de los hijos y la casa. A

Gemma se le ve haciendo compra y la colada, ordenando y organizando comidas para reunir a las familias de los miembros del club.

Además de Tara, tal vez la única que dentro de los ambientes de SAMCRO tiene una independencia laboral sea Luann, que tiene su propio negocio con una productora de cine porno. Pierde esta autonomía cuando los enemigos de los Hijos van contra su empresa y expresa: «La vida eran más fácil cuando chupaba pollas» («Small Tears», 2x02). Pronto los Hijos la absorben y se unen a ella organizando el Caracara, un negocio donde la independencia de Luann ya no funciona ni clandestinamente. El estudio es lugar de trabajo de las actrices que suelen ir casi desnudas y donde los chicos del club a veces se sientan a mirar sus cuerpos. Los comentarios y bromas que hacen, así como el tipo de mirada las coloca claramente como objetos sexuales. De igual modo, los negocios de chicas de compañía, son lugares de exhibición y sexo. Y por último, el bar también es territorio donde las prostitutas y *groupies* que rodean al club se mezclan de forma cosificada con los Hijos. A menudo terminan en una orgía de sexo y alcohol con chicas casi o completamente desnudas desparramadas sobre ellos, que una vez se despiertan son apartadas bruscamente como cosas que estorban: en «Small Tears» (2x02), tras la orgía por la fiesta de bienvenida de Bobby, Tig, tumbado sobre la barra con una prostituta encima, se despierta por una llamada y sin dudar tira a la chica al suelo y sin mirarla ni ayudarla a levantarse le dice en tono ausente e indiferente: «Te quiero. En serio».

Mujeres fálicas en *Sons of Anarchy*

La Teoría Fílmica Feminista acuñó hace años el estereotipo de la «mujer fálica» para referirse a aquellos personajes femeninos fuertes que asumen comportamientos y roles masculinos, que no necesitan a los hombres para salir de sus problemas y que suelen utilizar la violencia para conseguir sus fines. Este estereotipo no surge por generación espontánea, sino que es la evolución de la *femme fatale* y mujer perversa del cine y la literatura de género. Como señala la profesora Asunción Bernárdez,

el que aparezcan personajes femeninos fuertes y violentos no es un hecho novedoso ya que, a partir de los años ochenta, estas figuras

> no eran extrañas en los géneros de acción o ciencia ficción. Lo que tienen de original es que por primera vez son heroínas que no están hipersexualizadas, y no reproducen el lugar común de que las mejores fichas que pueden jugar las mujeres en el tablero social son la belleza, la juventud y una más o menos elegante sobrerepresentación de la feminidad (Bernárdez Rodal, 2012: 92).

Gemma, Tara, la agente Stahl, Tyne Patterson o Althea Jarry son mujeres que —en mayor o menor medida— podrían responder a características de mujeres fálicas.

Ninguna responde a los modelos de belleza, juventud y perfección física de otros discursos: Gemma, aunque es atractiva y mantiene un estilo juvenil y personal, tiene más de cincuenta años y luce una terrible cicatriz en el pecho; Tara es joven pero no especialmente bella y suele preocuparse más por la comodidad que por la ropa que pueda favorecerle, el maquillaje o los tacones (suele vestir con vaqueros y camisetas o la bata del hospital); Tyne Patterson es una mujer de más de cincuenta años, afroamericana y con sobrepeso, y tanto Jarry como Stahl son atractivas pero bastantes masculinas en su aspecto (el uniforme de sheriff de Jarry, sin maquillaje y con el pelo recogido no está orientado a representar una mujer sexy).

Entre todas ellas destacamos a la agente June Stahl, que responde de forma contundente al estereotipo: es masculina en su forma de vestir (camisa blanca y traje de chaqueta con pantalón ancho en la mayoría de las ocasiones), bisexual aunque sin exponer demasiado sus sentimientos en sus relaciones, y tiene un carácter duro y autoritario, utilizando la presión verbal e incluso la violencia física para conseguir sus fines. A veces se lleva algún golpe y más de una vez le parten la nariz, pero reacciona casi sin inmutarse con miradas de odio y comportamiento frío y calculador. Usa palabras malsonantes y gestos groseros y no duda en utilizar a los hombres sexualmente para su propio placer o mejoras profesionales. Incluso Gemma Teller —que en buena medida también tiene muchos rasgos de mujer fálica— le dice en «Better Half» (1x10): «Creo de deberías quitarte ese pene postizo que llevas... es divertido ser mujer». Stahl no tiene preocupaciones morales por asesinar inocentes y usa en su propio beneficio estos «errores colaterales». Es ambiciosa profesionalmente, fría, fuerte y áspera... calcula inteligentemente cómo librarse de pagar sus errores aunque para eso tenga que mentir, culpar inocentes o asesinar a su compañera y amante. Por ello se convierte en una pesadilla para SAMCRO: sus métodos traen consecuencias trascendentales como el asesinato de Donna o el secuestro de Abel.

Stahl cumple con todas las características del estereotipo de las mujeres fálicas, que «utilizan la violencia física y la coacción para conseguir sus fines, no se dejan manipular sentimentalmente poniendo como disculpa los afectos, pueden llegar a controlar y limitar el poder masculino en la escena, utilizan las armas de combate propias de los hombres, y algunas de ellas pueden decir palabras malsonantes y soeces (aunque sin duda este es el rasgo menos «digerible» para las heroínas femeninas)» (Bernádez Rodal, 2012: 96). Así pues, Stahl es una mujer fálica perfectamente configurada. Es un personaje redondo y potente, que despliega su fuerza y contundencia en un mundo de hombres, haciéndolos casi desaparecer cuando ella entra en acción.

Las mujeres de SAMCRO y la violencia

Las mujeres y la violencia física forman un binomio excluyente, ya que la feminidad es incompatible con la esencia de la violencia, como bien se puede ver en la representación narrativa de lo femenino:

> las mujeres pueden ser poderosas, e incluso malvadas, pero su poder debe proceder del uso de las «malas artes»: el engaño, el ataque indirecto y la ocultación de los deseos propios, tal como corresponde a los débiles. No enfrentarse de forma directa a los problemas, utilizar las vías ocultas y menos visibles para la autodefensa es el camino legítimo marcado por la tradición (Bernárdez Rodal, 2012: 93).

Este principio no se cumple en la representación de las mujeres de *Sons of Anarchy*, donde encontramos numerosos ejemplos del ejercicio de la violencia por parte de muchas de ellas, como corresponde al estereotipo de la mujer fálica. Ya hemos hablado de la agente Stahl, cuya capacidad de ser violenta llega hasta disparar a sangre fría un tiro en la garganta a su compañera de trabajo y pareja sentimental para poder librarse de un homicidio «incómodo» y difícil de explicar («June Wedding», 3x12), además de patear a Gemma o de presionar y extorsionar a Donna, Tara y alguna actriz porno («Capybara», 1x11).

Gemma también es una mujer violenta y dura en muchas ocasiones: golpea bruscamente con un monopatín el rostro de Cherry («AK-51», 1x06); un puñetazo suyo deja el ojo morado a Tara en «Golpear» (2x05); mata a la hija de Zobelle de un disparo («Na Trioblódi», 2x13); amordaza y termina matando a la cuidadora de su padre («Caregiver», 3x03); ayuda con resolución a los suyos arrollando con el coche a la policía en el episodio «Lochan Mor» (3x08). También pelea con Clay disparándole sin darle y agrediéndose mutuamente después en «Hands» (4x10); pega a una prostituta que va con Clay cuando ambos están alejados («Laying Pipe», 5x03), y termina matando de forma sangrienta y cruel a Tara, primero golpeándola con una plancha, sumergiéndola en el agua del fregadero y rematándola con un tenedor de trinchar en el episodio «A Mother´s Work» (6x13). De forma paradójica, se representa el uso de un tipo de violencia cruenta y sin concesiones —asociada a lo masculino—, en un espacio y con unos utensilios relacionados con lo femenino en un esquema patriarcal.

Y la propia Tara, a la que al inicio de la serie su sentido moral le impedía incluso hacer daño al agente federal que la acosaba, termina disparándole («The Pull», 1x08), enfrentándose a su jefa, amenazándola con energía y dureza, y golpeándola en la cara («The Cuilling», 2x12). La cirujana pega a Colette cuando la sorprende con Jax en la cama («Huang Wu», 6x10), o arrolla con su coche la moto de Juice (que se salva de ser atropellado por su agilidad) cuando se cansa de que la vigile («Aon Rud Pearsanta», 6x11). Es curiosa la escalada hacia la violencia de Tara de la mano de Gemma... es su suegra la que le da su primera pistola sin número de serie, y quien le da clases de puntería en el capítulo «Falx Cerebri» (2x06). El blanco es un cartel de película porno ya que Tara está celosa de los coqueteos de Ima con Jax. Tras las prácticas de tiro Gemma y Tara disparan al coche aparcado de la actriz, casi en un juego lúdico de mujeres con pistola. En la sexta temporada la propia Tara se sorprende de su evolución: «no sé qué me asusta más, que aumente la violencia o mi capacidad de aceptarla sin pestañear» («Salvage», 6x06). Y unos capítulos después, tras el puñetazo que le propina a Colette, se pregunta, «¿Qué he hecho, qué me ha pasado?» («Huang Wu», 6x10).

Las mujeres de SAMCRO y la maldad

Si la violencia ha sido incompatible con la feminidad en la tradición narrativa, no ocurre lo mismo con la maldad. Desde los primeros mitos universales la mujer perversa ha sido una figura recurrente. Desde Eva, Pandora, Lilith, Salomé o Medusa hasta la *femme fatale* del cine, es muy común representar a la mujer como responsable de la perdición y desgracias del hombre y de todos los males de la humanidad.

Se considera que las armas tradicionales que podía utilizar la mujer perversa en su propio beneficio eran la mentira, la adulación, la seducción, la manipulación emocional, la sexualidad y la «instrumentación de la supuesta debilidad femenina» (Bernárdez Rodal, 2012: 92). De todas ellas hay incontables ejemplos en las siete temporadas de *Sons of Anarchy*. En un mundo patriarcal donde el punto de partida no ofrece posibilidades de igualdad y donde la mujer está siempre supeditada al hombre, es una de las formas de subsistencia. Jax lo ejemplifica con esta forma de hablar a Tara: «¿Quieres ser mi chica? Pues pórtate como tal. ¡¡Haz lo que te digo!!» («Home», 3x04).

Pero ellas no se conforman con estos golpes de autoritarismo: la sumisión no es propia de las Hijas de la Anarquía y por ello manipulan y mienten, seducen y ocultan información. Luann roba dinero al club con una contabilidad B del Caracara. Cuando Bobby lo descubre ella compra su silencio con felaciones. La agente Stahl se acuesta con el ayudante del sheriff y la teniente Jerry hace lo mismo con Chibs. En ambas relaciones se mezclan la atracción y el trabajo. Gemma usa los sentimientos que el sheriff Wayne Unser siente por ella para conseguir que siempre esté de su parte o haga lo que ella necesita.

Las mujeres perversas, además de las armas de la seducción, tienen la mentira y el fingimiento como forma de actuación y con ello logran manipular a los demás y conseguir sus fines. Las mujeres de la serie usan el engaño y la ocultación en numerosas ocasiones. Gemma es la maestra de la mentira: arrastra el secreto de la muerte de su primer marido a manos del segundo con su complicidad, miente a su hijo, a la policía, a Clay, mantiene en secreto el pacto con Stahl, manipula a Wendy y a Tara. Utiliza como excusa el cuidado y protección de su familia y llega a confesar a Wendy —tras pasarle droga en el hospital en el episodio piloto, para que vuelva a ser dependiente y no le permitan acercarse a su nieto—: «Nada puede impedir que cuide de mi familia. Ni mucho menos mi conciencia» («Fun Town», 1x03).

Tara, la mejor alumna de la *Old Lady* llega a Charming con un pasado oculto (un exnovio acosador) que pronto deviene en un gran secreto, cuando ella le dispara y Jax termina rematándolo y deshaciéndose del cuerpo. También trama una gran mentira en la sexta temporada, ayudada por otro grupo de mujeres: Wendy, Margaret y la abogada Lowen, y la remata con el falso aborto del embarazo simulado por una inexistente paliza de Gemma («Sweet and Vade», 6x07). Más tarde finge estar débil y enferma a causa de ese supuesto aborto para conseguir una orden de alejamiento de Gemma con respecto a sus nietos.

La agente de la ATF June Stahl también es experta en manipulaciones, secretos y falsedades. Por sus mentiras el club pone a Opie en el punto de mira como traidor y asesinan por equivocación a su esposa. Miente al endosar a Gemma el asesinato de un narcotraficante cuando fue ella misma quien le disparó. Más tarde, manipula los hechos para poder llevar a cabo un pacto que la favoreciese, y acusa a su compañera y pareja, a la que termina asesinando a sangre fría para volver a mentir acusando de ese asesinato a la banda de los Mayans.

Gemma Teller, entre Queen Gertrude y Lady Macbeth

Brazos y escote tatuados, pelo suelto con algunas mechas rubias, maquillaje bien marcado, una pulsera llamativa en la muñeca, un cigarrillo en una mano y el teléfono en la otra mientras conduce. No es joven pero mantiene su atractivo. Habla con su hijo preguntándole por cuestiones domésticas (si recogió las cosas del trastero, si va a ir a cenar...) promete hacerle un favor y él se despide llamándola «abuela». Ella le dice «gilipollas» *(asshole).* Cuando se baja del coche la vemos lucir una espectacular figura enfundada en unos vaqueros ajustados y subida a unos tacones considerables. Es Gemma Teller-Morrow en su primera aparición en el piloto de *Sons of Anarchy.* Y entre estos dos mundos transcurre su personaje: el cuidado de su familia (que incluye la faceta doméstica tradicional) y su vida de mujer trabajadora, independiente, tatuada y con carácter. Su personalidad la demuestra especialmente en la mirada y en la forma de expresarse (usa muy a menudo tanto palabras mal sonantes llamando puta, zorra o cabrón a más de una/o, como términos cariñosos). Su arsenal de armas está guardado en una sombrerera, perfecta imagen de la forma en que Gemma conjuga la paradoja de ser a la vez una mujer fálica y una mujer tradicional en un mundo donde los hombres están al mando de todo. Como cualquier personaje redondo es difícil de definir con un solo trazo y serán sus arcos de evolución y sus diferentes matices de personalidad lo que dan grandeza al personaje. Por un lado es la *Queen,* como la madre de Hamlet,[15] la reina Gertrudis, una mujer ambigua sobre la que recaen dudas sobre la responsabilidad de la muerte del «viejo rey» y que está casada con el que lo mató. A la vez, Gemma es maquiavélica, calculadora y sangrienta como otro gran personaje de Shakespeare, Lady Macbeth. Como a ella, los remordimientos la sacuden. Gemma, tras asesinar a Tara habla con su fantasma y su evolución con los temas religiosos es rotunda. Pero ante todo la *Old Lady* es una madre protectora que «hace lo que tenía que hacer», como expresa tras matar a Tara. Su nuera iba a abandonar a Jax y a llevarse a sus nietos, y además iba a delatar al club (o al menos eso pensaba ella). Como Juno, la diosa madre de la mitología romana, es protectora y maternal con su hijo, con Clay, con el club, con las chicas (en «What a Piece of Work Is Man», 7x09, le dice a Rat: «No te creas el mito que para llevar esa chupa hay que tratar mal a las mujeres»), con Unser... llegando a confesar ante Stahl que «solo soy esposa y madre» («Better Half», 1x10) y ante Tara «Dios desea que sea una buena madre. Ese es mi destino» («The Culling», 2x12).

Su afán de protección le lleva, en la segunda temporada, a ocultar la cruel violación a la que la someten la banda rival de los arios («Albification», 2x01). Tal vez sea esta una de las tramas que mejor la definen. Por un lado, los enemigos de los Hijos la eligen por su importancia para el club: «Debilitar a la matriarca los desestabilizará. Son niños pequeños que necesitan una mamá fuerte», expresa Zobelle en el episodio «Small Tears» (2x02). Pero por otro lado, su fuerza y sentido de sacrificio hacen que no vaya corriendo a llorar ante su hombre o su club por la brutal agresión, sino que se guarda la información para usarla en el momento

15/   Para más información sobre aspectos religiosos del concepto mártir véase el capítulo de Algaba y Bellido titulado «*Sons of Tragedy:* la tragedia shakespeariana en la ficción televisiva *Sons of Anarchy*» en este mismo volumen.

que más le interesa. Incluso esta capacidad es reconocida por los hombres de Zobelle quienes expresan «que hemos desestimado a la señora Morrow». Pero proteger al club no es la única razón para mantener el secreto de su violación. Gemma es soberbia y vive en un mundo patriarcal. No quiere que su hombre la rechace cuando se entere de que «su propiedad» ha sido violada. Es su lado de mujer débil, que se siente insegura con los síntomas de la menopausia, llora a solas o prefiere no tomarse la medicación para el corazón porque se le hinchan los pies y entonces le incomodan los tacones. Posee la dualidad de los estereotipos de la mujer débil y fálica: feminidad y rudeza. Y su influencia llega incluso a crear escuela con la mujer de su hijo «¿Sabes por qué odias lo que he hecho? Porque es algo que hubieras hecho tú. Has sido mi profesora, Gemma, mi entrenadora desde que llegué a Charming. Creí que estarías orgullosa de mí por forzar al máximo para proteger a mi familia», le dice Tara («Aon Rud Pearsanta», 6x11).

Conclusiones

Así pues, la representación de las mujeres en *Sons of Anarchy* es igual de contradictoria y paradójica que la del resto de claves de la serie. Una banda que trafica con armas pero que no tolera las drogas ni a los neonazis, con un sentido de la moral tan ambiguo como inexplicable no podía mostrar un universo femenino uniforme. Sangre, violencia, delincuencia, ambición y terror frente a lealtad, idealismo, protección y familia son claves de la serie que se pueden aplicar tanto a hombres como a mujeres. Las mujeres se dividen en dos grupos: las cosificadas (prostitutas y *groupies*) y las fálicas. Pero estas mismas se constituyen de forma ambigua, por conjugar elementos de la *femme fatale,* la madre protectora y la mujer dependiente.

Sons of Anarchy muestra un mundo de hombres con chupa de cuero, la muerte tatuada en la piel, con una moto entre las piernas y estructuras patriarcales completamente consolidadas, que convive entre mujeres objetualizadas sexualmente y mujeres fuertes que toman sus propias decisiones y tienen las mismas reglas de juego que ellos mismos. Eso sí, ellas nunca llevan la Harley.

Capítulo 14
Bad Boys ride on Harley. Análisis de los principales personajes masculinos de la serie *Sons of Anarchy*
Virginia Luzón

> Jax Teller: No es fácil ser rey.
> Clay Morrow: Ya, no lo olvides.
> («Pilot», 1x01)

Nace una leyenda en los Motorcycle Club

En 1948 nacía una organización considerada criminal por el Gobierno de los Estados Unidos que se convirtió en un referente de la contracultura de ese país: Hells Angels Motorcycle Club (HAMC). Es conocida en España como Los Ángeles del Infierno, y se ha extendido mundialmente, con filiales como la de Australia (Hells Angels MC Perth) creada el mismo 2016. Su página web invita a quien tenga pasión por conocerlos en profundidad a navegar por su iconografía, su estética o su ideario.[16]

Pero la lealtad, fraternidad, tradición, normas y estética que impusieron un grupo de hombres en un momento de la historia de los Estados Unidos la refleja la serie *Sons of Anarchy*, basada en la historia del club, donde se ve el Motorcycle Club (MC), las mujeres, las drogas, las armas, la cárcel y, sobre todo, las motos: la Harley-Davidson. De hecho, la serie se basa en el libro autorizado *Hell's Angel: The Autobiography of Sonny Barger* (Perennial: Harper Collins) escrito por Ralph «Sonny» Barger, con Keith y Kent Zimmerman. En la serie, el propio «Sonny» Barger protagoniza el papel de Lenny «the Pimp» Janowitz, uno de los nueve miembros fundadores de la ficticia SAMCRO.

En *Sons of Anarchy* se han actualizado conceptos del clásico MC para hacerlo más atractivo a la audiencia, uno de ellos ha sido la músi-

16/ 1 http://affa.hells-angels.com

ca, y de hecho, la banda sonora de la serie, adaptada a la actualidad, ha tenido un gran éxito. La figura del héroe se ha renovado, con elementos narrativos de ficción para trasformar su carácter y sus acciones, dotándolo de características necesarias para su completa inmersión en el club e incluyendo variables de aceptación y empatía por parte del público (Hernández Espinosa, 2011; Cano-Gómez, 2012). No varía, lamentablemente, el rol de la mujer, que sigue siendo simplemente un objeto de uso en referencia a su trato con el varón, aunque en la serie se le dé un protagonismo que jamás tuvo en la realidad de la organización.

El hombre que lidera el MC

Jax Teller representa perfectamente el rol del antihéroe o héroe posclásico (Cano-Gómez, 2012) que intenta huir de su destino pero siempre es atrapado en una «tela de araña» de nudos y desenlaces que le unen más al club. Sus actos violentos siempre están justificados, los realiza para salvar al MC o a su familia, a veces literalmente obligado por fuerzas de la ley u otras bandas que no le dan opción a elegir; es un hombre sin libre albedrío. Su castigo solo se refleja en el dilema moral que le plantea vivir en la violencia y el terror a que su hijo tenga que seguir sus pasos, como él siguió los de su padre:

> El miedo a que su propio vástago pueda seguir sus pasos en el mundo del crimen lleva en un primer momento al personaje a dejar su hijo donde lo encuentra, en manos de unos padres adoptivos que pueden ofrecerle un futuro alejado del vandalismo y la violencia (Cano-Gómez, 2012: 448).

La figura del antihéroe como protagonista de las series de ficción está muy presente en lo que Raquel Crisóstomo define como la actual edad de oro de la ficción televisiva, donde este «navega entre el heroísmo y la villanía, asumiendo incluso atributos clásicos del héroe» (2013: 3).

Exceptuando a Toni Soprano, *Los Soprano* (*The Sopranos,* HBO, 1999-2007), quien aparentemente no tiene una justificación para su comportamiento violento (Hernández Espinosa, 2011), en el resto de las series que nos presentan un héroe posclásico siempre hay una justificación para lograr una empatía con el espectador: Jack Bauer en *24* (2001-2010), Tito Pullo en *Roma* (HBO, BBC y RAI, 2005-2007), *Dexter* (Showtime, 2006-2013), Walter White (*Breaking Bad,* AMC, 2008-2013) o Francis J. Underwood (*House of Card,* Netflix, 2013-), cuyos actos violentos están justificados por bien mayor o un determinado contexto sociocultural, y esto sin profundizar en series de ciencia ficción, donde la especie humana se ve amenazada por una potencia extraterrestre como en *Battlestar Galactica* (British Sky Broadcasting y NBC, 2004-2009) o *True Blood* (HBO, 2008-2014).

Finalmente, se rompe la cuarta pared en la comunicación con el espectador: «los personajes violentos han alcanzado una madurez psicológica a la que hasta ahora el público no estaba acostumbrado, el «villano» antes relegado a eterno antagonista ofrece su punto de vista del relato, su perspectiva, y esto condiciona la opinión del público respecto a la historia» (Hernández Espinosa, 2011: 834)

Esta visión del héroe posmoderno y su aceptación es importante para entender el objeto de estudio, aunque en el presente capítulo se decidió centrar el análisis en el resto de personajes masculinos de la serie para analizar qué papeles narrativos representan en la acción. Se diseñó un análisis donde se estudió qué roles actanciales tiene cada personaje en el avance de la acción y su relación con el protagonista, cómo cada papel influye en las decisiones del plano personal e íntimo que este toma, el rol vinculado al círculo familiar/personal y en el círculo del club y en las tramas del mismo, así como si se conforman como otro tipo de «familia» para Jax Teller. El protagonista está perdido y sufre una permanente crisis de valores y de identidad, criado sin la figura ni referente del padre, idealiza esta figura y proyecta en el MC y sus miembros los valores de la familia tradicional.

Revisando los roles masculinos en el MC y su entorno

No hay relato sin personajes, indistintamente de si son figurativos o abstractos, narrativos o discursivos (Díez Puertas, 2006). Hay distintas teorías y los personajes se pueden clasificar en función de cada una de ellas. Si se quiere profundizar en el aspecto teórico del análisis narrativo de los personajes y de la evolución entre la semiótica del relato y la narrativa fílmica se recomienda la lectura de Eugenio Sulbarán Piñeiro (2000), quien hace una gran síntesis de este aspecto teórico.

El objetivo de este trabajo es analizar los personajes masculinos que acompañan al protagonista en el MC y su entorno, ver qué funciones tienen en la narración, cuáles son sus roles, qué rasgos determinan su caracteres, cuáles son sus características específicas, y qué modelo actancial ejecutan en el discurso, para ver cómo han influido en el protagonista, Jax Teller. Porque *Sons of Anarchy* es, sobre todo, una serie de hombres, con un héroe masculino y un reparto coral, que representa un mundo de hombres en el que los negocios que realizan son «cosas de hombres» y las mujeres mercancía.

Por ello, para responder a las preguntas de la investigación, se ha realizado un análisis cualitativo de contenidos basado en una metodología de observación directa, apoyada en un cuadro de atributos creado a partir de las teorías de Greimas y Tesnière (García Jiménez, 1993) y Linda Seger (1991). Así, a partir de una tabla de elaboración propia, se pueden establecer los atributos de acción de cada personaje y la función narrativa que se establece entre cada uno de ellos y el personaje principal.

Las variables de análisis que se han establecido son:

Rol Actancial que desempeñan:
- Ayudante: coopera con el protagonista de la serie.
- Oponente: dificulta la acción del protagonista.
- Complementario: es un rol de complemento que rellena los vacíos del protagonista.

Competencia de la acción que desempeñan:
- De determinación: sabe qué rol desempeñar junto al protagonista.
- De conocimiento: sabe qué hacer en la acción que desempeña junto al protagonista y adquiere un rol activo.
- De poder: su fuerza es mayor a la del protagonista en la acción.

Función narrativa:
- Confidente: a quien el protagonista manifiesta sus pensamientos.
- Catalizador: provocadores de nuevos sucesos en la trama.
- Contraste: diferente a otros personajes del colectivo sobre el que pesan unos rasgos caracterizadores comunes.

- Interés romántico: dan lugar a subtramas románticas que entroncan con la historia principal.
- De masa o peso: los que crean la ambientación que contextualizan al protagonista o le dan relieve.

Partiendo de una primera visualización de la serie, se construyó un armazón básico de acciones de los personajes complementarios del MC desglosado en escenas, que incluye el comportamiento de cada personaje, lo que permitió valorar cada variable de los personajes en un análisis cualitativo. Es fundamental tener presente que no todos los personajes responden al mismo rol actancial, competencia de la acción o función narrativa en cada temporada. Esto viene determinado por la narrativa de la acción, por los puntos de giro que se encuentran en la misma y por los *cliffhanger* que dejan la trama abierta para la temporada final. Así, por ejemplo, el rol actancial de Filip «Chibs» Telfod empieza siendo de oponente (manipulado), pasa a complementario y acaba de confidente, sustituyendo en este rol actancial a Harry «Opie» Winston.

Los personajes que se han analizado, que acompañan a Jax Teller en las siete temporadas, dentro del reparto masculino, que avanzan la acción y tienen una relación relevante con el protagonista son trece, tanto en el MC como en su círculo próximo. Las relaciones que se establecen con el protagonista se estructuran según el siguiente esquema:

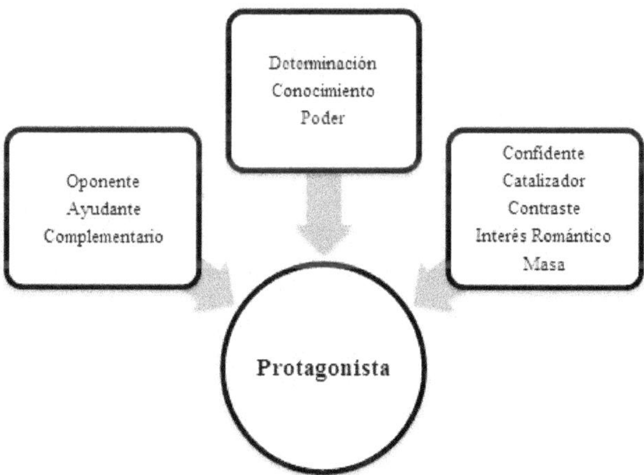

Figura 1. Relación de atributos de personajes con el protagonista

Una vez aplicados estos atributos a las escenas desglosadas de las diferentes temporadas, priorizando los atributos principales en función de los puntos de giro y *cliffhangers* de la trama, quedó la siguiente tabla de relaciones:

Personaje	Rol actancial	Competencia de la acción	Función narrativa
Clarence «Clay» Morrow (Ron Perlman)	Oponente	Conocimiento	Catalizador
Robert «Bobby Elvis» Munson (Mark Boone Jr.)	Complementario	Determinación	Contraste
Alexander «Tig» Trager (Kim Coates)	Complementario	Determinación	Contraste
Filip «Chibs» Telfod (Tommy Flanagan)	Ayudante	Conocimiento	Confidente
Juan Carlos «Juice» Ortiz (Theo Rossi)	Oponente	Conocimiento	Catalizador
Harry «Opie» Winston (Ryan Hurst)	Ayudante	Conocimiento	Confidente
Piermont «Piney» Winston (William Lucking)	Complementario	Conocimiento	Masa
Happy Lowman (David Labrava)	Complementario	Determinación	Masa
Chuck «Chucky» Marstein (Michael Ornstein)	Ayudante	Conocimiento	Masa
George «Ratboy» Skogstrom (Niko Nicotera)	Complementario	Determinación	Masa

Otto «Big Otto» Delaney (Kurt Sutter)	Oponente	Conocimiento	Catalizador
Nero Padilla (Jimmy Smits)	Ayudante	Determinación	Interés romántico
Wayne Unser (Dayton Callie)	Ayudante	Conocimiento	Catalizador

Figura 2. Resultado de atributos aplicados a los personajes del MC

Del análisis se extrae que dentro de esta gran familia que es el MC el protagonista va a encontrar obstáculos en la búsqueda de su objetivo vital: salir de su propio club y vivir con su amor de juventud Tara Knowles. Más allá de los propios antagonistas de la trama contra los que va a tener que luchar y defender al club, ya sean otras bandas, el cártel de la droga, la policía o el FBI —personajes presentados en un juego de grises éticos donde no existe una moralidad clara, un bien o un mal definidos, y donde siempre encontraremos una línea en la que la integridad queda en entredicho para poder justificar los actos del MC—, Jax Teller tendrá que luchar contra sus propios demonios y contra sus propios compañeros, una batalla compleja con un final de difícil resolución en la elaboración de un guion, donde la evolución de cada uno de estos personajes corales es fundamental para mantener la verosimilitud de la historia.

No eres mi padre, quiero ser como mi padre

La crisis de la figura del padre como centro de los problemas del hijo marcará la relación entre Jax Teller y Clarence «Clay» Morrow. Ambos acarrean una tumultuosa relación a lo largo de la serie vinculada a la figura de Gemma Teller Morrow, una fuerte figura femenina que somete a Jax a una enfermiza dependencia maternofilial. Clay no es el padre de Jax, pero ha actuado desde su infancia como si lo fuera, lo ha criado como tal y aparentemente siente el afecto de un padre a un hijo. En el MC Clay es el jefe de la banda, sustituyendo al padre de Jax, y espera que algún día este le sustituya. Todos los personajes del MC lo asumen así y respetan a Jax y sus decisiones como si fuera a ser el heredero del «mazo» en un breve lapso de tiempo. Por su parte, Jax al inicio de la serie no cuestiona su futuro como jefe del MC, toma decisiones dentro del mismo y lo guía cuando disiente con Clay, se ve reflejado en la figura de su padre como miembro fundador y aspira a convertirse en el mismo hombre que todos piensan que fue John Thomas Teller. Aunque a lo largo de la serie, esta trama, basada en la identificación inicial, mutará y se revelará a la audiencia mediante dos diarios personales: uno que John Thomas Teller escribe a su hijo y donde se confiesa, y otro que Jax Teller deja como legado a sus propios hijos. La proyección de la figura y el rol que John Thomas Teller tiene en el MC sobre la figura de Jax Teller se refleja de manera visual en el final de la cuarta temporada cuando vemos cómo nos enseñan una fotografía de John y Gemma recién casados sentados en la mesa del club recién fundado y una imagen idéntica de Jax y Tara en la misma posición.

El protagonista idealiza la figura del padre y busca intencionadamente seguir sus pasos hasta el final, orquestando previamente una venganza sobre todos sus enemigos.

I Love You Bro!

Clay Morrow repite varias veces a Jax Teller la frase *I love you son,* utilizando un juego de palabras que significa tanto «eres mi hijo» como «formas parte del club». Jax Teller a los que realmente considera sus hombres de confianza dentro del MC, la frase que repite con más frecuencia es: *I love you bro.* Una frase que se convertirá en un mantra en la temporada final cuando el protagonista hilvane su venganza y deje preparado el futuro del club en manos de un hombre de su verdadera confianza. Este rol de personaje tiene una función narrativa de confidente, es a quien necesita el protagonista para explicarle sus sentimientos más íntimos, de manera que los espectadores sean partícipes de sus pensamientos de forma omnisciente. En la serie se encuentran dos personajes que van a cumplir esta función narrativa: Opie y, a partir de la quinta temporada, Chibs. Ambos saben qué hacer durante la acción de la serie y en determinados momentos adquieren un rol activo que determinará el futuro del protagonista. Así lo hace Opie en el capítulo tercero de la quinta temporada mirando fijamente a los ojos de Jax en la prisión de Oakland, dando un punto de giro inesperado que libera de la toma de decisiones al líder de la banda y al propio Opie de su lucha interna. Chibs pasa a ser el hombre de confianza de Jax, anteponiendo el MC a su amistad con Clay y valorando las decisiones que este ha tomado en relación al propio club. Ambos personajes han combinado roles de ayudante, conocimiento de la acción y perfiles de confidente, lo que permite que los espectadores conozcan mejor las intenciones del protagonista, sus resoluciones en la acción de la historia y la profundidad de la construcción del personaje.

Personajes relevantes en la acción

Dentro de la construcción narrativa, además de los antagonistas que Jax Teller irá encontrando en cada temporada y que mantendrán en vilo a los espectadores, creando la sensación de que no podrá haber un poder superior contra el que el MC tenga que enfrentarse la siguiente temporada, hay una serie de subtramas internas en el club que se sustentan gracias a los miembros del propio club. El más relevante para los seguidores de la serie, lo es no por el personaje, sino por el intérprete: Otto «Big Otto» Delaney, interpretado por Kurt Sutter, creador de la serie y director de varios de sus capítulos. Se trata de un personaje torturado, un personaje singular y único en toda la serie, fiel a la hermandad desde la cárcel de Stockton, donde es condenado por un doble asesinato a seis años de prisión e irá cometiendo diversos actos delictivos cumpliendo las directrices de Clay o Jax. Otto es fiel al MC hasta su muerte, llegando incluso a arrancarse la lengua antes que convertirse en un chivato, aunque de manera colateral convertirá a Tara en cómplice de un asesinato al final de la sexta temporada. Un personaje que se convierte así en oponente al protagonista, ya que dificulta sus planes de abandonar Charming, de conocimiento porque adquiere un rol activo en la trama y finalmente con una función narrativa de catalizador, porque nos construye un *cliffhanger* para la siguiente temporada.

Otro de los personajes de esta categoría es Juan Carlos «Juice» Ortiz, quien desde las primeras temporadas se va a presentar como un personaje débil, con dudas morales sobre las actividades del club, con problemas para ejercer la fuerza sobre los más frágiles, hasta tal punto que intentará acabar con su propia vida antes que sufrir la ira de los suyos en el capítulo séptimo de la cuarta temporada. Juice traicionará al MC, ejerciendo un rol actancial de oponente dentro del propio club y una función narrativa de catalizador, ya que ayudará a que la acción avance sin conocimiento del protagonista. Otro personaje relevante será Alexander «Tig» Trager, ya que aunque su rol actancial es complementario y su competencia en la acción es de determinación, dado que siempre cumple un rol asignado por el protagonista o antagonista en la acción, su función narrativa en la primera temporada es la de catalizador, ya que es la mano que ejecuta a Donna Winston, la mujer de Opie, y posteriormente será un personaje de contraste con el resto de los miembros de la banda, hasta llegar al final de la temporada, cuando Jax cierre todas sus cuentas pendientes. Dentro de estos personajes es importante el protagonizado por Robert «Bobby Elvis» Munson, un personaje que, aunque tiene un rol actancial complementario y su competencia en la acción es de determinación, su función narrativa de contraste hace que sea realmente importante en comparación con el resto de personajes. Será uno de los miembros de la banda más fieles al MC y a Jax Teller, e independientemente de los ataques externos o internos que sufran, sus reflexiones y consejos siempre son bien recibidos y aportan un elemento de equilibrio al protagonista, incluso cuando al final de la sexta temporada intentan hacer creer al espectador que su fidelidad a Jax está en entredicho por la lucha por la presidencia del club. Bobby se mantiene fiel a Jax incluso cuando es torturado y finalmente asesinado por August Marks.

Complementarios en la acción: función narrativa masa

Del resto de los personajes analizados del MC cuyo rol actancial es complementario la función narrativa es masa, solo varía la competencia en la acción, ya que uno de ellos adquiere un rol activo en la trama según la temporada. Son Piermont «Piney» Winston, Happy Lowman y George «Ratboy» Skogstrom. Así, los tres personajes servirán para rellenar los vacíos del protagonista, crear ambientación, contextualizar al protagonista o darle relieve. Solo en el caso de Piney la competencia de la acción es de conocimiento, ya que en el octavo episodio de la cuarta temporada se enfrenta a Clay tras descubrir que había estado implicado en la muerte de John Thomas Teller. Intentando salvar a Jax, sin perjudicar al que creía su amigo, incrimina a Tara, estableciendo un punto de giro en la trama y adquiriendo un rol activo que hace que acaben con su vida.

Ayudantes con funciones narrativas diversas

El resto de los personajes masculinos del entorno del MC tiene un rol actancial de ayudante al protagonista, pero las funciones narrativas son diferentes. Son tres personajes que giran en torno al personaje de Gemma Teller Morrow, los tres deslumbrados por ella y enamorados en un determinado grado, de lo que ella se beneficia para manipular a su hijo o conseguir lo que necesite. Esta condición se convierte a su vez en la baza que jugará Jax Teller en relación a cada uno de ellos, y en ocasiones el despecho o la condición de lealtad al club serán las que beneficiarán al protagonista.

En orden inverso a la relación que tienen con el protagonista, pero directamente proporcional a la relevancia que tendrán con la trama principal está, primero, Chuck «Chucky» Marstein. Se trata del contable del taller que también ayudará en el club y que estará al corriente de los secretos de Gemma; su falta de conocimiento de las acciones principales de la trama y de la verdadera relación de esta con Tara es lo que determina su rol actancial como ayudante. En lo relativo a la función narrativa es de masa y su competencia de la acción es de conocimiento, por lo que no aporta nada al protagonista más allá de este rol diferenciador.

Un personaje que sí es relevante es Wayne Unser. El sheriff de Charming en la primera temporada se nos muestra casi como un miembro más de la banda, cómplice de sus actos delictivos, conocedor de sus secretos, tapadera ante otros agentes de la ley del MC, trasladado a vivir a su taller, enamorado de Gemma, y finalmente encubridor del asesinato de Tara. Es ayudante del protagonista en la mayoría de las tramas de las temporadas y su competencia en la acción es de conocimiento. Su función narrativa es de catalizador, provocando nuevos sucesos en la trama, incluyendo su muerte a manos de Jax en el penúltimo capítulo de la serie.

El último de los personajes analizados es Nero Padilla, el último amor de Gemma y la última referencia paternal que tuvo Jax Teller. La introducción de este personaje en la serie se inicia con una subtrama con función narrativa de interés romántico. El personaje tendrá un rol actancial ayudante hacia el protagonista, mostrándole un referente de lo que podría ser la vida fuera del MC, una expectativa vital sin violencia que es posible y a la que se puede optar. La lucha entre Jax y Nero nunca será por el amor de Gemma, será por estar dentro o fuera del mundo de la violencia, Jax representa la violencia, Nero el mundo de los negocios legales. El inicio de la sexta temporada donde un niño entra en un colegio y mata a trece de sus compañeros con el arma de uno de los miembros de la antigua banda de Nero, gracias a un negocio que ha realizado con Jax, marcará su relación. Nero es el referente de lo que Jax hubiera querido ser, y es el personaje masculino a quien confía sus hijos cuando diseña la trama final de su venganza y el futuro del club.

Conclusiones

En conclusión, tal y como se planteó al inicio de este capítulo, estamos en un reparto coral donde los personajes complementarios al protagonista dentro del MC y su entorno, sin entrar al análisis de los antagonistas, son fundamentalmente personajes masculinos de mucho carácter con roles actanciales distintos dentro de cada temporada y no necesariamente son todos ayudantes. Encontramos oponentes en los personajes más cercanos al protagonista de la misma manera que encontramos personajes complementarios para rellenar los vacíos que deja el mismo. Hemos visto que cada papel ha influido en las decisiones de Jax Teller, de una manera u otra, en el plano social o en el íntimo, relacionado a todas las tramas.

Se idealiza la figura del club y una «familia» artificial que se contrapone a la tradicional en las primeras temporadas, para ir deconstruyéndola poco a poco, exponiendo las mentiras sobre las que se construyó esa familia que es el MC y mostrando a través de los ojos de Nero Padilla los verdaderos valores familiares.

Este mismo análisis de rol actancial, competencia de la acción y función narrativa se podría realizar a los antagonistas a Jax Teller, para establecer a qué nivel son realmente oponentes, complementarios o incluso ayudantes en el rol actancial que determina la trama de cada temporada; si su competencia de la acción es de conocimiento, determinación o poder, y finalmente qué función narrativa tienen, aunque es verdad que alguno de los antagonistas han sido mujeres, como la agente June Stahl.

Capítulo 15
Otros recursos narrativos. Los tatuajes como emblemas de la narración en *Sons of Anarchy*

Sergio Cobo-Durán

> Kyle: Lo siento, Clay. Sé que tenía que borrármelo, y lo intenté, tío. Pero fui varias veces y no pude... es lo único que me queda, Jax. Por favor, lo siento.
>
> Clay: ¿Fuego o cuchillo?
>
> («Giving Back», 1x05)

Introducción

En el origen del cine, parte del valor ontológico de la imagen se basaba en la huella que impregnaba el negativo tras la (sub/sobre)exposición del material fílmico a la luz. Esta marca, imborrable, permanente e indeleble daba valor de verosimilitud a la obra factual y definía la identidad artística de la ficción. Si se parte de esta acepción del hecho cinematográfico, la marca indisoluble del negativo se convierte en una realidad «tatuada» sobre la película que permite recuperar el instante pasado. Según la Real Academia Española de la lengua, la primera acepción del término tatuar es «grabar dibujos en la piel humana introduciendo materias colorantes bajo la epidermis, por las punzadas o picaduras previamente dispuestas», mientras que la segunda es «marcar, dejar huella en alguien o algo». Tanto en el primero como el segundo de los casos es posible establecer una conexión con la idea base del comienzo del texto, la permanencia, de la imagen en el cine y de la tinta en el tatuaje. En palabras de Hourquebie (2005), se puede recuperar la imagen de «marca» que desarrollaba Ricouer (1999) en base a la capacidad de «localización» de un recuerdo «depositado o almacenado en un lugar en el que se conservaría y del que podemos tomarlo a la hora de evocarlo o recordarlo» (72). Esta relación con la memoria define una correspondencia entre lo tangible y lo simbólico, lo material y lo inmaterial, que se ve representado en cualquier tipo de expresión artística.

La relación que se establece entre el cine y el tatuaje ha sido fértil y extensa, con ejemplos muy variados y heterogéneos. Desde esta perspectiva es posible hablar de filmes como *Memento* (Christopher Nolan, 2000) en el que el tatuaje se convierte en el espacio central de la narración. En este caso la película se estructura temporalmente en torno al tatuaje como emblema de la narración, que sitúa cronológicamente el relato y aporta información relevante para el protagonista. La reconocible imagen de Edward Norton con la cruz gamada tatuada en su pecho en *American History X* (Tony Kaye, 1998), o las ya clásicas manos —con las inscripciones de *hate* y *love*— de Robert Mitchum en *La noche del cazador* (Charles Laughton, 1995) son solo algunos de los ejemplos donde el tatuaje adquiere un lugar relevante en el discurso cinematográfico.

Asimismo, en la televisión contemporánea es posible encontrar referencias donde el tatuaje se convierte en un factor principal de la arquitectura narrativa —tramas— o de los personajes. Con respecto a la primera, un ejemplo más que evidente es *Prison Break* (FOX, 2005-2009) donde el tatuaje, además de ser un mapa de la cárcel, contiene múltiples elementos que ayudan a los personajes a idear la huida. En este caso específico, el cuerpo tatuado de Michael Scofield cumple con una doble finalidad: pues aparte de ser un recurso narrativo ayuda a la caracterización y configuración del personaje. Igualmente es posible hablar de Jack Shephard en *Perdidos* (*Lost,* ABC, 2004-2010), en la que se abría todo un arco narrativo que explicaba el significado de sus tatuajes y su vinculación a Tailandia, donde estos fueron realizados. Otras series de éxito de los últimos años como *Los Soprano* (*The Sopranos,* HBO, 1999-2007), *The Wire* (HBO, 2002-2008) o *Breaking Bad* (AMC, 2008-2013) han integrado en sus tramas a personajes tatuados, sin olvidar otras como *The Walking Dead* (AMC, 2010-) u *Orange is the New Black* (Netflix, 2013-). O casos más explícitos como *BlindSpot* (NBC, 2015-) donde los tatuajes de los personajes son el motor principal de la narración.

El profesor e investigador Morales Morante (2015) establece una doble división en función de cómo se representa el tatuaje: por una parte, el eje temático, donde este ocupa el espacio central de la obra, es decir, el contenido narrativo gira alrededor del tatuaje. Por otra, como elemento simbólico, donde el tatuaje no es el elemento más importante, aunque sí aporta valor al contenido, trama o desarrollo de los personajes. En este segundo caso se incluye una serie como *Sons of Anarchy*, donde el tatuaje es importante tanto en la construcción de las tramas como en la configuración de los personajes, sin ser el elemento central de la narración. A propósito de esto se estudiará el tatuaje desde una triple perspectiva. En primer lugar, el tatuaje como rasgo definidor del personaje, atendiendo a criterios como la propia estética o la composición del mismo. A continuación se atenderá al tatuaje como anclaje narrativo-simbólico que se enfrenta a una contradicción en la disyuntiva entre individuo y colectivo en el relato seriado. En último lugar se estudiarán las diferencias de género en cuanto al tatuaje, en diseño, forma y ubicación corporal del mismo.

El tatuaje como anclaje narrativo y simbólico. Del individuo a la comunidad

El valor de lo simbólico es otorgado por el grupo a determinados elementos que se insertan en lo colectivo y funcionan como pegamento social, en este sentido, «el tatuaje se constituye, así, en una de las formas de expresión de la cultura contemporánea en el que emergen identidades que ya no tienen su fundamento en lo religioso y lo tribal» (Chiriboga Ante, 2002). Algunos de los tatuajes presentes en la serie cumplen con esta función, como el *reaper* que se establece de forma icónica en la cabecera de la obra, además presente en los tatuajes o en los chalecos moteros que visten. Este tatuaje fue diseñado por el célebre tatuador Freddy Corbin en exclusiva para la serie televisiva. Es sin lugar a dudas una de las imágenes más representativas de la producción y uno de los tatuajes más recurrentes en los personajes. Curiosamente, solo dos personajes principales llevan este tatuaje de forma evidente en su espalda. El primero de ellos es el protagonista del relato, Jax Teller, quien luce esta marca junto a las siglas del club motero: *Sons of Anarchy. California;* un personaje cargado de marcas que definen tanto su *backstory* como su personalidad, tal y como se verá más adelante. El otro personaje que también luce el mismo tatuaje es Opie Winston, el mejor amigo de Jax, con el que establece una relación fraternal y quién se convierte en un mártir, sacrificado por el club, en una de las muertes más dramáticas de la narración. En el episodio piloto, Jax y Opie mantienen una conversación acerca de que ellos son los únicos que tienen el *reaper* tatuado en sus espaldas, lo que alude directamente a la responsabilidad de «cargar» simbólicamente con el peso del club. Aunque otros personajes tengan ese tatuaje, este vínculo define la relación de amistad que se establece entre dos jóvenes líderes de SAMCRO. Ellos serán los encargados de comenzar la nueva dirección que debe tomar el club con el lógico cambio generacional. Curiosamente este mismo episodio concluye con Jax frente al espejo, semidesnudo, donde se puede apreciar el tatuaje completo.

Otros tatuajes, en cambio, son simplemente estéticos y sirven para definir físicamente al personaje, como llevar barba o usar unas determinadas gafas, nada más; algo que entronca con el universo estético motero presente en la obra. En este sentido se podría hablar de algunos casos concretos, como el tatuaje tribal que tiene en la cabeza el personaje de Juice o la mariposa compuesta por calaveras que tiene en el cuello el personaje de Opie. En este sentido, se podría incluir también a la muñeca con una rosa y un AK-47 de Tig, diseñada por el artista Mark Mahoney, y que es el particular homenaje que el actor Kim Coates le dedica a la fallecida Donna, mujer de Opie en la ficción. La decisión de tatuarse es utilizada como marca de individualidad para algunos personajes, una marca distintiva que los hace diferentes al resto, entroncando con la posibilidad de volverse exclusivo. En este sentido, el «tatuaje y otras marcas corporales [...] nos permiten experimentar en carne propia el deseo de individualización, pues cada nueva marca es un signo más que nos separa de los otros, que nos hace únicos. Es la identidad llevada a flor de piel» (Cortazar Rodriguez, 2007: 5). De esta forma, es posible también hablar de algunos tatuajes de Bobby, como una calavera que integra un cuervo (animal representativo para SAMCRO), así como el esqueleto de una serpiente con dos amapolas por ojos —según la tradición india esta imagen traería de vuelta a los fallecidos.

Si el tatuaje funciona como forma de *customización* del individuo frente al grupo, hay que señalar igualmente otros tatuajes como el *reaper,* que recuerda de forma constante la pertenencia al grupo, al club, a SAMCRO. Así, a pesar de que Jax y Opie sean quienes tienen la espalda tatuada con la parca, también otros personajes tienen este tatuaje aunque de menor tamaño y con menos relevancia en su construcción visual. La imagen de Juice con el *reaper* en el brazo, Tig en el hombro derecho, Otto o Chibs en sus respectivos brazos, o el tatuaje borrado en el brazo de Clay, a partir de la quinta temporada, son algunos de los ejemplos que reflejan a la perfección la importancia del diseño. En este sentido «si la imagen potencia su cualidad comunicadora, es necesario aprehenderla en su contexto cultural de producción y de interpretación, en especial si ella es herramienta de grupos e identidades locales» (Raposo Quintana, 2009: 8). Así se confirma la identidad del símbolo desde una doble perspectiva: por un lado separa y diferencia a individuos en el grupo mientras que al mismo tiempo los inserta en la comunidad.

La narración del tatuaje. De lo pasado a lo presente

Si bien es cierto que la mayor parte de los personajes portan tatuajes, no todos cumplen la misma función en el relato. Algunos de estos informan del pasado del actante, otros, en cambio, definen su personalidad, y otros simplemente son artístico-estéticos. No obstante, hay que detenerse, con especial atención en Jax, a quién es posible definir como el (anti)héroe de la teleserie. Al tratarse del protagonista cada una de las marcas dibujadas sobre su cuerpo pueden ser utilizadas para definir dos espacios temporales claros en la ficción: pasado y presente.

Si bien, lo pretérito se define en un tatuaje que porta en su brazo derecho, una lápida y monumento fúnebre a su padre John Teller. Esta huella recuerda al personaje su principal *leitmotiv,* seguir los pasos de su progenitor y descubrir que pasó con este, la verdadera causa de su muerte y cada una de las decisiones que fue tomando y que fueron anotadas en su diario. Este tatuaje integra cuervos, unos elementos relacionados de forma habitual con SAMCRO, hasta tal punto que el primer plano del capítulo piloto (1x01) los contiene. El tatuaje incluye además el texto *in memory of fallen brothers,* que conecta doblemente con la muerte: del padre y del resto de compañeros perdidos del club. La muerte se puede definir en términos simbólicos como la marcha, la pérdida, que es recuperada y evocada en diferentes imágenes que hacen mención explícita a la misma. Es por ello por lo que determinadas personas deciden tatuársela para tenerla presente y enfrentar el miedo a la misma. Esta aparece representada en el cuervo, presente curiosamente con más frecuencia en los personajes femeninos, Gemma y Tara, por ejemplo. Asimismo se puede encontrar de igual forma en el tatuaje de Clay, *Death from above,* como lema de la unidad de paracaidistas de Vietnam donde estuvo destinado, o a través del recuerdo de seres queridos que han fallecido, como el tatuaje que Opie tiene en su hombro izquierdo, en honor a su esposa fallecida, Donna, una mujer a la que le añade alas. En este último caso, la marca reaviva el recuerdo de una persona importante e inspira al personaje en el tiempo presente gracias a su valor de conexión con lo pasado. En este caso específico, la huella es una forma de sintetizar su particular *leitmotiv*. Es decir, funciona como síntesis de un instante, un cronotopo.

Si el tiempo pasado se representa a través del recuerdo y la muerte como elementos centrales, lo presente se explicita en el caso de Jax en lo familiar. Tatuado en su pecho, al lado del corazón, tiene el nombre de su hijo, Abel. Hay que remarcar que el primer hijo de Jax hereda los problemas cardiacos de Gemma, por lo que el emplazamiento escogido para el tatuaje reafirma esa idea. De igual modo, en el brazo izquierdo tiene tatuado el nombre de Thomas, el segundo de sus hijos. Esa marca humaniza al personaje, le recuerda la importancia de la familia y la iguala al club. Asimismo, todos sus tatuajes recuerdan familiares —su padre y sus dos hijos—, a excepción de la parca que representa a SAMCRO. Se podría considerar que los tatuajes en Jax sirven para demostrar su amor a su padre, así como el recuerdo de sus ideales y principios; además de una forma de lidiar con la pérdida —igual que hace Opie con Donna—. En el caso específico de Jax, «La memoria traspasa el dominio de lo privado (de los recuerdos, de los testimonios y de los marcos terapéuticos) y se derrama sobre la esfera pública» (Makowski, 2002: 145). En este sentido, el recuerdo a su padre se articula en una reinterpretación de la memoria, una apropiación del discurso paterno-filial que traspasa los límites de lo real, lo auténtico y que se construye en función sergio un relato, una narrativa: los diarios encontrados y los tatuajes fundamentados en una imagen simbólica, onírica y alegórica, de lo que su padre pudo llegar a ser.

Existen otros casos donde el tatuaje sirve para representar conflictos internos en la propia configuración del personaje, como en Juice, que tiene dos calaveras tatuadas en su pecho, una blanca y otra negra, con la inscripción *Son* y *Shine,* que en palabras del creador de la obra, Kurt Sutter (2015), ilustran a la perfección el conflicto principal del personaje. Los errores cometidos por este y las decisiones erróneas que ha ido tomando durante el desarrollo de la serie. En otros casos, como Clay, son utilizados para construir su pasado como paracaidista en Vietnam o veterano de guerra, con hasta tres tatuajes que recuerdan su paso por el conflicto armado. Por su parte, Tig recuerda su paso por la marina en su brazo derecho.

Otros, en cambio, simbolizan una relación afectiva: «el tatuaje, al ser un texto que involucra no solo la figura y la piel, expresa sentimientos y representa aspectos de la vida personal del individuo. Es ahí donde radica su discursividad y su poder» (Chiriboga Ante, 2002: 85). Este caso se podría encontrar en Clay, que representa su lazo de unión con Gemma, algo parecido a lo que sucede con Otto, quien lleva tatuado su antebrazo derecho en recuerdo de su esposa Luann. En ocasiones se establecen en función de una relación paterno-filial, como el tatuaje de Chibbs en recuerdo a su hija Kerrianne, o materno-filial, como el tatuaje que Opie tiene en su cuello en referencia a su madre Grace. Afirma Olivares al respecto que a través del tatuaje «se están cartografiando los sentimientos, las pasiones y el dolor sobre el mapa del cuerpo, con el tiempo y la memoria como tintas indelebles» (2001: 24). Cabría añadir el tatuaje de Lucius, el hijo menor de Nero, siempre visible en su cuello para el espectador y para él mismo, recordándole el auténtico motivo por el que continúa luchando. Asimismo, habría que mencionar igualmente los tatuajes que ayudan a entender mejor a los personajes y que aportan información del pasado. Continuando con Nero, la representación de un caballero con una cruz se podría interpretar como la eterna cruzada que realiza en la serie, siempre luchando por obtener la verdad. En esta particular cruzada, el componente religioso es importante para el personaje y se representa con un Sagrado Corazón de Jesús en su brazo derecho que remite a la concepción devota del actante, además de a sus problemas cardiacos —hay que recapitular que son varios los tatuajes que se emplean para recordar al espectador los múltiples problemas cardiacos de algunos de los personajes—. La presencia de la religión está presente de igual modo en la inscripción de Opie en su brazo izquierdo, *Tantum Deus,* que significaría algo así como «solo Dios podrá juzgarme» que representa el lado más rebelde de un personaje creyente que se convierte en un mártir.[17]

Las chicas no llevan motos pero sí tatuajes

En cuanto a la lectura de género de la producción, es innegable que se trata de una serie evidentemente masculina y homosocial, donde las mujeres, aunque en apariencia ocupan un rol dominante, están en clara desventaja en cuanto a la propuesta narrativa y los arcos dramáticos del resto de los personajes.[18] En este sentido se puede apreciar el trato desigual con respecto al desarrollo y definición de los tatuajes. Uno de los más reconocibles, el *reaper,* presente en la imagen de marca de la serie y protagonista de la cabecera,[19] solo está reservado para personajes masculinos, no hay una sola mujer que pueda lucir ese tatuaje. Así, frente a los personajes masculinos hipertatuados, sorprende que un personaje como Gemma Teller, solo luzca dos tatuajes. El primero de ellos es un cuervo con un pequeño corazón rojo, junto a su pecho, con la inscripción *Forever,* que recuerda la cicatriz con la que vive desde joven. Esto se deriva de un problema cardiaco, que es la maldición de la familia, y que heredarán también sus nietos, Abel y Thomas. Es además el único tatuaje que lleva el personaje de Tara. Asimismo, otro de los tatuajes de Gemma son unas flores, rojas y verdes, en la parte interior de su muñeca, algo más oculto que el cuervo. En este sentido, hace referencia a su parte más sensible, no visible en un primer acercamiento, pero que la acaba definiendo. No deja de resultar significativo que estos sean los únicos tatuajes que se incluyan en el cuerpo femenino, frente a la can-

17/   Para más información sobre aspectos religiosos del concepto mártir véase el capítulo de Rubio titulado «Simbología y ritos en la hermandad de SAMCRO. El universo mitológico de Hijos de la Anarquía» en este mismo volumen.
18/   Para más información género véase el capítulo de Gordillo y Guarinos titulado «Las mujeres de la anarquía nunca llevan moto» en este mismo volumen.
19/   Para más información género véase el capítulo de Benchichah titulado «*This Life* o el relato dentro del relato. Simbolismos, temas y motivos en la secuencia de apertura» en este mismo volumen.

tidad y variedad de significados, evidentes y simbólicos, que tienen los mismos para el elenco masculino[20] en la ficción:

> De hecho la rudeza de los tatuajes en los personajes masculinos [...] deja en evidencia diferencias notorias en comparación con las de los personajes femeninos, que suelen ser más pequeños y con un componente simbólico más sutil en su diseño y empleo de colores y formas. En el caso de Jax, incluso podemos ver que el tatuaje de su espalda lleva explícitamente el nombre de la serie. Esto crea una identificación posiblemente mayor de este personaje con la trama y sus seguidores (Morante, 2015: 6).

Un caso bastante significativo que reafirma lo comentando con anterioridad y refuerza la hipótesis de la desigualdad en la representación de género respecto a la inclusión de tatuajes en los mismos.

Algunos apuntes de cierre

El tatuaje ocupa un espacio relevante en la configuración de los personajes, tal y como se ha podido apreciar en el presente texto. En algunos casos simplemente como parte del ambiente que caracteriza, configura y define el espacio en el que se desarrolla el conflicto. En otros casos como un elemento central del personaje en su presente, de su pasado, a través del recuerdo o de la configuración grupal. «Desde la perspectiva de nuestras sociedades occidentales, el tatuaje ha sido visto como una marca de alteridad vinculada con lo minoritario, con lo situado en el borde o incluso más allá de la propia cultura» (Walzer y Sanjurjo, 2016: 70). Esta marca se consolida bajo una disyuntiva que enfrenta a dos opuestos, lo individual frente a lo colectivo. Para algunos autores, el auge del tatuaje en la sociedad contemporánea se define en función de parámetros como la individualidad y el interés por separarse y diferenciarse del otro. Sin embargo, tal y como se puede apreciar en el club SAMCRO, algunos tatuajes se utilizan para legitimar la pertenencia al grupo, para establecer una unión permanente e imborrable a través de las marcas permanentes de la tinta en la piel de los moteros.

20/ Resulta significativo que en la web creada por la serie de ficción donde se hace un recorrido por los tatuajes de los personajes, se elimina a Wendy. http://www.soa-tattoostories.ink

Con respecto a este planteamiento se definen los tatuajes como una memoria colectiva asentada en la práctica social «que requiere de soportes materiales para su existencia: artefactos públicos, ceremonias, monumentos, libros, películas. La memoria también requiere de actores, de instituciones y de recursos» (Vezzeti, 2002: 32-33). Aquí es donde hay que considerar tanto el diario de John como los tatuajes, pues ambos son elementos que ayudan a la creación y la articulación de la memoria colectiva. Continuando con esta misma idea hay que considerar «un compromiso de la memoria y el olvido; y es preciso reconocer que la memoria social también produce clichés y lugares comunes, es decir, sus propias formas de olvido» (Vezzetti, 2002: 33). En este sentido es importante plantearse cuáles son los elementos que los personajes deciden que pasen a formar parte del presente, que no se olviden, así el recuerdo de algunos personajes, a través de tatuajes, y el olvido de otros acaban de configurar esta memoria colectiva. En la que, como se ha podido comprobar, cada personaje lleva grabado su propio motor narrativo que impulsará el arco dramático y los principales conflictos de los mismos. Así, Jax se define en la búsqueda de su padre fallecido, además de mantener a salvo a sus hijos y a su club (todos ellos presentes en su cuerpo a través de tatuajes). Opie se desarrolla a partir de la pérdida de su mujer Donna y su relación con el club (ambos también tatuados en su piel). Continuando con esta idea de la memoria, Muxel (1996) propone una triple función de la memoria familiar extrapolable a la perfección al tatuaje. En primer lugar, «la función de transmisión», que se define por la capacidad de situar a un personaje en un espacio familiar, representado en Jax como hijo del fundador del club John Teller. En segundo lugar, «la función de reminiscencia», que se define como la posibilidad del transcurrir entre presente y pasado, «y que elabora una novela familiar que mezcla lo real y lo fantasmático, los hechos y las invenciones» (Muxel, 1996), nada más irreal y enigmático que la muerte de John Teller, presente en el tatuaje de Jax, en sus diarios y en el motor narrativo de las primeras temporadas de la serie. Y en tercer y último lugar, «la función de reflexividad», enfocada a un planteamiento crítico que plantea volver al pasado como proceso de reevaluación. Y que se podría encontrar en todos los tatuajes bélicos presentes en Tig o Clay, entre otros.

Capítulo 16
Roadmap transmedia de SAMCRO
David Varona, Javier Lozano Delmar y Juan F. Plaza

El universo de *Sons of Anarchy* es mucho más que SAMCRO.
(Landgraf, «El legado de la Anarquía», 2015)

Transmedia: estado de la cuestión

Como el propio SAMCRO, el universo narrativo de *Sons of Anarchy* no es lo que parece. En la televisión solo vemos la punta del iceberg: el universo creativo de la serie es mucho más que un *show* televisivo.

Ya es frecuente en el diseño de producciones audiovisuales que exista un núcleo (*Sons of Anarchy*, por ejemplo) y una red de productos satélites que acaban teniendo tanto o más peso que el propio núcleo. Esta forma reticular de las estrategias narrativas se conoce como transmedia y se apoya en tres pilares: expansión de la historia, multiplicidad de soportes y participación activa de la audiencia. Desde que Henry Jenkins describiera el modelo en 2003, se ha hablado mucho y, por fin, tras la polvareda de las modas, se ha convertido en una herramienta más para guionistas y productores.

Cabe recordar que Jenkins (2003) dijo que en una estrategia transmedia «cada medio hace lo que sabe mejor, una historia podría ser presentada como película, expandida a través de la televisión, novelas y cómics, y su mundo podría ser explorado y experimentado a través de un videojuego» (2003). Este autor puso otra condición: «Cada medio sirve como puerta de entrada al mundo narrativo y no se necesita conocer la totalidad para comprender las partes». Y añadía también que cada parte del conjunto sea autocontenida, de forma que permita un «consumo autónomo».

Jenkins perfeccionó su descripción y dio más importancia a los usuarios como agentes en la evolución e incluso en la creación de los universos transmedia. Así, apunta que «si los viejos consumidores eran individuos aislados, los nuevos consumidores están más conectados socialmente [...] los nuevos consumidores son hoy ruidosos y públicos» (Jenkins, 2008: 29).

Esa ubicación central del usuario une los trabajos clásicos de Toffler sobre los prosumidores (1984: 255), las aportaciones de Rheingold sobre las comunidades virtuales (1996: 20) y los trabajos sobre contenido generado por el usuario de Hermida y Thurman (2008: 343 y ss.). Y el propio Jenkins, al hablar de usuarios «conectados socialmente», apunta a las redes sociales para hacer posible esa participación. Tal y como explican Cortés-Gómez, Martínez-Borda y De la Fuente Prieto, «el hecho de dar voz a la audiencia a través de las redes sociales, permite a esta acercarse a la elaboración de nuevos contenidos a partir de la idea original, dando lugar a una colaboración efectiva» (2016: 175).

Transmedia y televisión: transformaciones profundas

La televisión es una de las industrias que ha abrazado las narrativas transmedia a la búsqueda de esas ventajas. En la televisión hay ejemplos de transmedia desde hace dos décadas. Joss Whedon es uno de los pioneros, desde la expansión del *buffyverse,* prolongando los tentáculos del núcleo principal, *Buffy, cazavampiros* (*Buffy the Vampire Slayer,* The WB, 1997-2003), a otros productos dentro del mismo medio o experimentando con medios como el cómic. Muchos han seguido su estrategia y son notables casos como los de *Galáctica, estrella de combate* (*Battlestar Galactica,* SyFy, 2004-2009), *Perdidos* (*Lost,* ABC, 2004-2010) o *Fringe* (Fox, 2008-2013), que «han sido pioneros en la implantación de estas estrategias dentro de la industria tomando ventaja del acceso a las nuevas tecnologías de la población general» (Scolari y Piñón, 2016: 28).

En cine, el Universo Cinematográfico Marvel (UCM) es un ejemplo del plan de transmedia de Disney que, mediante un diseño por fases anuales, explota el concepto de universo compartido para desarrollar historias y personajes a través de series (en Netflix y ABC), películas, cómics y cortometrajes. Como explica Keinonen, «la narrativa transmedia ha hecho saltar los horizontes de las series. Mientras las ideas y prácticas de producción básicas eran repetidas de forma previsible [...], las historias de producción transmedia extienden ahora las series a lo ancho de múltiples plataformas» (2016: 73).

Pero ese escenario avanza a velocidades diferentes. Como señala Mayor al analizar el caso de Antena 3 en España, «nuestros productos transmedia todavía no aprovechan del todo su potencialidad» (2014: 82). Otra forma de acelerar la implantación de las estrategias narrativas es la que aporta Christy Dena (2009) al hablar de un diseño que denomina *tiering* o «por niveles» y que supone dirigirse a audiencias diferentes con contenidos diferentes en medios y entornos diferentes. Esa manera de trabajar supone el diseño de diferentes escalones de acceso a la narrativa, y tiene un sentido que Dena explica muy bien: «[...] agrupar a los participantes remotos» (2009: 238).

Esta construcción de la experiencia por niveles es fácil de identificar en *Plot 28,* uno de los universos narrativos transmedia más complejos diseñados en España. En *Plot 28,* explica Javier Hernández, «conviven los contenidos *core* de mayor densidad (textos literarios y falsos documentales) con otros más lúdicos y de corto recorrido» (2015: 230). También hay niveles en productos televisivos como *El Ministerio del Tiempo* (Televisión Española, 2015-2016), donde existen niveles solo accesibles para iniciados, como el grupo de Whatsapp (Varona y Lara, 2015: 204).

Sons of Anarchy como producto transmedia

Una vez establecidos los principios teóricos que definen las producciones transmedia, es interesante aproximarse a la serie de FX como el núcleo principal a partir del cual se han construido diferentes niveles de acceso o escalones de acceso al mundo narrativo de *Sons of Anarchy.* En otras palabras, *Sons of Anarchy* ha extendido su universo narrativo a otros productos y formatos que se desarrollan en medios diferentes al televisivo y que suponen nuevas experiencias para vivir y explorar la historia de la serie. Retomando las ideas de Jenkins (2013), en este entramado narrativo cada medio sirve como puerta de entrada al universo creado por Kurt Sutter, sin necesidad de conocer todas las expansiones para comprender la historia general. A continuación se presenta una descripción de los diferentes productos satélite desarrollados en el universo de *Sons of Anarchy.*

Los otros episodios de la serie: los *appisodes*

Los denominados *appisodes* eran microepisodios de dos a tres minutos de duración que podían descargarse de la tienda de aplicaciones de Apple. En la *app* oficial de la serie pueden encontrarse multitud de estos episodios, cuyas descripciones indican que profundizan en diferentes partes de la historia, como las relaciones con Belfast o el pasado de John Teller. Sin embargo, a día de hoy ninguno de estos *appisodes* se encuentra disponible y los únicos a los que se puede acceder son cuatro microepisodios que sirvieron como preludio a la cuarta temporada, ofreciendo contenido original al espectador durante la espera entre temporadas. Como dice Scolari (2013: 86), la longitud de estos microepisodios es muy útil para rellenar lagunas narrativas con contenidos intersticiales.

Así, estos episodios cubren la historia no contada durante los catorce meses que los personajes estuvieron encarcelados en Stockton. Los *appisodes* vienen acompañados por una referencia textual que corresponde al número de días que los miembros de SAMCRO llevan encarcelados, de tal forma que el espectador pueda ubicarse temporalmente en la trama. La primera historia («Payphone») cuenta cómo Jax fue apuñalado por los rusos en prisión. La segunda («Second Son») relata el primer momento en que Jax conoce a su hijo Thomas en la sala de visitas de la prisión. En la tercera («Piney and Tara»), se asiste a una conversación en la que Tara manifiesta sus sospechas sobre Clay a Piney y, en la última («Mexican Basketball») se anticipa los acuerdos de Clay con los Mayans y el cártel de Galindo.

Estos *appisodes* funcionaron muy bien como información extendida de la cuarta temporada. Los primeros episodios de esta temporada presentaban a un Jax con cicatrices, un conflicto con los rusos, unos acuerdos cerrados con el cártel de Galindo y una complicidad entre Tara y Piney que hacían clara alusión al contenido de estos microepisodios. Sin embargo, no suponían un obstáculo para el espectador que no los hubiera seguido y siguiera consumiendo únicamente la serie principal.

Dibujando el universo *Sons*: los cómics

Actualmente existen dos cómics derivados de la serie y publicados por la editorial Boom! Studios. El primero de ellos, del mismo título que la serie principal, comienza a publicarse regularmente en 2013 (cuando la serie se encuentra ya en su sexta temporada) y comprende 25 números.

Es interesante ver a Tig como protagonista del primer arco que traslada a los lectores a un momento temporal indeterminado posterior a la muerte de su hija Dawn en el primer episodio de la quinta temporada. Durante este arco narrativo aparecerá un nuevo personaje, Kendra Kozik. Este personaje es la hija del recién fallecido Kozik. Con esta historia se aprecia cómo Tig debe enfrentarse al dolor y la culpa que siente por la pérdida de su hija, al mismo tiempo que intenta reparar y expiar sus errores cuidando de la hija de su fallecido compañero. De este modo, la historia se centra en uno de los personajes secundarios de la trama, que se convierte aquí en protagonista de la historia, permitiendo profundizar aún más en sus motivaciones, sentimientos y, en definitiva, extendiendo la historia del personaje más allá de lo contado en la serie madre. El cómic también rescata a otros secundarios en diferentes números, como Juice, Bobby o Lee Toric. En estos casos, el protagonismo de Jax deja paso a la historia de estos secundarios, convirtiéndose, en ocasiones, en un *spin-off* de la serie principal; es decir, un relato donde un personaje que ocupaba un lugar secundario en el texto original es lo suficientemente interesante como para convertirse en el eje de la acción de su propio relato (Cascajosa, 2006b: 125).

Además de dar cabida a la exploración de personajes secundarios, uno de los principales atractivos del cómic es su juego con el tiempo de la historia. Para ello, en primer lugar, el cómic sirve en muchas ocasiones como «pegamento» entre temporadas, aprovechando las elipsis o hiatos entre las diferentes emisiones de la serie para construir microhistorias que rellenan un espacio que no se encontraba cubierto hasta entonces. En otros casos, se vuelve a historias ya contadas en otros contenidos transmedia. Un ejemplo de esto son los números que explican cómo Jax fue apuñalado por los rusos durante su estancia en la prisión de Stockton. Pese a que, como se ha visto, el *appisode* «Payphone» relata ese momento, el cómic ubica la acción antes, durante y después de ese esto. De este modo, contextualiza el porqué del ataque de una forma más detallada pero, al mismo tiempo, relata de nuevo lo ya visto en otros medios, incluyendo el primer capítulo de la cuarta temporada de la serie. En otras ocasiones, los cómics abren tramas en lugares que habían quedado relativamente cerrados en la serie principal, como es el caso de la filial de SAMTAZ que, tras el asesinato de su presidente Armando en la cuarta temporada, debe sobrevivir para adaptarse a los nuevos tiempos marcados por Jax.

En segundo lugar, este juego con el tiempo del relato permite la introducción de *flashbacks* para rescatar recuerdos o escenas vividas anteriormente por los personajes. Este recurso narrativo se encuentra completamente ausente en la serie madre, que utiliza una narración cronológica y lineal que en ningún momento vuelve al pasado. En este sentido, el cómic explora nuevas vías narrativas para contar la historia del club motero y se independiza de la narración de la serie principal, permitiendo rescatar piezas del pasado, tales como los primeros momentos en la amistad entre Kozik y Tig. Esta «importancia de los cómics para ofrecer constantemente nuevos relatos» en las historias transmedia es subrayada por Baile *et al.* (2015: 508), al tiempo que Scolari explica que el cómic es ideal para contar historias anteriores o paralelas (2013: 86).

En mayo de 2016 comenzó a publicarse la nueva serie, *Sons of Anarchy Redwood Original,* escrita por Ollie Masters, que toma un nuevo camino y un punto de partida distinto a la anterior, presentándose como la historia de cómo Jax se convierte en *prospect*. De este modo, se pone de nuevo el foco en un momento pasado del club que debería conectar al final con el capítulo piloto de la serie principal.

El museo de Sons of Anarchy: *la* app

Aunque la aplicación para *smartphone* oficial de *Sons of Anarchy* ha ido actualizándose con nuevos contenidos desde que salió al mercado en 2010, a día de hoy sigue estando disponible como una especie de museo de la serie. Utilizando fotografías 360º, la *app* propone una experiencia inmersiva en la que el usuario puede desplazarse en primera persona a modo de *gameplay* por todo el universo geográfico de la serie. Para ello cuenta con un mapa al estilo Google Maps que ubica geográficamente Charming (junto con sus diferentes escenarios: la base de SAMCRO, la casa de Jax, St. Thomas Hospital...), además de otras localizaciones reales como Stockton, Lodi o Morada.

Además de esta función de brújula, el atractivo de la *app* es el de descubrir *easter eggs* relacionados con el universo narrativo de *Sons*. Así, mientras el usuario se desplaza por las diferentes localizaciones, un símbolo del club indica los espacios donde puede descubrir contenido extra. Por lo general, este contenido es de tipo textual y amplía la historia original de la serie. Así, se pueden encontrar las recetas culinarias que prepara Chucky, lo que esconde Happy en su taquilla del club, el historial criminal de algunos de sus miembros, información relativa a la vida juvenil de Opie y Jax (como su primer corte de pelo en Floyd´s Barber Shop), la fiesta por el *patch-in* de Jax, sus primeros encuentros en el instituto con Tara o un cartel con los «Prospects Rules & Duties». La *app* funciona, en definitiva, como una especie de museo abierto al pasado de SAMCRO y como una extensión de la historia creada por Kurt Sutter que, de algún modo, comparte la prehistoria de los personajes y el club.

Escribiendo la historia: el libro

Sons of Anarchy: Bratva (2015) es un libro original escrito por Christopher Golden (el también guionista del primer arco narrativo de cómics) y Kurt Sutter, publicado posteriormente a la finalización de la serie, cuya trama se desarrolla en lo que corresponde con el inicio de la cuarta temporada, cuando los encarcelados de SAMCRO salen de prisión. El propio Sutter comenta que el libro vivirá en la mitología y en el universo de la serie, pero no impactará en lo que haya ocurrido en esta (Janowitz, 2014). Así, *Bratva* cuenta una historia original que no aparece en la serie principal: la desaparición de Trinity, la medio hermana irlandesa de Jax en los Estados Unidos. Parece que la mafia rusa o Bratva está implicada de alguna forma en la desaparición de su hermana, así que Jax, en compañía de otros integrantes de la banda y del *charter* de Las Vegas en North Nevada, investiga su desaparición y busca venganza.

Aunque la historia se cuenta desde el punto de vista de Jax, el libro amplía el universo de personajes secundarios, especialmente con el descubrimiento de un nuevo *charter* del club poco explorado en la serie, la caracterización de su hermana y la mafia rusa Bratva, que da título al libro. La historia de esta mafia ampliará las consecuencias del asesinato de Putlova y las relaciones con los rusos que se empiezan a gestar a finales de la tercera temporada, durante los *appisodes* y los cómics. Junto con Jax o Chibs, uno de los alicientes es la «vuelta a la vida» de Opie, un personaje muy querido por los fans, que muere en la serie en un momento posterior en el tiempo al que desarrolla el libro, aportando nuevo contenido narrativo sobre el personaje.

Según el propio Sutter, este libro sería el primero en una serie que expandiría el universo de *Sons of Anarchy* (Janowitz, 2014). Sin embargo, hasta el momento, es el único que ha visto la luz.

El experimento fallido: el app game

Sons of Anarchy: The Prospect es una aventura gráfica que surge posteriormente a la finalización de la serie principal en televisión y que cuenta una historia ambientada en el universo de *Sons of Anarchy*. Esta extensión de la serie en forma de juego para dispositivos móviles desarrolla la trama de Clint Lancet, un joven que pertenece a la banda de moteros SAMLIN, filial en Lincoln (Oregon) de SAMCRO. Aunque Clint Lancet trata de huir de la delincuencia, no podrá evitar verse envuelto en asuntos oscuros que, incluso, le llevan a él y a su banda a enfrentarse con otras bandas conocidas por su aparición en la serie de televisión, como los Mayans.

El juego tiene un argumento original, episódico (son 10 capítulos en los que se cuenta la historia) con personajes nuevos y por tanto desconocidos para el público de la serie. En ocasiones algunos personajes de *Sons of Anarchy* hacen su aparición a modo de cameo en el juego, aunque es difícil establecer el momento en que tiene lugar la historia. También reproduce la atmósfera de violencia entre bandas de moteros, así como la camaradería dentro de cada banda. El juego nunca llegó a pasar de su primer episodio, quedando los nueve restantes pendientes de actualización, dejando así la historia interrumpida.

Jugando como un Son: *los juegos de mesa*

The Sons of Anarchy: Men of Mayhem es un juego de mesa basado en la serie donde cada jugador escoge alguna de estas cuatro bandas que aparecen en la serie original: Sons of Anarchy, Mayans, One-Niners y el Sindicato de Lin. A partir de ese momento se establece una competición entre ellas para, a través de negociaciones, amenazas, ataques y alianzas, hacerse con el control de distintos recursos y territorios representados en el juego. El objetivo final es simple: amasar la mayor cantidad de dinero posible para ganar la partida. De fondo, en el juego se intenta recrear la atmósfera de violencia y estrategia que se muestra en la serie de televisión. De hecho, el nombre del juego, «Men of Mayhem», hace referencia a la insignia o parche que se otorga a aquel miembro de una banda que ha cumplido la condición de haber matado a alguien en beneficio del club.

Al juego lo acompaña un libro de reglas *(Book of rules)* que explica el concepto y la dinámica del juego. Aunque no desarrolla ni propone ninguna trama extra de la serie, sí explica algunos conceptos que facilitan la comprensión del universo *Sons of Anarchy*, como el sentido de las insignias o parches de las bandas *(patchs)*, o la lógica de las negociaciones entre bandas.

Este juego cuenta con dos expansiones: *Grim Bastards Club Expansion* y *The Calaveras Club Expansion*. En ambos casos supone una ampliación del número de jugadores con nuevas bandas.

El fan book

Sons of Anarchy: The Official Collector's Edition (2014) es un libro para fans y coleccionistas con una retrospectiva de las siete temporadas de la serie. En sentido estricto, este libro es un *fan book* con imágenes inéditas, un análisis en profundidad de los personajes y otra información general sobre la serie: las bandas de moteros que aparecen en ellas, las localizaciones en las que opera SAMCRO y otros.

Desde el punto de vista del transmedia son interesantes dos aspectos. En primer lugar, que el libro tenga un sentido didáctico y holístico permite que muchos *fans* completen la historia que han visto de manera episódica durante siete temporadas, cerrando el círculo de aspectos y detalles que en el visionado pudieron pasar desapercibidos. Así, por ejemplo, algunos *fans* de la serie coinciden en que el libro les aclara detalles que no habían entendido o en los que no habían caído antes. Igualmente, este contenido didáctico explica en profundidad el origen y las características de los personajes y las bandas, así como el significado de algunos de los símbolos más importantes de la serie, como la ropa, los tatuajes[21] o los parches que llevan cosidos los moteros en sus cazadoras.

Conclusiones

Tras delimitar y estudiar el mapa narrativo de *Sons of Anarchy,* cabe señalar tres cuestiones relevantes.

En primer lugar, y antes que nada, es interesante destacar otros productos que, aunque no se enmarquen de forma clara como productos transmedia (y, por tanto, no han sido mencionados anteriormente), sí que extienden el universo narrativo o legado de *Sons of Anarchy.* Así, por ejemplo, de un lado, pueden encontrarse determinadas bandas criminales (One-Niners y Byz Lats) que ya aparecían antes en la serie *The Shield: al margen de la ley* (*The Shield,* FX, 2002-2008). La presencia de estas bandas en un texto diferente podría hacer pensar en un universo compartido. Al fin y al cabo, ambas comparten el mismo escenario, California, y el mismo guionista: Kurt Sutter. De otro, en el videojuego *Fallout 4* uno de los personajes ofrece una descripción de un personaje muy similar a Opie, y *Grand Theft Auto 5* permite al jugador elegir al club de moteros de la serie. Por último, aunque no se trate de un medio diferente, la serie principal seguirá expandiéndose en un *spin-off* televisivo, confirmado y previsto para 2017, protagonizado por los Mayans MC. Aún se desconoce el tiempo narrativo de este *spin-off* y si retomará de alguna forma los eventos del final de la temporada siete o si se tratará, más bien, de una precuela. Otro *spin-off* sobre los «First 9» fue anunciado por Kutter, pero posteriormente no ha sido confirmado.

En segundo lugar, se observa que la mayoría de expansiones más puramente narrativas analizadas anteriormente se dedican a explorar y conocer historias que no se cuentan en la serie «nodriza», coincidiendo con la definición transmedia de Jenkins (2003). Sin embargo, estas

21/   Para más información sobre aspectos religiosos del concepto mártir véase el capítulo de Cobo titulado «Otros recursos narrativos. Los tatuajes como emblemas de la narración en *Sons of Anarchy*» en este mismo volumen.

historias, aunque autosuficientes y autónomas, se encuentran estrechamente vinculadas a la serie principal y difícilmente pueden convertirse en puertas de acceso a la serie. Más bien es al contrario: la serie televisiva ofrece varias puertas a estas historias transmedia que están muy restringidas al auténtico fan de la serie. Además, excluyendo algunos momentos como el ataque a Jax en prisión, las historias desarrolladas en estos medios tienen poca repercusión en la serie principal. El trasvase de personajes e historias se produce únicamente de forma unidireccional (de la serie madre a sus diferentes expansiones) y no al contrario, desaprovechando el valor narrativo de estos medios y las posibilidades de narrativa global que ofrece el transmedia.

Contrastando con esto, en otros productos transmedia, como *The Sons of Anarchy: Men of Mayhem,* no hay aportaciones nuevas en cuanto a la trama principal ni a ninguna de las subtramas de la historia. Sin embargo, en estos casos hay que tomar en consideración tres ideas que pueden considerarse argumentos a favor de su significado transmedia: en primer lugar, la fusión entre la naturaleza lúdica del juego y su trasfondo narrativo, absolutamente coherente con la serie de televisión, con la matriz. Los *fans* que juegan no solo tienen en consideración el aspecto meramente de entretenimiento del producto, sino que este es inseparable de la atmósfera y la lógica narrativa de *Sons of Anarchy*. A su vez (y esta es la segunda idea) los jugadores, partiendo de un origen coherente, desarrollan su propia narrativa con un sentido de comunidad tan característico del *fandom*. Así lo explica Henry Jenkins:

> Esta capacidad para transformar la reacción personal en interacción social, la cultura del espectáculo en cultura participativa, es una de las características centrales del mundo de los fans. Uno no llega a ser un «fan» siendo un espectador habitual de un programa determinado, sino traduciendo su seguimiento del programa en algún tipo de actividad cultural, compartiendo con los amigos sentimientos y pensamientos sobre los contenidos del programa, haciéndose miembro de una «comunidad» de fans con intereses compartidos (Jenkins, 2013: 54).

Es definitiva, hay que considerar otros productos que, sin añadir nuevas historias, logran «cerrar el círculo», en cierta forma, convirtiendo lo que se ha desarrollado en varios episodios durante siete temporadas en un producto cultural unitario, coherente. Esta misma idea se extiende también a diferentes contenidos adicionales lanzados en los DVDs o Blu-Rays de la serie (como «El código moral de los Hijos de la Anarquía», extra de la temporada dos de la serie), así como en la *app* oficial. Con estos contenidos los *fans* tienen una visión retrospectiva de conjunto y aclaran sus dudas sobre algún hilo que se les escapó en el visionado o profundizan en algún aspecto que en la serie podía parecer accesorio.

Por último, en tercer lugar, es interesante destacar la participación del público, o más bien la ausencia de tal participación, algo que Jenkins (2008) considera uno de los elementos clave de un producto transmedia. Como se ha visto en las expansiones analizadas, el público tiene muy pocas posibilidades de aportar contenidos y de que estos sean considerados parte del universo narrativo, en forma de *canon* o *fanon*. La aportación del público es positiva desde varios puntos de vista: por un lado, fideliza a la audiencia porque la involucra en todos los procesos del proyecto; por otro, se aprovecha de esa audiencia motivada para atraer a nuevos públicos, y por último, puede convertir ese esfuerzo de los prosumidores en beneficios económicos, tal y como explica Caldwell al hablar del caso de *Life in a Day* (Kevin MacDonald, 2011) y de cómo el contenido generado por el usuario «puede añadir valor económico y cultural [...] convirtiendo trabajo distante y anónimo en capital cultural aprovechable» (2014: 729).

Bloque V

THE CROW NO LONGER SINGS TO ME

Capítulo 17
This Life o el relato dentro del relato. Simbolismos, temas y motivos en la secuencia de apertura
Noor Yasmina Benchichah López

Las secuencias de apertura raramente son lo que más interés despierta de las series de televisión y más raramente aún son motivo de análisis. Estrictamente, y ciñéndose a su definición más básica, la secuencia de apertura es aquella pieza independiente que se muestra al comienzo de un programa que presenta los créditos iniciales —título, reparto y equipo principal de producción— a través de un montaje audiovisual, ayudando a establecer el contexto y el tono del programa. No obstante, y desde una perspectiva más elaborada, otros se han referido a ellas como un microcosmos de la propia narración que revela la percepción que los creadores tienen sobre su audiencia y su propio trabajo, las convenciones narrativas y artísticas del medio, y las prácticas de la industria. Estas secuencias construyen el pasado de la narración, dan forma a la experiencia presente del espectador con cada episodio y allanan el camino para el futuro del relato (Kociemba, 2006). Así, lejos de limitarse a su cometido vehicular, que fácilmente podría conseguirse con la pantalla en negro y un texto sobreimpreso como se hacía en sus orígenes, las secuencias de apertura sobrepasan esta función introductoria para convertirse en piezas que se sustentan por sí solas con la capacidad de contener una carga narrativa y estética. Tomando como referencia esta definición más compleja, el presente capítulo realizará un análisis en profundidad del montaje audiovisual de la secuencia de apertura de *Sons of Anarchy* evidenciando la simbología de los elementos que la componen y que recogen la esencia del programa, ayudan a definir su identidad y, como se discutirá, avanzan los elementos narrativos y temáticos clave de la serie.

El arte de las secuencias de apertura

La tradición de las secuencias de apertura ya ha despertado momentos de especial interés a lo largo de la historia. Primero, en la década de los cincuenta, cuando estas fueron introducidas en el medio cinematográfico de la mano del maestro Saul Bass y más adelante, en los años noventa, con la renovación de la práctica que supondría el trabajo de Kyle Cooper (Kociemba, 2006). Ahora, las secuencias de apertura vuelven a ser motivo de atención, si bien, en esta ocasión, el foco se sitúa sobre el medio televisivo. Series como *Dexter* (FX, 2006-2013), *Mad Men* (HBO, 2007-2014), *Juego de Tronos* (*Game of Thrones*, HBO, 2011-), *Vikingos* (*Vikings*, History Chanel, 2013-) o *Daredevil* (Netflix, 2015-), entre muchas otras, apelan a una nueva tipología de secuencias de apertura a la que algunos ya se han referido como «la era de la apertura elaborada» (Victor, 2016) o «una nueva edad dorada para las secuencias de apertura» (Chaney, 2014). Esto coincide con un momento de cambios para la ficción televisiva, donde, como ya han señalado otros (Cascajosa Virino, 2016b), se ha producido un salto cualitativo que ha motivado formas más complejas de pensar, hacer y consumir las series de televisión. Es en este contexto cuando empiezan a aparecer secuencias de apertura más elaboradas que responden a la necesidad de realizar productos cada vez más cuidados, destinados a una audiencia más exigente y donde es vital destacarse de la competencia. Ian Albinson, editor jefe de *Art of the Title*, publicación *online* dedicada al análisis del proceso creativo de estas secuencias, ha hablado sobre las causas que han motivado esta situación (Chaney, 2014). Albinson se refiere a las nuevas tecnologías que permiten a los profesionales del medio crear secuencias de mejor calidad, a la colaboración cada vez mayor entre estos y los creadores de las series para desarrollar secuencias que hablen directamente sobre la narración y el precedente cualitativo que establecería la cadena de cable HBO con las secuencias de apertura de *Los Soprano* (*The Sopranos*, HBO, 1999-2007) y *A dos metros bajo tierra* (*Six Feet Under*, HBO, 2001-2005).

Estas nuevas secuencias de apertura se alejan de las formas visuales más elementales, apuestan por la innovación y buscan una calidad propia del medio cinematográfico. Coulthard (2010) ha señalado que ahora estas secuencias operan a un nivel casi abstracto apelando al puro placer visual y sonoro a través del uso de un montaje audiovisual denso con diferentes niveles de significado, como sucede en *Sangre Fresca* (*True Blood*, HBO, 2008-2014), donde se ofrece un retrato de la sordidez sureña a través de escenas sobre rituales religiosos, animales putrefactos y actos eróticos; pero donde en ningún momento se hace referencia al componente de género fantástico de la serie. Otros como Chaney (2014) también han apuntado a que ahora algunas secuencias de apertura se crean expresamente como complemento narrativo de la acción, como es el caso de *Juego de Tronos,* donde en cada capítulo el espectador es llevado por un recorrido a través de los mapas de los lugares donde tendrá lugar la acción, facilitando así la tarea de situar al público en un mundo de ficción extenso y complejo. Otras series parten de un concepto más tradicional, pero lo presentan con una vuelta de tuerca, como *Orange is the New Black* (Netflix, 2012-), que presenta a los personajes a través de planos de los ojos y las bocas de reclusas reales en lugar de utilizar imágenes de las protagonistas.

En otros casos, la secuencia de apertura se construye alrededor de una pieza musical que los responsables de la serie solicitan expresamente, como sucedería en *True Detective* (HBO, 2014-) con el ya mítico «Far from any road» del dúo *country* The Handsome Family. Al respecto, cabe destacar que algunos *showrunners* llegan incluso a componer sus propios temas de apertura, tal y como haría Joss Whedon para su serie *Firefly* (FOX, 2002). Estas secuencias de apertura abren paso a la experimentación, pues mientras muchas series siguen manteniendo la misma pieza a lo largo de toda su emisión, otras las modifican puntualmente según las necesidades de la narración, como *Fringe* (FOX, 2008-2013) y algunas las cambian en cada episodio, como *Galáctica Estrella de Combate* (*Battlestar Galactica*, SyFy, 2003-2009), que construye la secuencia de apertura con imágenes extraídas del episodio que introduce. Así, las secuencias de apertura abandonarían su condición de paratexto para convertirse en piezas autónomas que se sustentan por sí mismas (Coulthard, 2010), pequeñas obras de arte que funcionan como relatos independientes dentro del relato global de la serie. Las secuencias de apertura siguen respondiendo a la necesidad de aproximar al espectador a la ficción en la que está apunto de adentrarse, estableciendo el tono y la acción, pero ahora lo hacen a un nuevo nivel de complejidad visual y narrativa, convirtiéndose en un valor añadido para la serie, y aportándole calidad y distinción.

Ridin' through this world... La secuencia de apertura de *Sons of Anarchy*

La secuencia se abre con una imagen de motos moviéndose en formación por una carretera secundaria. Le sigue el antebrazo de Jackson «Jax» Teller en el que luce un gran tatuaje de una tumba, una bandera estadounidense hondeando, el escote de Gemma Teller Morrow con su característica cicatriz de una operación de corazón y el tatuaje de un cuervo sobre el pecho, una chaqueta de cuero con los parches «Redwood» y «original», el motor de una moto, la mano de Robert «Bobby» Munson tocando una guitarra clásica, Alexander «Tig» Trager cargando una escopeta, la mano de Filip «Chibs» Telford sujetando una navaja, una mano cargando una pistola, fajos de billetes amontonados, el símbolo anarquista dibujado en la moto de Kip «Half Sack» Epps, el hombro desnudo de Tara Knowles con el tatuaje de una rosa y la mano de Clay Morrow sujetando un puro a medio fumar y su tatuaje en el hombro de su unidad en el Ejército. La secuencia se cierra con el tatuaje de la parca y el nombre del club apareciendo en la espalda desnuda de Jax.

El montaje visual sufre ligeras modificaciones en las temporadas siguientes —concretamente en las temporadas segunda, tercera, quinta y séptima— en respuesta a las necesidades narrativas de la serie, por lo que la secuencia original se ve alterada al añadir nuevas imágenes al mismo tiempo que otras se pierden. Una puerta de barrotes metálicos de una prisión cerrándose, los nudillos de Harry «Opie» Winston llenos de grandes anillos, parte de la chaqueta tejana de Piermont «Piney» Winston con el parche «first 9» y la cánula nasal que le ayuda a respirar, motos avanzando por una carretera, el manillar de una moto estilo Harley-Davidson, el lateral de la cabeza de Juan Carlos «Juice» Ortiz con tatuajes a ambos lados de su corte de pelo estilo mohawk, el abdomen de Happy Lowman con sus tatuajes de caras sonrientes, una mano sujetando fotografías antiguas, la tumba del fundador del club, el cuentakilómetros de una moto y la mano de un niño jugando con una moto de juguete.

Estas imágenes se acompañan de la canción *This Life,* una pieza que apela fuertemente a la música tradicional americana con tintes sureños de estilo *country* alternativo, *blues* y *rock*. La canción la interpreta el cantante y compositor Curtis Stigers y el grupo The Forest Rangers, y se compuso a partir de la colaboración entre Stigers; el guitarrista del grupo Velvet Revolver, Dave Kushner; el productor musical de la serie, Bob Thiele Jr., y el propio Kurt Sutter. Esta pieza, que ofrece un retrato sobre la vida y la muerte, fue bien recibida por la crítica y obtuvo una nominación en los Emmy de 2009 en la categoría de mejor tema musical, siendo merecedora del premio otorgado por la ASCAP (American Society of Composers, Authors and Publishers) al mejor tema musical en 2010. Es necesario señalar que en *Sons of Anarchy* la música en general ocupa un lugar destacado en la producción, siendo recurrente el uso de secuencias montadas al ritmo de una canción que habla directamente de la acción que acompaña.[22] Sutter ha reconocido que desde un principio la música fue parte importante de la serie y por ello él mismo se ha involucrado en el ámbito musical de la narración, pues además de su papel como co-compositor del tema de apertura también especificaba qué pieza debía acompañar una escena concreta dentro del propio guion (Thiele Jr., 2012).

La totalidad de la secuencia, desde el diseño visual ideado por Vincent Tsu y su estudio Twenty Tabs, hasta la canción *This Life,* se convierte en un espacio comunicativo y expresivo al servicio del creador. Esto queda fácilmente reflejado en el cambio que sufre la secuencia de apertura en los episodios finales de la tercera temporada, donde se usa una variación de la melodía para aportarle un toque celta y reflejar así que la acción de la serie se traslada a Belfast. La secuencia se sitúa en la línea más tradicional al estructurarse a través de la presentación del reparto de la serie a través de su imagen, pero lo hace de un modo novedoso

---

22/   Para más información sobre la música en la serie, véase los capítulos firmados por Jorge David Fernández Gómez y Joaquín Marín Montín en este volumen.

al reorientar la atención de lo que sería más común, los rostros, hacia sus manos, brazos, torsos y espaldas; dándolo a conocer, por lo tanto, a través de sus representaciones. Además, emplea una paleta de colores en tonos negros y sepia, reforzando la idea de lamento o relato trágico. Así, la secuencia de apertura de *Sons of Anarchy* introduce el tono, los personajes y la esencia de la propia serie; pero más importante aún, introduce un conjunto de símbolos que ya señalan a los temas y motivos que serán el eje narrativo de la serie, situándose, entonces, como una extensión de la propia narración. De hecho, el mismo título de la canción, *This Life,* ya hace hincapié sobre lo que va a tratar la secuencia de apertura, «esta vida», y no cualquier vida, sino la vida de los Hijos de la Anarquía.

... all alone. Familia, club y lealtad

Si hay un motivo clave en la serie, este es la familia. Cuando se piensa en la familia de *Sons of Anarchy* se debe hacer de una forma amplia, es decir, se debe pensar en los seres queridos de los miembros, pero también en todos aquellos allegados que les son afines, quedando entonces diluida la barrera que separa la familia del club. En el episodio «Seeds» (1x02) Gemma dice a Donna, la primera mujer de Opie, cuando esta no quiere la ayuda del club, que «SAMCRO no es el enemigo, sino el pegamento que te ayudará en los momentos difíciles» e, igualmente, cuando el club tiene que afrontar negocios complicados que podrían causar daños colaterales a sus familiares, Clay reúne a todos en la sede del club y les da la bienvenida diciendo que «estáis aquí porque sois de la familia y porque SAMCRO cuida de los suyos [...] bajo este techo estaréis a salvo. Estáis en vuestra casa» («The Culling», 2x12). La secuencia de apertura hace hincapié en estas cuestiones al destacar dos elementos que son un símbolo significativo en la serie: las chaquetas de cuero con sus parches correspondientes y el tatuaje de la parca que aparece en la espalda de Jax. Estas son señales de identificación y pertenencia con las que los Hijos se reconocen como miembros de una misma familia y refuerzan la idea de unión que se establece entre cada miembro y el club. Tan importante es lo que representa la chaqueta que un aspirante a ser miembro del club no puede llevar los parches completos que lo identifican como tal hasta que pase un periodo de prueba o hasta que el resto del club lo apruebe. La chaqueta como símbolo de familia y de lealtad hacia el club es vital para los miembros y su pérdida es un ataque personal. Cuando Marcus Álvarez, presidente del club rival los Mayans, quiere mandar un mensaje a Clay para que sepa que la tregua entre ambos se ha acabado, intenta arrebatar las chaquetas a Jax, Opie y Bobby, a quienes tiene retenidos. Pero Jax, a pesar de tener una pistola apuntándole a la cabeza, le reta diciendo «aprieta el gatillo [...] solo así vas a poder quitarme esta chupa» («Potlatch», 2x08). Algo parecido sucede con el tatuaje de la parca que es la imagen insignia del club, pues del mismo modo que ser despojado de la chaqueta es una falta grave, no eliminar ese tatuaje cuando el club así lo demanda es incluso peor. En el episodio «Giving Back» (1x05), Kyle, un exmiembro del club que vuelve a la ciudad para ver a sus hijos, es descubierto por aún llevar el tatuaje en la espalda. Se trata de una ofensa muy grande, por lo que los Hijos le tienden una emboscada en el taller y, maniatándole con cadenas, le eliminan brutalmente el tatuaje quemándole la piel con un soplete. Pero el tipo de vida que llevan los Hijos de la Anarquía, al margen de la sociedad y rigiéndose por la ley del más fuerte, hace que la imagen de familia unida y comunidad que tanto les gusta representar tan solo sea un espejismo. Por ello, y a pesar de apelar constantemente a la idea de la familia a lo largo de la narración y a través de la simbología de la chaqueta y el tatuaje, la letra de *This Life* cuenta algo distinto. La canción acentúa especialmente la idea de la soledad, pues como señala la letra, «recorriendo este mundo / solo / Dios se lleva tu alma / estás solo» *(Ridin' trough this World / all alone / God takes your soul / you are on your own)* y recuerda que ya no existe la unidad que en un comienzo les habría llevado a formar el club. Los personajes se sienten aislados y perdidos en un mundo que ya no comprenden. Jax, por ejemplo, es a menudo retratado leyendo el manuscrito de su padre en la soledad de la azotea del taller o escribiendo en las libretas que siempre lleva consigo, interiorizando sus sentimientos mientras ve morir a todos aquellos a los que ama, su hermano, su padre, su mejor amigo, su mujer, su madre... hasta que, al final, se queda completamente solo.

Asimismo, las chaquetas, además de ser un símbolo de pertenencia, como ya se ha señalado, son interesantes también porque cuentan una historia a través de los parches que llevan. Es significativo que la secuencia de apertura muestre dos de estos parches concretamente, por un lado aparece el «Redwood Original» sobre la solapa de una chaqueta de cuero, y por el otro, el «first 9» en el plano que muestra la chaqueta de Piney —a partir de la segunda temporada—. Y es significativo que se centre la atención en estas dos insignias porque ambas están aludiendo al origen del club, o lo que es lo mismo, al origen de la familia. El «Redwood Original» identifica a aquellos miembros que se iniciaron en el club madre, el que tiene sede en Charming, por lo que apela a la familia más cercana, por así decirse, o a la familia de sangre. El «first 9», por su parte, alude a los nueve miembros fundadores del club, es decir, a los antepasados de la familia. La secuencia de apertura también refuerza la idea del origen del club y las raíces familiares cuando en la quinta temporada introducen, por un lado, un plano en el que se puede ver una mano sujetando varias fotografías antiguas en las que se aprecia un vehículo militar, y por el otro, uno donde se ve la tumba de John Teller, padre de Jax y miembro fundador del club, donde se le reconoce como combatiente en la guerra de Vietnam. Con la imagen de las fotografías la letra de la canción dice *a perfect line,* recordando que al principio todo iba a ser algo bueno, el club iba a ser la solución al desencanto que los soldados sentían al volver a casa después de la guerra. Pero resultó no serlo. Los planes iniciales de John Teller de crear una hermandad que viviera al margen de la sociedad acabaron por truncarse. En palabras del mismo John Teller,

> lo que empezamos tú y yo era algo bueno por una buena razón. Pero aquello en lo que nos hemos convertido es algo distinto y por razonas que ya no entiendo. Siento el viento de la ira a mi espalda y no sé cuanto tiempo me queda con esta chaqueta que tanto amo. Este libro es por todas las cosas que queríamos y todas las cosas que todavía podemos ser («The Revelator», 1x12).

El pasado tiene una presencia casi física durante toda la serie y la secuencia de apertura así lo recoge. Del mismo modo, con estos símbolos no solo se apela al pasado sino que también se hace referencia a una de las tramas principales de la serie y desencadenante de todo el relato, la de Jax descubriendo el manuscrito escrito por su padre donde retrata las ideas que tenía para el club en un origen, aquello en lo que este acabó convirtiéndose y el camino que esperaba volviera a tomar.

On the devil's path... Amor, violencia y venganza

Los clubs de moteros fácilmente se suelen asociar a tipos duros y solitarios que aprovechan cualquier ocasión para iniciar una pelea de bar. Pero en *Sons of Anarchy* las escenas sangrientas sobre matanzas, desmembramientos, torturas y violaciones se convierten en poesía. «Gotta rise some hell» expresa la secuencia de apertura, y eso es precisamente lo que hace el club. La violencia se entierra en lo más profundo del club y se convierte básicamente en su forma de lucrarse. En la secuencia de apertura se pueden ver varios planos en los que se destacan armas como metralletas, pistolas y navajas, apelando por un lado a su negocio de venta ilegal de armas y por otro a la fuerza que emplean para aplicar su ley. Esta brutalidad se impone como mecanismo de autoprotección ante el mundo sin leyes de aquellos que deciden vivir fuera de los márgenes de la sociedad. John Teller reflejaba en su manuscrito que «la mayoría no éramos violentos por naturaleza [...] en el límite, la sangre y las balas son la ley [...] la violencia inevitable» («Seeds», 1x02). Es interesante cómo ya en la canción de apertura se refuerza la conexión que hay entre la violencia con la que actúan los Hijos y su forma de hacer negocios. Además de los planos que se centran en las armas y los fajos de billetes amontonados, la letra describe que cuando es momento de hacer negocios es cuestión de vida y muerte, y que no hay que perder la cabeza cuando algo sale mal. Como dice la canción «cuando es la hora de hacer negocios / es cuestión de vida o muerte / no pierdas la cabeza / cuando un trato sale mal» *(cause when it's business time / it's life or death / don't lose your head / when a deal goes down)*. Es curioso porque habitualmente los negocios de los Hijos suelen truncarse, y lejos de actuar de una forma racional, el club recurre a la amenaza, el robo, el chantaje o el asesinato como métodos para solucionarlo. Lo que empezaría siendo una comunidad sustentada en la hermandad y la lealtad, acabaría por hacerlo en el miedo y la codicia.

Esta forma de hacer que, podría decirse, se resume en morir o matar, está motivada también por otro tema muy potente en la serie: la venganza. El camino violento que siguen los Hijos para demostrar su amor y lealtad hacia el club y su familia está marcado por deseos vengativos. Una de las tramas principales de la serie es la de Jax vengando la muerte de su padre, una *vendetta* que lleva grabada en la piel en forma de tatuaje. Es significativo que cuando se introduce el personaje de Jax en la secuencia de apertura se haga precisamente con este mismo tatuaje, el que honra la tumba de su padre y que ocupa gran parte de su antebrazo derecho, reflejando la motivación que empuja los actos de Jax. Es interesante que se haya preferido introducir el personaje de Jax de esta forma, pues se podría haber elegido cualquier otro de los muchos símbolos que lo representan, como por ejemplo los tatuajes con los nombres de sus hijos para señalar su faceta de padre, pero al hacerlo con la imagen de la tumba se está recalcando que en lo más profundo de su persona, Jax se mueve por un camino no guiado por el amor sino por la venganza.

... until you die. Muerte y redención

Junto con la cuestión de la familia, la de la violencia y la venganza, la muerte es el otro gran tema de la serie y que queda ampliamente retratado en símbolos como los de la parca, el cuervo y la carretera. En un mundo sin leyes donde todo se reduce a matar o morir, la única vía posible siempre es la muerte. Como en *Hamlet*, todos deben morir.[23] La secuencia de apertura prácticamente en su totalidad está compuesta por imágenes que apelan, de una forma u otra, a la muerte: el tatuaje de la tumba de John Teller, la cicatriz de la operación de corazón de Gemma, el tatuaje del esqueleto de una serpiente, las armas, la tumba de John Teller, el puro encendido de Clay, las caras sonrientes del tatuaje de Happy, el cuentakilómetros acelerando, la cánula nasal de Piney y el tatuaje de la parca. Incluso la focalización que se hace en toda la secuencia sobre brazos y manos, en lugar de centrarse en los rostros, como ya se ha comentado, refuerza el carácter violento del club. Los

---

23/   Para profundizar en las relaciones entre *Sons of Anarchy* y la tragedia shakesperiana, véase el capítulo «*Sons of Tragedy:* la tragedia shakesperiana en la ficción televisiva *Sons of Anarchy*» firmado por Cristina Algaba y Elena Bellido-Pérez en este mismo volumen.

Hijos tienen las manos manchadas de sangre, ya que son esas mismas manos las que aprietan los gatillos y clavan los puñales. Cabe destacar, también, que la muerte y la actividad violenta que la precede se presenta como el obstáculo que impide que el club se redima de las atrocidades cometidas, pero al mismo tiempo la muerte es lo único que permitirá a Jax alejar al club y a su familia de este ciclo vicioso. La canción de apertura ya lo dice, *gotta live this life / 'till you die,* deben vivir esta vida hasta que mueran.

La parca es sin duda el símbolo más representativo de la serie tanto por su visibilidad como por su significación. No es fortuito que la última imagen que muestra la secuencia de apertura sea la del tatuaje de la parca apareciendo en la espalda desnuda de Jax. La parca se utiliza aquí en su sentido más literal, los Hijos de la Anarquía son la muerte. La figura de la parca se presenta bajo su forma tradicional de esqueleto con capa y capucha, sujetando en una mano la larga guadaña que le permite recolectar las almas de los muertos y en la otra el orbe. No obstante, se le han añadido algunas personalizaciones para adaptarse a la identidad del club. La guadaña se convierte en rifle en la parte inferior, aludiendo aquí al negocio de venta ilegal de armas con el que se financian los Hijos y también a los antecedentes militares de los fundadores del club, y en el orbe aparece la «A» característica de la corriente anarquista. Como se comentaba, la parca tiene una presencia destacada en la serie, dado su estatus de logo del club; su imagen aparece frecuentemente representada a través de las chaquetas con la gran insignia en la parte trasera, el tatuaje que algunos miembros del club llevan y la imagen tallada a gran escala en la mesa de madera en la que se reúne el club para tomar decisiones. La presencia constante y sofocante de la parca refuerza la imagen de la muerte cerniéndose sobre los miembros de los Hijos, una muerte que llevan a la espalda desde el momento mismo de la fundación del club.

Otro símbolo que hace referencia a la muerte es el del cuervo. La letra de *This Life* ya habla de un cuervo que vuela recto *(the crow flies straight),* imagen que recuerda a los miembros del club con sus chaquetas de cuero negras y ropas de tonos oscuros conduciendo sus motos por la carretera. El cuervo es importante en la narración de la serie y aparece representado de formas diferentes. Además de por el color negro, los miembros del club a menudo son reconocidos con el nombre de Sam Crow por su condición de hombres de SAMCRO, el acrónimo para «Sons of Anarchy Motorcycle Club, Redwood Original»; a las chicas que son asiduas del club pero que no tienen ninguna relación formal con ningún miembro se las conoce como *crow eaters,* mientras que las esposas y parejas formales de los Hijos llevan tatuada la imagen de un cuervo en reconocimiento de su estatus dentro del club. Además, el episodio piloto se abre con la imagen de dos cuervos en medio de la carretera comiendo lo que parecen ser los restos de algún animal y del mismo modo, el episodio final de la serie, «Papa's Goods» (7x13), se cierra también con la imagen de dos cuervos en la carretera mientras la sangre de Jax se extiende hacia ellos. Otro presagio de muerte se encuentra en el tatuaje del cuervo de Gemma y la gran cicatriz que tiene junto a este. Estas dos imágenes señalan a la misma esencia de Gemma, un personaje brutal que a pesar de moverse por el amor hacia su familia, su hijo y sus nietos, acaba clavándole un pincho de carnicero en el cráneo a su nuera —(«A Mother's Work», 6x13)—. Gemma tiene el corazón dañado y no solo por su problema cardíaco congénito, Gemma tiene el corazón dañado porqué tal y como simboliza su tatuaje, lleva a la muerte en su corazón.

Tiene una fuerte presencia también en la serie la iconografía de la carretera y las motos. *This Life* habla de la carretera en varias ocasiones refiriéndose a esta como una línea perfecta *(the crow flies straight / a perfect line)* y como a la senda del diablo *(on the devil's path).* Igualmente, la secuencia de apertura incluye varios planos de moteros recorriendo una carretera secundaria y otros planos más cerrados de sus engranajes. Al mostrar lo que las hace funcionar, el corazón de la moto, se está señalando que, en esencia, todo ha girado siempre en torno a un club de moteros. Jax habla de los sentimientos que le produce conducir su moto y dice que «algo pasa cuando vas a 150 por hora. El tubo de escape ahoga los demás sonidos. La vibración del motor se acompasa al ritmo de tu corazón [...] Y de repente no estás sobre la carretera. Estás dentro. Formas parte de ella [...] todos los problemas, todo el ruido, desaparecen» («Sovereign», 5x01). Teniendo esto en cuenta, los símbolos de la carretera y las motos deberían funcionar como vía de escape y signo de libertad, tal y como John Teller quería para el club en sus inicios, pero no lo hacen. El camino del club se tuerce cuando las amenazas externas e internas frenan esa libertad, de modo que la carretera y las motos se convierten en un símbolo opresor de inmovilidad y constricción que lleva directamente a la muerte. Esta idea alcanza una definición literal si se tiene en cuenta que tanto Jax como su padre John Teller, mueren conduciendo una moto.

Pero mientras que la muerte evidencia el fin de un recorrido, el camino que muestra *Sons of Anarchy* es el de la redención. Jax, como hiciera su padre, viendo en lo que se ha convertido el club, intenta por todos los medios encontrar una manera de salvar a su club, a su familia y a sí mismo. Pero encontrar la redención en un mar de venganza, venganza por la muerte de su padre, por la muerte de su mejor amigo y por la muerte de su esposa, no le es posible. Como Jax confiesa a su viejo amigo Piney, «intento encontrar el equilibrio, lo mejor para mi familia, el club... Y cada vez que creo ir en el buen camino, acabo metido en un agujero que ni sabía que existía» («SO», 3x01). La canción de apertura advierte que la vida es corta y que es mejor vivirla correctamente porque no hay vuelta atrás —*this life is short [...] better live it right / you ain't comin' back*—. Los esfuerzos de Jax por cambiar su sino son inútiles, no puede escapar de las decisiones que ha tomado ni del camino que ha elegido y debe pagar las consecuencias. Aunque Jax quiera cambiar de vida, a sus espaldas siempre llevará el peso de los Hijos de la Anarquía en forma del gran tatuaje de la parca. Jax tiene que quedarse con la vida que le ha tocado vivir, *gotta live this life,* cuenta la canción, desprendiendo cierto sentido de resignación ante el camino que ha elegido llevar en la vida. Jax tendrá que seguir «en la senda del diablo hasta que mueras». La única forma de alcanzar la redención, ya no para él sino para sus seres queridos, entonces, será a través del sacrificio último. Así, con su muerte Jax espera conseguir salvar a sus hijos alejándolos de la vida que él ha llevado, «no soy un buen hombre. Soy un criminal y un asesino. Necesito que mis hijos crezcan odiándome» («Papa's Goods», 7x13). No obstante, la secuencia de apertura de la séptima temporada presenta una imagen reveladora. Para introducir al personaje de Wendy se utiliza la imagen de una mano infantil jugando con una moto a escala y recreando su movimiento. Lo que se desprende de este gesto es estremecedor puesto que se está señalando a la posibilidad de que los hijos de Jax sigan su mismo camino haciendo que su sacrificio para alejarlos de este tipo de vida y el romper el ciclo de violencia fuera en balde. Además, no se debe olvidar que la última imagen que se tiene de los dos niños es la de ellos en un coche con Wendy y Nero alejándose de Charming mientras Abel sujeta en sus manos un anillo con la palabra «SON», que habría pertenecido a su padre y antes a su abuelo John Teller, y que Gemma le da a escondidas explicándole que es «para cuando seas miembro» —en los episodios «Suits of Woe» (7x11) y «Papa's Goods» (7x13).

Con la muerte de Jax la serie llega a su desenlace y finaliza un camino cuyo recorrido ya se había trazado en la secuencia de apertura de *Sons of Anarchy*. Una pieza que recoge la esencia de la misma serie, pues a través del propio montaje audiovisual acompañado de la pieza *This Life* se está contando ya una historia sobre el pasado y el futuro de la narración. Un relato que, como si del libro de las Revelaciones o el propio manuscrito de John Teller se tratase, ya presagiaba la muerte del club. Un club que desde el primer momento se presenta en decadencia, un club que está llegando a su fin y que se ha forjado su propio destino, un destino que emana un hedor a muerte traído por la misma parca que los representa.

Capítulo 18
De los clásicos musicales al ruido de motos. Análisis narrativo del entorno sonoro en *Sons of Anarchy*
Joaquín Marín Montín

> Algo pasa cuando vas a 150 por hora. El tubo de escape ahoga los demás
> sonidos. La vibración del motor se acompasa al ritmo de tu corazón.
>
> Jax Teller («Sovereign», 5x01)

Elementos generales

Uno de los aspectos más llamativos de *Sons of Anarchy* tiene que ver con
su tratamiento sonoro. A lo largo de las siete temporadas, la serie ofrece un gran repertorio de cómo aplicar narrativamente los fundamentos
esenciales en cada uno de sus componentes. La banda sonora de una
producción audiovisual integra las voces, la música, los efectos y el silencio, convirtiendo el conjunto en un factor decisivo de su calidad estética
final. En este sentido, el creador de la serie, Kurt Sutter, ha concedido un
valor determinante al aspecto sonoro, con especial énfasis en la música
diseñada por Bob Thiele Jr. De igual forma, el tratamiento del resto de
elementos sonoros se conforma, atendiendo a factores de producción, en
tres fases: rodaje (sobre todo diálogos y sonidos disponibles), montaje (sonidos a añadir) y mezcla final. Dentro del equipo humano (Series Sound
Department) que participó en el tratamiento sonoro de *Sons of Anarchy*
hay que destacar tres nombres: Tim Chilton *(foley artist)*, Bob Costanza
(sound effects editor) y Brian Harman *(re-recording mixer)*.

A la hora de tratar la banda sonora, deben considerarse aspectos comunes que influyen en la organización narrativa del contenido, uni-
ficando o separando estructuralmente el componente visual. De un
lado, el plano sonoro se relaciona con la distancia aparente del sonido
respecto a su escucha, vertebrándose en cuatro modalidades: primerísimo primer plano, primer plano, plano de fondo y plano general. La
utilización y combinación de los mismos no solo responde a criterios

físicos de distancia, sino que además permite expresar distintos estados de ánimo a modo de planos de intención. Por otro lado, también existen los planos de intervención sonoros relacionados con el tiempo y el espacio, basados en cómo la fuente es mostrada o percibida por el espectador, siendo especialmente relevantes dos: diégesis *(in)* y fuera de campo *(off)*. En este sentido, *Sons of Anarchy* ofrece diferentes aplicaciones sobre el uso de los planos sonoros, vinculados especialmente a las voces y la música. A todo ello hay que sumar otras situaciones donde el sonido circula en la serie más libremente, permitiendo enfatizar determinados momentos de la historia.

Voces

La voz es el elemento sonoro más importante del ser humano, tanto por su capacidad comunicativa como por su versatilidad como instrumento musical. En las producciones audiovisuales de ficción en las que interviene, el sonido de la voz contribuye a la creación del personaje, informando sobre sus circunstancias físicas y psicológicas. De esta forma, las voces indican, entre otros datos, el género del personaje, su tono o su manera de hablar.

Acentos y jergas

En *Sons of Anarchy* son fácilmente perceptibles una gran variedad de usos idiomáticos por parte de sus personajes, vinculados en algunos casos a determinados grupos. Entre todos ellos, son especialmente relevantes dos (inglés y español), siendo determinantes su uso a nivel narrativo. Dentro del colectivo SAMCRO, el caso más representativo es el de Flip «Chibs» Telford hablando inglés. Y es que su marcado acento escocés no solo permite identificar la procedencia del personaje que interpreta, sino que además lo define narrativamente. El propio actor lo remarca en una entrevista con el director Kurt Sutter: «Soy escocés y represento a un escocés, que da un poco por culo porque la audiencia no entiende una mierda lo que estoy diciendo» (Bennet, 2014: 51) *I am Scottish and I play Scottish, which is a bit of a pain in the ass because the audience doesn't understand a fuck what I'm saying (TdA)*. Por otro lado, el acento irlandés está muy presente en la serie asociado a los personajes traficantes de armas que representan al grupo terrorista IRA y sus dos escisiones (IRA Auténtico e IRA Verdadero): Michael McKeavey, James «Jimmy» O´Phelan, Cameron Hayes o Connor Malone. Junto a ellos hay otros personajes que aparecen más específicamente cuando la acción principal se traslada a Irlanda del Norte en la tercera temporada de la serie, representados por los miembros de la filial del grupo motero en Belfast, como puede comprobarse en el capítulo de Michael McKeavey («Lochan Mor», 3x08). Entre todos ellos destacan narrativamente dos personajes, vinculados al mencionado grupo terrorista: el padre Kellan Ashby y Maureen Ashby, antigua amante de John Teller.

Otra forma de hablar y un acento muy presente en la serie es el español. En este caso, este idioma aparece casi siempre asociado a la jerga de tres bandas latinas: los Mayans, los Calaveras y los Byz-Lats. Junto a esos grupos están los componentes del cártel mexicano Galindo. Aunque todos ellos conversen en inglés, es habitual que en determinados momentos lo mezclen con el español o lo hablen de forma específica. Sirva de ejemplo la breve conversación de Ramona con Marcus Álvarez, correspondiente al episodio «June Wedding» (3x12):

> Álvarez: ¿Por qué te trajeron aquí?
> Ramona: Por mi sobrino, Héctor Salazar, quieren saber dónde está.
> Álvarez: Pues yo también, puta. Mira, no soy estúpido como estos gringos. Si no me dices algo... yo te mato.

A su vez, los líderes de los grupos referidos usan expresiones en español cuando conversan entre ellos, como sucede en el capítulo «Darthy» (5x12) entre los miembros del cártel Galindo: ante el «Dale, bole... dámelo» de Romeo Parada, Luis Torres le responde «Ya jefe, ándele, todo está bien». En términos generales, los vocablos más repetidos en español en *Sons of Anarchy* proceden de la jerga mexicana vinculada con frecuencia a sectores marginales latinos.

Formas narrativas de la voz: in, off y over

De todas estas modalidades sonoras, la voz *in* es la más habitual en la serie, teniendo su origen en alguno de los personajes que esté encuadrado.

Este tipo de voz permite reconocer con facilidad la procedencia de un personaje por su acento o entonación. De igual modo, la voz *in* permite distinguir de forma más evidente otros rasgos relacionados con la definición de los personajes, como es el tono. Así, el de Clay Morrow es un tono grave, lo que le confiere un aire autoritario, algo que va unido a su figura de presidente de SAMCRO. Frente al anterior, Wayne Unser, el jefe de la policía de Charming, representaría el polo contrario, con una entonación amistosa, y relacionada con su carácter dócil e inseguro. En general, las voces de *Sons of Anarchy* ofrecen unas características propias, al haber unos personajes tan definidos y con roles tan específicos. Por otro lado, hay que referirse al caso de «Big Otto» Delaney, uno de los primeros miembros de SAMCRO que cumple condena por diferentes crímenes en la prisión estatal de Stockton. Otto tiene un tono de voz apagado que contrasta con la frialdad y crueldad de sus actos. De igual modo, hay que mencionar al personaje de Gemma Teller, cuya personalidad especialmente maternal y controladora, se refleja en su tono de voz inestable.

Otra de las formas narrativas presentes en *Sons of Anarchy,* es la voz en *off* utilizada de manera recurrente durante la serie. Habitualmente este recurso se incluye al inicio o tramo final de los episodios al que suele acompañar una música de fondo. Se trata de una fórmula narrativa que permitirá esclarecer los pensamientos e intenciones de diferentes personajes (Jullier, 2007: 61). Así, la voz en *off* más repetida en la serie es la de Jax, y está relacionada con la lectura que el protagonista hace del manuscrito de su padre John Teller *(The Life and Death of Sam Crow: How the Sons of Anarchy Lost Their Way).* Esta fórmula aparece por primera vez al inicio del capítulo «Old Bones» (1x07). Además de la lectura del manuscrito paterno, la voz en *off* de Jax se escuchará durante la serie procedente de sus textos escritos, como puede comprobarse en dos ejemplos. De un lado, la voz en *off* del protagonista se escucha al final del episodio «NS» (3x13), cuando Gemma aparece leyendo la carta que Jax le manda desde la cárcel, justificándole la última acción del club. Y de otro, la voz en *off* de Jax vuelve a tener presencia a partir de las notas que comienza a escribir a modo de memorias, como puede comprobarse por primera vez en el capítulo «Darthy» (5x12). Además de la voz en *off* de Jax, hay otra muy significativa a nivel narrativo, que corresponde a la de John Teller. El citado manuscrito también es leído por otros personajes, escuchándose la voz en *off* del fundador de SAMCRO, tal como puede comprobarse en el episodio «Smite» (2x05) cuando Gemma lo empieza a ojear más detenidamente. Además, la voz de John Teller vuelve a escucharse en relación a las cartas que escribe a su antigua amante Maureen Ashby, y que ella aparece leyendo desde Belfast, tal como puede comprobarse al final del episodio «Bainne» (3x11) o cuando Tara las descubre posteriormente en el cierre «NS» (3x13).

Junto a las formas sonoras citadas, puede añadirse el uso de la voz *over*. Es aquella que proviene de un personaje que no aparece representado en la narración, es decir, cuando lo que se relata forma parte de otro espacio-tiempo diferente de lo que ocurre en la ficción, no interactuando con los personajes (Díaz, 2011: 27). Un ejemplo representativo en la serie puede comprobarse durante el capítulo «Na Trioblóidi» (2x13) cuando se ve a Otto Delaney en la biblioteca de la cárcel escuchando por los auriculares una cinta con la voz de John Teller, hasta que otro preso le entrega un cuchillo escondido en un libro. En ese momento, Otto se quita los auriculares, para perpetrar su venganza degollando a otro preso vinculado a la Liga Nacionalista Americana, mientras sigue escuchándose la cinta. En esta secuencia será simbólico cómo en el momento específico del crimen, paralelamente, va terminando la cinta sonando una breve música y escuchándose a continuación: «ha llegado al final de la primera cara, por favor dele la vuelta a la cinta».

Aplicaciones específicas de los planos sonoros

Además de las modalidades sonoras señaladas en relación a la voz, hay que mencionar el uso de los planos sonoros. De todos ellos, el que más llama la atención en la serie, por su fuerza expresiva, es el primerísimo primer plano, asociado en la mayoría de los casos al susurro, muy frecuente en *Sons of Anarchy*. También denominado plano íntimo, este elemento permite expresar confidencias entre los personajes (Llinares, 2013: 141), habitual en los diálogos de los personajes en función de las circunstancias. Las localizaciones más reiteradas donde se detecta este plano sonoro suelen ser la sala de reunión de SAMCRO y la capilla del Hospital St. Thomas. En el primer caso, durante muchas de las reuniones del club en las que deben tomarse decisiones importantes, cargadas de tensión, se generan conversaciones en las que hay situaciones donde prima un tono más pausado. Así en el capítulo «Fruits for the Crows» (4x07) hay un momento en el que Bobby rechaza las decisiones de Clay y se dirige al grupo solicitando una nueva votación para elegir un nuevo presidente. Igualmente, en este mismo lugar hay otra situación muy reveladora en una conversación entre Gemma y Jax remarcado especialmente cuando ella le dice: «Clay debe morir», tal como puede encontrarse en la primera parte del episodio «To Be, Act 1» (4x13). En cuanto a la capilla del hospital, al tener una atmósfera tranquila, hay momentos que los personajes de la serie aprovechan para conversar utilizándose este tipo de plano, tal y como sucede al inicio de «Turning and Turning» (3x05). En esta ocasión, cinco miembros del club que están en la sala de espera del hospital aguardando noticias de Gemma cuando al llegar Bobby pide a Jax que acudan a la citada capilla para poder conversar de forma más privada pasándose a un tono de voz más bajo. En general, cuando se recurre al primerísimo primer plano en la serie suele estar acompañado de momentos de silencio, intensificándose aún más el efecto dramático.

Otro aspecto a resaltar en el uso de la voz en *Sons of Anarchy* tiene que ver con los resúmenes que anteceden a los episodios, fórmula habitual de la ficción televisiva seriada. La particularidad que ofrece en esta serie a nivel sonoro es que el mensaje «*Previously on Sons of Anarchy*» es enunciado en primer plano por las voces de diferentes miembros del reparto que presentan estos breves resúmenes. La voz más reiterada que encabeza este bloque es la de su principal protagonista, Jax, que participa en la mayoría de las ocasiones. Otras voces de personajes que intervienen con este recurso son las de Clay, Gemma, Tara, Unser, Chibs, Juice, Tig, Piney, Nero o Eli Rooselvet, entre otros.

Componente musical

La música es el elemento más llamativo en la banda sonora de *Sons of Anarchy*, convirtiéndola en pieza clave para su desarrollo narrativo. La influencia que la música ejerce en la serie resulta esencial en la percepción del espectador, debido sobre todo a su carga simbólica y paralelismo temporal con el ritmo de las imágenes mostradas. Como resultado, la música es la emoción más fácilmente compartida por los espectadores (Jullier, 2007: 92) participando activamente a través de sus diferentes sentidos como herramienta indispensable del discurso audiovisual.

Creación musical: *The Forest Rangers y otras referencias*

A lo largo de las siete temporadas de *Sons of Anarchy* puede encontrarse una amplia selección de estilos asociada a los géneros más representativos de la música popular reciente (*rock, country,* latina, *metal,* rap o *soul*). La supervisión musical de la serie corrió a cargo de Bob Thiele Jr., destacado compositor y productor, si bien era la primera vez que se enfrentaba a esta responsabilidad en la industria audiovisual. Para ello, Thiele Jr. diseñó un tono musical muy particular que tratará no solo de reflejar sino engrandecer el universo arenoso de SAMCRO. En este sentido, como señala el propio compositor, a finales de los sesenta, le impactó la lectura el libro *Hell's Angels: A Strange And Terrible Saga* así como su fascinación por la cultura del momento, sobre todo la musical, generada por parte de diferentes artistas en el área de San Francisco (Bennett, 2014: 145). Como resultado, Bob Thiele Jr. propone plantear un sello sonoro propio, con la creación de una banda: The Forest Rangers. Se trata de un proyecto colectivo dirigido por el supervisor musical de la serie que incluye a un conjunto de artistas que irán rotando como Davey Faragher, Dave Kushner, Greg Leisz, John Philip Shenale y Dave Way, entre otros. Junto a ellos hay que destacar las diferentes colaboraciones del citado grupo con otros artistas, entre los cuales destaca la actriz Katey Sagal, que interpreta en la serie el papel de Gemma Teller. Cada una de las creaciones propias producidas por The Forest Rangers ha sido usada como parte del componente narrativo de *Sons of Anarchy*. Además de la mencionada banda, en la serie pueden encontrarse una gran cantidad de referencias musicales a las que acompañan diferentes versiones de temas clásicos de la música popular, que configuran una ecléctica lista de artistas y grupos, asociada a diferentes épocas y géneros. Se trata de piezas musicales que envuelven la mayor parte de los capítulos de la serie a lo largo de sus siete temporadas, con diferentes variantes narrativas.

Formas narrativas de la música: diegética y extradiegética

Dentro de los códigos propios del lenguaje audiovisual aplicados a la banda sonora, la música puede aparecer de dos modos distintos. Por un lado, la música diegética, que es aquella situada dentro de la historia, debiendo ser visible la fuente sonora de la que surge. Al haber una relación tan fuerte de *Sons of Anarchy* con el componente musical, es habitual localizar su uso diegético, ofreciendo diferentes variantes. Así, durante la serie suelen aparecer fragmentos en los que aparecen grupos con diferentes instrumentos tocando música en directo: inicios de la gala benéfica («Giving Back», 1x05), durante el baile de la boda de Opie y Lyla, («Out»,4x01), dentro de la feria «Help Preserve Charming» («Family Recipe», 4x08)... De igual modo, otro uso diegético de la música está asociado a aquella procedente de aparatos reproductores. Así, durante el capítulo «The Pull» (1x08) en el que el agente Kohn agrede e intenta violar a Tara en su casa. Al entrar Kohn en su habitación, se ve cómo reproduce un dispositivo móvil en el que comienza a sonar el tema musical *Can´t get used losing you* de Andy Williams. De igual modo, este mismo uso, puede comprobarse durante el capítulo «One One Six» (6x02) cuando Nero al llegar a casa de Darvany Jennis pide a sus huéspedes subir el volumen de la música que viene de un reproductor para distraer a la policía. Se trata además del tema en español *Carta del hijo preso* de K´luba, que permite contextualizar el ambiente latino. E igualmente, otro ejemplo habitual de uso diegético en la serie corresponde al procedente de la radio del coche de algunos personajes, como puede comprobarse en el capítulo «Suits of Woe» (7x11), donde se ve a Gemma conduciendo mientras suena el tema *Blessed Assurance*, que posteriormente comienza a cantar. Desde el punto de vista narrativo se trata además de una música asociada directamente al momento de huida del personaje.

Por otro lado, la música extradiegética está referida a aquella que no proviene de la historia, emitiéndose en *off* sin que los personajes la oigan. Se trata de una música subjetiva que permite especialmente expresar o apoyar una situación emocional concreta, generando el ambiente anímico que no sea posible reproducir por medio de la imagen y/o de la palabra. A lo largo de *Sons of Anarchy* hay situaciones emocionales en las que se recurre a este tipo de música, siendo significativas aquellas que permiten un contraste con la narración. En el tramo final del episodio piloto, hay un claro ejemplo en el que los miembros del club motero, tras robar diferentes armas de fuego y enfrentarse a los Mayans, destruyen la nave con gasolina, originando varias detonaciones explosivas a las que acompaña como contraste el tema musical mariachi *Tus ojitos* de Campanas de América. A medida que va terminando la pieza musical se va mezclando con las explosiones como si se tratara de los fuegos artificiales de un fin de fiesta. Igualmente, como contraste a la narración, en el episodio «Toil and Till» (7x02) hay una secuencia en la que suena el tema *Darlene (Girl of my dreams)* del grupo The Earls 5 Thrills, donde se ve al personaje de Happy vestido con un traje de protección contra sustancias químicas, que aparece separando cuidadosamente la cabeza diseccionada del chino asesinado. A pesar del escabroso momento, la situación se acompaña con una balada musical romántica que contrasta radicalmente con la acción mostrada. Otras veces, en el transcurso de la acción dramática el uso no diegético de la música permite apoyar simbólicamente a la imagen, en forma de subtexto. En ese sentido, una clara muestra puede encontrarse en el episodio de cierre de la primera temporada, en el que se utiliza una versión del tema *John the Revelator* que acompaña musicalmente el final del episodio («The Revelator», 1x13). En los acordes iniciales del tema, se muestra los momentos previos al funeral de Donna, posteriormente Piney entrega a Jax el manuscrito de su padre, cuya interpretación conecta simbólicamente a John Teller con la profecía apocalíptica de San Juan. Este tema musical se volverá a repetir posteriormente en la serie, como en «Salvage» (6x06), donde suena al principio y al final del episodio en versión instrumental, a raíz de la destrucción de la sede habitual del club. Finalmente, otra de las aplicaciones destacadas del uso subjetivo de la música, es aquella que permite apoyar situaciones emocionales sumamente precisas, tal y como sucede en el episodio «Bainne» (3x11) en el que Jax localiza en un mercado de Belfast a su hijo Abel acompañado de una pareja que lo había adoptado. En ese momento, el protagonista principal comienza a seguir a la pareja mientras suena la pieza musical *Alesund* de Sun Kil Moon, de corte lento. Se trata de una de las secuencias más emocionales de serie, en la cual Jax no es capaz de arrebatar a su hijo a la pareja, a la que deja marchar en ese mismo instante.

Aplicaciones específicas: sintonía y fondo musical

Uno de los elementos narrativos propios del medio televisivo es la sintonía, consistente en un «fragmento musical que aparece al inicio y al final del programa o en las diferentes pausas» (Barberá, 2013). Se trata en buena medida del cartel anunciador que se quiere vender, debiendo llamar la atención y causar impacto desde sus primeras notas musicales. En las obras de género ficcional las sintonías representan una de las señas de identidad de cada una de las historias que acompañan. De ahí que su sentido expresivo deba estar en consonancia con la obra que se anuncia. Así, la sintonía debe ser original en su forma rítmica, melódica y tímbrica (Beltrán, 1991: 61). En el caso de *Sons of Anarchy*, el tema musical, con elementos de *rock* y *blues,* que sirve de sintonía es *This Life,* escrito conjuntamente por Curtis Stigers, Dave Kushner, Kurt Sutter y Bob Thiele Jr., e interpretada por Curtis Stigers junto a The Forest Rangers. Se trata de una breve pieza musical de treinta y cinco segundos de duración, que acompaña visualmente a una cabecera que recopila diferentes imágenes con algunos de los símbolos representativos de la serie, así como los principales títulos del reparto. Por otro lado, durante el transcurso de la tercera temporada, coincidiendo con el viaje de los miembros de SAMCRO a Belfast, se modificó la sintonía con una versión irlandesa durante los episodios «Turas» (3x09), «Firinne» (3x10) y «Bainne» (3x11). Además, el tema musical de la sintonía vuelve a reproducirse, aunque en versión instrumental, al cierre del capítulo tras un breve golpe musical que se introduce con un fundido a negro con el símbolo de SAMCRO.

Otro elemento narrativo característico en la ambientación de la banda sonora es el fondo musical. En la ficción audiovisual se trata de un recurso utilizado en una acción dramática para apoyar al parlamento. Su función es completar la información del contexto en el que se desarrolla la acción narrativa (Iapichino, 2011: 73). En *Sons of Anarchy* uno de los usos más recurrentes del fondo musical es el que acompaña a la mencionada voz en *off* asociada al monólogo interior de Jax Teller cuando lee el manuscrito de su padre. Por otro lado, la música de fondo no solo contribuye sustancialmente a la presentación del relato, sino que además puede llegar a expresar información en términos de emoción y carácter (Vale, 1985: 30). En determinados momentos, el fondo musical puede incluso proporcionar información específica sobre el relato, como puede comprobarse al final del capítulo «Dorylus» (4x03), en el que momentos previos a la entrega de una mercancía de droga Chibs descubre que falta uno de los treinta fardos de cocaína acordados con los Mayans. Para incrementar la tensión del momento se utiliza una música de fondo instrumental, que permite intensificar emocionalmente las consecuencias dramáticas derivadas del robo. De igual forma, un recurso característico de la música de fondo es el uso *in crescendo* consistente en un aumento progresivo del volumen sonoro y que genera un efecto similar al primer plano de la cámara. Un ejemplo significativo puede verse en el episodio «Balm» (2x10), en el que Gemma cuenta a Clay, Jax y Tara la violación sufrida, mientras comienza a sonar de fondo musical el tema *Mary* de Patty Griffin que a medida que la protagonista va desvelando detalles irá *in crescendo* hasta pasar al primer plano sonoro. Además, ese mismo tema musical servirá para mostrar, de forma paralela, diferentes imágenes correspondientes a otras tramas. Precisamente, otra de las funciones de la música de fondo sea la de influir en el sentido del relato enlazando una serie de tomas e incluso de escenas. Y en *Sons of Anarchy* dicha función es sin duda el procedimiento narrativo más repetido, generada en muchos casos a partir de fondos musicales que dan lugar a piezas, a modo de videoclip, que se insertan en la mayor parte de los inicios y finales de los capítulos.

De los ruidos y efectos sonoros al silencio

Bajo esta amplia denominación se agrupan los restantes componentes de la banda sonora en una producción audiovisual que no pertenecen ni a la voz ni a la música. Se trata de elementos que en algunos casos son decisivos en la articulación narrativa del relato. Al igual que en las categorías anteriormente señaladas, en *Sons of Anarchy* los ruidos, efectos sonoros y el silencio presentan diferentes variables en relación a las imágenes presentadas.

Ruidos y efectos sonoros

La presencia de ruidos dentro de la serie evoca a un mundo más natural al proporcionar mayor realismo a la imagen presentada. A pesar de esta circunstancia, en una obra audiovisual no pueden reproducirse a un mismo nivel todos los ruidos que acontecen en escena, ya que provocaría una saturación excesiva en el espectador (Tarkovski, 1991: 187). En *Sons of Anarchy* pueden detectarse diferentes tipos de ruidos que conforman la atmósfera sonora según su función en la narración. Por un lado, estarían los ruidos objetivos, que son aquellos que suenan tal y como son, y que reflejan con exactitud su procedencia. Este tipo de ruido puede ser a su vez sincrónico o *in* cuando aparece en imagen, aunque también será objetivo cuando se trate del sonido ambiente general —tráfico, mar, viento, etc.—, sin que deba ser sincrónico (Beltrán, 1991: 32). En este sentido, los ruidos *in,* al producirse dentro del encuadre, otorgan una mayor verosimilitud a la escena, reproduciéndola de la manera más parecida posible a como sería en la vida real. Sin embargo, el ruido de un disparo es lo suficientemente distintivo, por lo que no necesita que se vea el arma. Por otro lado, estos ruidos objetivos pueden a su vez distinguir dos tipos: los naturales frente a los mecánicos. En el caso de los primeros, son aquellos ruidos vinculados a la naturaleza como los propios del bosque, los sonidos de los pájaros, los grillos, etc. En *Sons of Anarchy* los ruidos naturales se utilizan principalmente como ruido ambiente. En cuanto a los ruidos mecánicos, son aquellos creados fuera de la naturaleza. A diferencia de los naturales, los mecánicos se crean y seleccionan para ofrecer efectos expresivos diferentes. En la serie sobresale por encima de todos los sonidos de las motos —vinculados a la marca Harley-Davidson— y representan uno de los principales elementos que definen la serie. Así, la moto de cada miembro de SAMCRO se convierte en sinónimo del personaje, con particularidades individuales en su diseño incluyendo su sonido (Bennet, 2014: 129). Otros ruidos mecánicos, muy recurrentes en la serie, son las armas (pistolas, revólveres, rifles de asaltos, semiautomáticas, escopetas, granadas, etc.), que al igual que las motos acompañan una gran parte de las acciones narrativas. Del amplio arsenal armamentístico que aparece en *Sons of Anarchy* llama la atención toda la gama de ruidos que genera su manipulación, que van desde su transporte, carga, disparo o detonación, en el caso de los elementos explosivos. Otros ruidos mecánicos habituales en la serie son los relativos a los diferentes vehículos como coches, furgonetas o camiones, que cobran relevancia sonora sobre todo en las escenas de acción.

Uno de los usos más habituales del ruido en la serie es el que corresponde al ambiente sonoro que proporciona información más allá de la imagen, sin mostrarse en algunos casos la fuente de procedencia *(off)*. Así, por ejemplo, un ruido ambiente muy recurrente es el localizado en el Hospital St. Thomas, que reúne sonidos propios de una unidad de cuidados intensivos como los pitidos del monitor de constantes vitales o del respirador artificial, como puede comprobarse en el episodio «Potlach» (2x08), cuando Chibs está despertándose del coma. Del mismo modo, otro ambiente sonoro habitual es el de la prisión de Stockton, que reúne sonidos de apertura y cierre de puertas metálicas de seguridad, timbres o alarmas, entre otros. Así, como ejemplifica la secuencia en la que Jax, Opie, Bobby, Chibs y Tig están el patio de la prisión, correspondiente al capítulo «Laying Pipe» (5x03). Por otro lado, al igual que la música, una de las funciones más importantes del ruido es conectar narrativamente los sonidos mediante usos simbólicos. Un ejemplo muy expresivo puede encontrarse en el tramo final del episodio «Straw» (6x01), en el cual se describe paso a paso los momentos de una matanza escolar. Por un lado, en los instantes previos a los crímenes suenan el reloj, las campanadas y el timbre del centro escolar, conectando simbólicamente con la hora decisiva. A continuación, sobresalen los sonidos que acompañan al joven Matthew especialmente sus pasos lentos y cómo saca de su mochila el arma de fuego que carga. Y finalmente se escucha en *off* una multitud de disparos que darán paso al sonido de cristales y gritos, reproduciendo simbólicamente la barbarie cometida.

Silencio

Si bien técnicamente la ausencia total de sonido no existe, el silencio puede entenderse como un elemento que comparte todas las cualidades sonoras, aunque radicalmente variadas. La sensación de silencio tiene un elevado nivel de contraste con el sonido, elemento con el que establece necesariamente una relación de interdependencia (Torras i Segura, 2014: 84). Dentro del discurso audiovisual, el silencio constituye siempre una aportación con implicaciones narrativas especialmente aplicado como subjetividad. Su uso se justifica como motivo de contraste y expectación, asociado a determinados estados anímicos —como tranquilidad, piedad, desprecio o arrepentimiento—, así como con un sentido imitativo en los que se aprovecha los ambientes de intimidad, encierro, muerte, etc. (Beltrán, 1991: 32).

De este modo, en *Sons of Anarchy* el silencio está muy presente en diferentes situaciones del relato, cobrando especial protagonismo en las dos últimas temporadas. Entre los momentos dramáticamente más intensos hay que destacar aquellos relacionados con la muerte de los personajes. Así, en «Aon Rud Persanta» (6x11), alrededor de la secuencia de la oficina del hangar, se producen dos silencios muy precisos: primero en los instantes previos a que Jax vaya a matar a Clay, silencio que queda interrumpido momentáneamente cuando Chibs le carga el arma, y segundo una vez que este ha muerto, silencio que coincide en imagen con un largo *zoom out* del personaje asesinado. Hay veces que la sensación de vacío que genera el silencio llega incluso a primar en el relato, como sucede en el episodio «What a Piece of Work is Man» (7x09), en la que es significativo que no haya ningún tema musical frente a lo dominante en la serie. De esta forma, se crea un claro contraste narrativo en un momento de la serie en el que domina la fatalidad y el pesimismo, como puede comprobarse cuando entregan y asesinan a Bobby, previamente mutilado por los hombres de August Marks. Junto a las situaciones mencionadas, hay momentos a lo largo de la serie en los que el silencio se convierte en un elemento narrativo recurrente que permite acentuar la expectación dramática, como sucede en el transcurso de las votaciones de las reuniones de club alrededor de la mesa. Así, hay que destacar esos vacíos sonoros en el episodio final «Papa's Goods» (7x13), especialmente significativos cuando los miembros del grupo deben votar si están a favor de la sentencia de muerte para Jax. Durante esta situación se generan largos silencios entre voto y voto de cada uno de los componentes del club hasta que Chibs desliza el mazo de la dirección dando paso a otro vacío sonoro con una imagen significativa del emblema de SAMCRO en su sede de California, y que alimentan la tensión previa de decidir el destino del presidente.

Capítulo 19
La música en *Sons of Anarchy*. Un viaje por la canción popular norteamericana

Jorge David Fernández Gómez

Introducción

La serie *Sons of Anarchy* destaca por diferentes cuestiones como su alta carga simbólica, sus implicaciones ideológicas o su profunda religiosidad, sin embargo, una de sus características distintivas y uno de sus puntos más fuertes es su componente musical. En efecto, *Sons of Anarchy* supone un recorrido amplio y profundo por la música popular de los Estados Unidos de América. Desde el *country*, hasta el *blues*, pasando por el góspel, el soul, el jazz, el rap y, por supuesto, el *rock*. Precisamente, el *rock* es uno de los estilos musicales más recurrentes en todos sus géneros y manifestaciones, utilizándose de forma extensa y compleja en la serie: en su vertiente más clásica con temas de *rock and roll*, *R&B*, garaje, *beat* o psicodelia; en su cara más amable y melódica con la selección de canciones de *indie pop*, *alt country* o *folk;* o en su faceta más dura con incursiones musicales en géneros incómodos como el *punk*, el *heavy metal*, el *hard rock*, el *trash metal* o el *hard core*.

Esta confluencia de estilos y géneros musicales es una de las principales señas de identidad de *Sons of Anarchy*. Se respira música desde todos los frentes: dramáticos, atmosféricos e incluso promocionales. Realidad que se observa desde el *opening* donde los créditos juegan con una serie de imágenes representativas (una navaja, un tatuaje, la puerta de la cárcel o una motocicleta) y una de ellas es una guitarra acústica.[24] Asimismo, desde un punto de vista cuantitativo la media de canciones que suena en cada capítulo no baja de los cinco temas (con las implicaciones económicas que ello conlleva), con picos que rondan la quincena como ocurre en el piloto, el que abre la segunda temporada o el octavo de la tercera, solo por poner algunos ejemplos. De naturaleza cualitativa, y más atrevido quizá, es el hecho de que se ha creado un grupo de música que interpreta buena parte de los temas con relevancia en la historia (importancia esta que se establece desde un punto de vista semántico), grupo que además es acompañado por solistas de éxito o incluso por alguno de los actores que prestan su voz a las canciones. Esta importancia capital del registro musical explica que se comercialicen varios discos recopilatorios (compactos y de venta digital) que contienen las canciones más emblemáticas de la serie. Bandas sonoras con tal aceptación entre el público que superan los dos millones de descargas y más de 250.000 CDs vendidos en todo el mundo. En definitiva, por estas u otras razones, se puede decir que se trata de una serie indisoluble de su banda sonora. *Sons of Anarchy* sin su música sería otra cosa muy distinta. Una banda sonora amplia, ecléctica y rica en matices. Y su estudio es el motivo del presente trabajo. Ciertamente, a lo largo de estas páginas se pretende analizar qué papel juega el registro musical en la serie y sus diferentes implicaciones.

El *leitmotiv*

El leitmotiv *y sus implicaciones diegéticas y extradiegéticas*

La serie está plagada de guiños sonoros al espectador que representan un sentido preciso y fijo, identificable por un nombre, espacio o tema que «encarna el propio movimiento de la repetición que, en la fugacidad de imagen y sonido propia del cine, dibuja y delimita poco a poco un objeto, un centro» (Chion, 1997: 220). En efecto, *Sons of Anarchy* perfila marcas musicales a casi todo lo que muestra: los espacios (el

---

24/   Para más información sobre el *opening* de la serie, véase el capítulo de Noor Yasmina Benchichah López titulado «*This Life* o el relato dentro del relato. Simbolismos, temas y motivos en la secuencia de apertura» en este mismo volumen.

club, el taller, un pub irlandés o la tienda de Maureen), las situaciones (persecuciones, acción, ira o amor), los personajes (Gemma o Piney) e incluso las cuestiones raciales (latinos, negros o irlandeses).

Por lo general, este *continuum* de *leitmotiv* tiene una procedencia diegética, esto es, la música «emana de una fuente situada directa o indirectamente en el lugar y el tiempo de la acción, aunque esta fuente sea una radio o un instrumentista fuera de campo» (Chion, 1998: 82). Ciertamente, las escenas en el bar del club, el taller, los bares y estable-cimientos comerciales (tiendas, productora de cine porno, etc.), otros motoclubs o los coches y casas de los personajes tienen un sonido de «pantalla» u «objetivo [...] que habita la acción narrativa y contribuye en la creación de la situación escénica, es decir, es un elemento más de la historia» (Gèrtrudix Barrio, 2003: 170). Es muy común en la serie ha-cer hincapié en la procedencia de la fuente emisora abriendo y cerrando puertas que facilitan o dificultan la escucha de la música. El caso del bar del club y la «capilla» —sala de reuniones— es paradigmático. Por ejemplo, en «Hands» (4x10), mientras Tig pregunta a Clay por Jax, llega a la «capilla» de forma nítida el sonido de rock psicodélico de *Way Down here* del neozelandés David Kilgour —miembro de The Clean—, por el contrario, en el momento en que Gemma cierra la puerta el sonido pierde fuerza y vigor quedando casi imperceptible. Otro de los momentos diegéticos redundantes es el que tiene que ver con los au-tomóviles como fuente emisora del sonido a través de sus aparatos de radio. Valga como ejemplo cuando Salazar escucha *Cafeína* de Paco en la radio y cuando llega J. Hale la apaga y deja de sonar («Lochan Mor», 3x08). Hay casos de manual del uso de lo diegético, como el que se pue-de ver en el episodio «Out» (4x01) en el que en la boda de Ope y Lyla aparece el grupo The Forest Rangers interpretando un *R&B* clásico o en «Family Recipe» (4x08) cuando dentro de cuadro Sarah White acompa-ñada también por The Forest Rangers interpreta *Dreaming to you.*

No obstante, también se puede apreciar en la serie numerosos casos de música extradiegética o de «foso», en terminología de Chion —en alusión al foso de la orquesta en la ópera clásica—, música esta «que acompaña a la imagen desde una posición *off,* fuera del lugar y del tiempo de la acción» (1998: 82). La mayor parte de las persecuciones (que predominan dada la temática), las escenas de acción (que tampoco escasean) o simplemente los abundantes planos de carretera con el «pelotón» de motos como protagonistas ilustran este uso de la música. Es el caso del comienzo de «Lochan Mor» (3x08) en el que se muestra una foto aérea de Irlanda mientras suena una canción celta tradicional con voz femenina, a medida que la cámara baja y muestra a los moteros por la carretera, la canción se hace más vigorosa y *punk* cambiando la melódica voz por una más agresiva y masculina, pero conservando el espíritu *folk,* se trata de *Big Fellah* de Black 47. Asimismo, existen algunos *montage* musicales con este tipo de uso musical descriptivo, que se explicarán detenidamente a continuación. En todo caso, la música extradiegética «no participa de la acción narrativa ni del tiempo de la historia, pues emana de una fuente imaginaria no presente en la acción» (Gèrtrudix Barrio, 2003: 170).

En *Sons of Anarchy* donde la música tiene un peso específico muy relevante se prima que tenga una función narrativa —que es la propia del uso diegético— hasta el grado, que en algunos casos en los que se utiliza la extradiegética, se juega con lo diegético para que el registro musical no sea un mero elemento descriptivo. Buen ejemplo de ello es el capítulo «To be, Act 1» (4x13). Tig mientras persigue en su coche a Leroy escucha el hit de *rock* psicodélico de 1968 *Crimson and Clover*[25] de Tommy James & The Shondells. Se produce un juego muy interesante entre diegético y extradiegético porque cuando la cámara se desplaza fuera del coche y el espectador ve un plano general de este, la música pierde volumen y calidad —algo lógico dada la distancia—, sin embargo, el siguiente plano que solo muestra a Leroy y su novia ofrece un sonido alto y de calidad de la canción, olvidando que la teórica fuente emisora —el coche de Tig—, ni siquiera está en cuadro. Cuando se recupera el plano de Tig dentro de su automóvil, la canción vuelve a sonar baja y distorsionada —pese a la cercanía de la fuente—. No será hasta que Tig pronuncie *come on, come on* para animarse a realizar su plan, hasta que la música pase a primer plano y se configure extradiegética en un sentido estricto. En este mismo capítulo, se puede observar

25/ Fue la primera vez en la historia del *rock* en que se enchufa el micrófono al amplificador de la guitarra y se activa el trémolo creando un efecto tembloroso en la voz. El tema fue un éxito en los sesenta y se ha versionado repetidamente, desde el *cover punk* de Joan Jett, hasta el *country* de Dolly Parton, pasando por el *funk* de Prince.

una dinámica similar en una escena que comparten Jax y Gemma con el tiempo medio de aires *folk Terrible Tommy* de Ryan Horne.

Tipologías de leitmotiv

Como antes se advierte, *Sons of Anarchy* presenta un amplio abanico de *leitmotiv* que marcan espacios, razas o personajes. Esta riqueza de registros musicales a través de las situaciones o los protagonistas se corresponde por norma general con temas extraídos de música grabada o fonos —realidad que contrasta con los numerosos *covers* que, como se estudiará más adelante, se vinculan a los *montage* musicales—, temas que repasan los géneros tradicionales de la música popular norteamericana, como se tendrá ocasión de ver: *rock, country, blues,* soul, *jazz,* etc. De este modo, las escenas de acción o de persecuciones (sobre todo en la carretera) se acompañan de géneros pesados como el *punk,* el *heavy metal,* el *hard rock,* el *hard core* o el *trash metal.* Bandas como Lions («Pilot», 1x01), Fu Manchu, Cycle of Pain («Fun Town», 1x03), Clutch («Patch Over», 1x04), Crud («Firinne», 3x10) o Social Distorsion («Booster», 4x02) ilustran esto que se explica. Los espacios también suelen asociarse a un tipo de registro sonoro específico, como, por ejemplo, el bar del motoclub de SAMCRO, asociado a géneros más clásicos como el *blues* o el *country.* En él suena Jesse Dayton haciendo un *honky tonk,* Daniella Cotton interpretando un *blues* a modo de góspel, Gia Ciambotti tocando un *country blues* de corte clásico («Giving Back», 1x05), Chris Thompson cantando un *blues* («AK-51», 1x06), Bob Neuwirth una balada *country* («Hell Followed», 1x09) o Leroy Stagger haciendo lo propio con un tiempo medio de *country* alternativo («With an X», 4x06). El taller de SAMCRO es más ecléctico, pero no deja de sonar *rock* en todas sus facetas. Desde el súper grupo de *alt country* Middle Brothers («Brick», 4x05), hasta el *hard rock* psicodélico de Black Mountain («Albification», 2x01), pasando por el *blues* clásico de Gary Clarck Jr. («June Wedding», 3x11) o el *trash metal* de Attika («NS», 3x13). Algunos personajes también tienen un *leitmotiv* que les acompaña en cada aparición como Piney con tiempos medios de *alt country* de Two Gallants («The Culling», 2x12) o Scott H. Biram («Family Recipe», 4x08). Sin embargo, es Gemma el personaje con un *leit-*

motiv más definido, en parte, por su relevancia y longevidad en la serie. En efecto, la protagonista se asocia con intérpretes femeninas de *country* y *blues,* sobre todo, baladas de calado emocional. Es el caso de Tracy Nelson («The Revelator», 1x13), Tara Hollaway («Eureka», 2x04; «The Culling», 2x12; «Fruit for the Crows», 4x07), Mandi Diaz («Gilead», 2x07), Ruby Friedman («Firinne», 3x10) o la popular Eilen Jewel («Call of Duty», 4x11). Uno de los picos de mayor carga dramática de la serie —cuando Gemma relata la violación a Clay y Jax— se acompaña de una balada emotiva y dura como *Mary* de Patty Griffin, construyendo así la imagen arquetípica de la madre sufriente (Kolb, 2013: 179).

No obstante, quizá el más acusado de los *leitmotiv* de la serie es el racial. En efecto, existen numerosas marcas étnicas en la serie y la música es una de las más importantes. La realidad racial musical es tan acusada que el grupo creado para *Sons of Anarchy* cambia su original The Forest Rangers por la traducción Los Guardianes del Bosque cuando interpretan temas en castellano. Del mismo modo, en la tercera temporada, que se localiza en Irlanda, el *opening* varía levemente incorporando nueva instrumentación (flauta y violín) para dotarle de un aire *folk* celta. Igualmente, la banda de la serie The Forest Rangers mudan su nombre en tierras irlandesas para adoptar The Celtic Rangers Family Singers. Como Leveringhaus afirma en «SAMCRO Goes to War», cada grupo étnico mantiene marcas distintivas de identidad racial. Los Mayans escuchan música latina, mientras que en el club de los Hijos solo suena *rock* o *country* (Leveringhaus, 2013: 100).

Efectivamente, cada aparición de grupos latinos se acompaña bien del sonido de una guitarra española («Hell Followed», 1x09) o bien de canciones adscritas a géneros afines como el *reggaeton* («Small Tears», 2x02). Resulta curioso que la mayor parte de la música de la serie es de procedencia grabada o son *covers* realizados por el grupo The Forest Rangers, por lo que las melodías de archivo son una minoría. Pues bien, los escasos exponentes procedentes de *music library* —canciones que proceden de archivos sonoros— son los que se adscriben a estas minorías raciales. «Home» (3x04) es un ejemplo de ello. En el local de los Mayans suena una canción llamada *Sal, tequila y limón* de aires latinos que interpreta Paco y componen Bob Mair, Nick Vicent y el propio Paco —Francisco García—. Es una canción de archivo que pertenece a la empresa independiente de producción musical Black Toast Music. Fundada en 1990 por Bob Mair y Nick Vicent en California, esta empresa suministra composiciones libres de derechos a numerosas series *(CSI, Dexter, Arrow...)*, estudios (Disney y Sony, por ejemplo) o canales de televisión (HBO, FOX o NBC). En este episodio la empresa también suministra la canción de *rock and roll* clásico *Here comes Trouble,* que interpretan Joey and the Flames, grupo creado para la ocasión que trata de emular el sonido latino del malogrado *rocker* californiano de los años cincuenta Richie Valens, quien compuso éxitos de la talla de *La bamba* o *Donna.* Asimismo, en «Fruit for the Crows» (4x07) suena la canción *Pa' mi negra* de Fernando Lechuga, una salsa mexicana procedente de la misma base de Black Toast Music, para crear atmósfera, ya que la escena muestra a SAMCRO llegando al club de los Mayans. Una vez allí bajan a un sótano que es un laboratorio de cocaína y la música cambia de forma radical a un *hip hop* del grupo venezolano Cuarto Poder: «Aquí no se está jugando» —otra evidencia de música diegética y de *leitmotiv* racial—. Esta vez sí se trata de una grabación existente y no de archivo. De hecho, en el mismo episodio suena el tema *Anarquía* de Olmeca, tema compuesto a dos manos por el propio rapero californiano con Dave Kushner. Como ocurre en este caso, merecen atención aparte algunos ejemplos donde la música aunque se asocia a minorías raciales, juega un peso importante en la historia y, por tanto, se la trata como tal —en lugar de recurrir a archivo se adquieren los derechos fonográficos de temas grabados o se realizan versiones—. Es el caso del episodio «Una venta» —en castellano en el original— (4x04) que se abre con una versión de *Los tiempos van cambiando* de Dylan en clave mariachi, a cargo de Franky Pérez & Los Guardianes del Bosque. En el mismo episodio el mismo combo interpreta *Condenado,* un *rock* en castellano que recuerda a Bunbury.

Del mismo modo que ocurre con los latinos, la procedencia irlandesa de los personajes se evidencia sistemáticamente utilizando canciones tradicionales de *folk* celta. En ocasiones recurriendo a casos un tanto obvios como el de Kieran Fahey, que suena mientras SAMCRO se reúne con Jimmy O en un pub irlandés en Charming («Service», 2x11). Fahey es un intérprete de música celta tradicional con varios recopilatorios en su haber de títulos tan generalistas como explícitos del tipo *Ireland* o *Haunting slow airs from Ireland.* O recurriendo a bandas más consagradas como The Young Dubliners («Lochan Mor», 3x08). No obstante, lo más usual es utilizar bandas de *punk* norteamericanas de ascendencia irlandesa con aires *folk* en la tradición de The Pogues: Black 47, Flatfoot 56, The Dreadnoughts o The Tossers. Es interesante como el motoclub de Belfast («Home», 3x04; «Lochan More», 3x08) o la tienda de Maureen («Widening Gyre», 3x07; «Firinne», 3x10) son los enclaves más emblemáticos de este tipo de sonido.

Los negros son otro claro exponente de estos *leitmotiv* raciales. Todas sus apariciones se acompañan de música rap («The Revelator», 1x13), soul («Small Tears», 2x02) o cualquier melodía «asociada» a la raza negra como el góspel (sobre todo en las iglesias cristianas) o el *jazz* (la figura de Damon Pope en ocasiones se vincula a este género). En algunos casos procedentes de archivo y en otros recurriendo a fonos de grupos o intérpretes más o menos conocidos. Por ejemplo, en «So» (3x01) el grupo de *rap metal* californiano The Chimpz prestan su *Home invasion;* St. John interpreta su rap cristiano *My bizness* en «Dorylus» (4x03), o en la misma temporada, en «Hands» (4x10), suena el más clásico *Hard White* de Yelawolf.

Otras minorías raciales con menos trascendencia en la historia o con registros musicales de más difícil identificación, también tienen un *leitmotiv* propio. Los chinos, por ejemplo, con la aparición de un tema de Mc Jim, rapero de Miami pero descendiente de chinos de Hong Kong («Giving Back», 1x05); los italianos con Bachi Da Pietra («Na Trioblói-di», 2x13), e incluso los arios, pese a lo controvertido, con Gideon Smith & The Dixie Damned («Fix», 2x03), grupo, que si bien no se enmarca en ninguna de las etiquetas de *rock* nazi en un sentido estricto, se adscribe a movimientos tradicionalistas haciendo guiños a los confederados.

El *montage* musical

Otro de los elementos más característicos de *Sons of Anarchy* es el *montage* musical[26] de inicio y cierre de los capítulos. En efecto, esta técnica

---

26/   Realmente no existe un término fílmico que defina en un sentido estricto la técnica narrativa utilizada en la serie. Si bien el concepto *montage* es el que más se acerca a la dinámica que presenta *Sons of Anarchy,* porque teóricamente «condensa el tiempo y el espacio, transmite una gran cantidad de información al espectador en un breve periodo» (Konigsberg, 2004: 327), del mismo modo que lo hacen los inicios y

narrativa es la más utilizada para abrir los episodios a modo de contextualización, esto es, mostrando diferentes escenarios, personajes y situaciones al espectador con una sintonía como único nexo. Asimismo, el *montage* musical es la fórmula más usada para cerrar los capítulos haciendo coincidir el fin de la canción con el fin de dicho capítulo y la correspondiente aparición del logo del motoclub —la muerte y la guadaña en fondo negro—, como si de un videoclip se tratara. La mayor parte de estos *montage* musicales complementan a las imágenes haciendo de elemento conector sin más peso semántico que reforzar el significado de la trama. Es el caso del episodio «Fix» (3x02) en el que mientras Tara y Jax se besan suena el tema *grunge* de The Toadies *I Want Your Love* que cierra el capítulo.

No obstante, serán estos *montage* musicales, sobre todo los de cierre, los que más carga dramática aporten a la serie. En efecto, estos finales musicales, de manera habitual, se implican semánticamente en la trama, redundando, complementando o incluso negando a la imagen. Es por ello por lo que, en términos generales, la música que se utiliza para aportar matices a la trama se corresponde con versiones interpretadas por el grupo The Forest Rangers, es decir, el proyecto personal de uno de los productores musicales de la serie, Bob Thiele Jr. —el otro es Michelle Kuznetsky—. Pues bien, estas versiones de temas clásicos de la música norteamericana, introducen nuevos significados a la historia.

Por ejemplo, el segundo capítulo de la primera temporada se cierra con *Son of a Preacher Man* en una versión de The Forest Rangers con voz de la actriz Katey Sagal —hija de un predicador en la serie—. Mientras SAMCRO están quemando los cadáveres de unos rivales mexicanos se puede escuchar el siguiente estribillo: *The only one who could ever reach me. Was the son of a preacher man. The only boy who could ever teach me. Was the son of a preacher man. Yes he was, he was, oh yes he was.* (El único que podría llegar a mí. Era el hijo de un predicador. El único muchacho que podría enseñarme. Era el hijo de un predicador. Sí, era él, era él, oh sí, era él.) En el último episodio de la primera temporada, «The Revelator», el cierre es con una canción religiosa tradicional estadounidense que gra-

cierres de la serie. Por ello, se opta por acuñar el concepto de *montage* musical, para describir este fenómeno tan profuso en *Sons of Anarchy* —casi todos los capítulos presentan uno o dos.

ba por primera vez en disco *Blind* Willie Johnson, solista afroamericano, en 1930. La canción empieza cuando Jax está en el cementerio lavándose en una fuente y vestido de blanco, SAMCRO llega de riguroso luto al entierro de Donna —mujer de Ope, mejor amigo de Jax— y mientras Jax se acerca a la ceremonia se observan los rostros de los personajes. El tema es de redención y vergüenza: *You know God walked down in the cool of the day. Called Adam by his name. But he refused to answer. Because he's naked and ashamed.* (Sabes que Dios bajó en el fresco del día. Llamó a Adam por su nombre. Pero él se negó a contestar. Porque está desnudo y avergonzado.) La lectura religiosa no deja lugar a dudas si se asocia con el manuscrito revelador del difunto padre de Jax:[27] En el episodio final de la primera temporada, «The Revelator», la interpretación que Curtis Stigers & The Rangers hacen de la canción tradicional *John the Revelator* permite identificar a John Teller con San Juan, autor del libro del Apocalipsis de la Biblia. (Fosl, 2013a: 194).

En «Albification» (2x01), mientras suena la versión psicodélica que Lions hacen del clásico de Dylan *Girl From The North Country* —con su poética letra de amor—, Gemma es violada por unos encapuchados. Precisamente, el siguiente capítulo, «Small Tears» (2x02), muestra un *montage* musical —esta vez de inicio en lugar de cierre, como se ha visto hasta ahora— con alta densidad semántica. La propia Katey Sagal —Gemma en la ficción, es decir, violada en el final del episodio anterior— interpreta *Ruby Tuesday* de The Rolling Stones. La imagen muestra a Unser que encuentra a una Gemma malherida tirada en un callejón y maniatada y el tema recita versos como *She just can't be chained* (Ella no puede estar encadenada). Por último, es interesante el *montage* musical del capítulo «To Be, Act 2» (4x14) en el que suena una versión *folk* del clásico de The Animals *The House of the Rising Sun* que canta The White Buffalo[28] acompañado de The Forest Rangers. Aparte de mostrar situaciones espe-

---

27/ Para más información sobre las implicaciones religiosas de esta secuencia y de la serie, en general, véase el capítulo de María del Mar Rubio-Hernández titulado «Simbología y ritos en la hermandad de SAMCRO. El universo mitológico de *Sons of Anarchy*» en este mismo volumen.

28/ The White Buffalo acompañado también por The Forest Rangers es precisamente el vocalista del último *montage* musical de la serie (S7 E13) con la emotiva *Come Join the Murder* y el épico final.

cialmente acordes a la canción —Bobby tocando los primeros acordes del tema desde su celda—, se permite una licencia interesante que es alterar la letra de la canción para que encaje mejor semánticamente con la imagen. Por ejemplo, se cambia el verso original *There is a house in New* Orleans por *There is a house in Charming Town*.

No existen tantos casos de música grabada que aporten desde el punto de vista semántico a la historia y aún menos son los que se editan como un *montage* musical. Sin embargo, hay ejemplos muy interesantes como cuando suena el clásico de los sesenta *Can't get used to losing you* de Andy Williams («The Pull», 1x08), canción que Kohn pone en su iPod poco antes de tratar de violar a Tara. El tema suena desde que comienza el incidente hasta que se resuelve con la muerte del policía, con la particularidad de que vuelve a sonar cuando Tara y Jax comienzan a besarse y accionan involuntariamente el iPod (el espectador puede observar que la canción está grabada innumerables veces en el aparato) (Leveringhaus, 2013: 96-97). Del mismo modo, cuando Gemma cuenta a Clay y Jax que fue agredida sexualmente, la música es *Mary* de Patty Griffin, canción que describe lo duras que son las cargas de la vida metafóricamente, como ya se estudió.

The Forest Rangers

La música desde dentro

En *Sons of Anarchy* se da un fenómeno muy interesante e inusual que es la creación de un grupo de música *ad hoc* para la serie: The Forest Rangers. Denominación muy apropiada con el ambiente rural de la serie y también con el estilo de música que practican, una combinación de *blues, country* y *rock*. Bob Thiele Jr., compositor y a la sazón supervisor de música del programa de televisión, afirma que «Si hubiera una banda que tocara todos los viernes por la noche en el club de los Hijos de la Anarquía, habría sido The Forest Rangers»[29] (TP). Aparte de Bob Thiele Jr., líder de la banda, la base regular de The Forest Rangers la compo-

29/ Web oficial de The Forest Rangers. Véase: https://www.bandpage.com/TheForestRangers

nen músicos de estudio con largas trayectorias en grupos, como Davey Faragher en el bajo, Phil Shenale en los teclados, Greg Leisz en el *pedal steel guitar,* Matt Chamberlain a la batería y Gia Ciambotti a las voces. Asimismo, el grupo se acompaña en cada tema de diferentes vocalistas como Alison Mosshart, Amos Lee, Joshua James, The White Buffalo, Billy Valentine, Audra Mae o Justin Warfield.

El grupo selecciona diferentes temas míticos de *pop, rock, folk* o *jazz* pero imprimiéndoles su sello personal de *country rock* de corte clásico, para configurarlos como la banda sonora de la serie. La selección no es en absoluto gratuita, ni en lo que se refiere a lo estrictamente musical (que, como se dice, tiene una pretendida base de *blues* y *country rock*), ni en lo relativo a las letras. De hecho, estas canciones que interpretan The Forest Rangers, como si de un personaje más se tratara, se configuran como una fuente de información relevante para el espectador. Efectivamente, los temas tienen implicación semántica, participan activamente en la trama y son un elemento narrativo básico, como se ha tenido ocasión de explicar en el análisis del *montage* musical.

Es el caso de la canción de apertura de la serie, que sintetiza el espíritu sonoro de *Sons of Anarchy,* lo que se denomina en jerga «música de raíces» o simplemente *roots.* Esto es, la suma de los géneros clásicos de la música popular norteamericana: *blues, country, rock,* etc. De hecho, a este estilo musical se le viene llamando en los últimos años de forma paulatina simplemente «americana». Como se estudia en el capítulo firmado por Noor Yasmina Benchichah, *This Life* es un *blues rock* con aire *country* que encaja a la perfección con la etiqueta *roots,* trasunto de la riqueza y complejidad musical de la serie.

Gracias a las populares bandas sonoras de *Sons of Anarchy* (más de dos millones de descargas y más de 250.000 CDs vendidos en todo el mundo, como se afirmó), el grupo continúa en activo actualmente, pero siguen indefectiblemente ligados a la serie. Por ejemplo, su logotipo es la famosa parca con la guadaña y la letra «A» de anarquía, es decir, lo toman prestado del emblema del club motero. Además, si con ello no quedara claro el vínculo, añaden un explícito: «Charming, CA». La banda liderada por Bob Thiele Jr. recién acabada la serie ha editado el disco *Land Ho!* (2016) en el que colaboran conocidos músicos y solistas de *Sons of Anarchy* como Battleme, Audra Mae, Billy Valentine o la propia Katey Sagal.

La música de Sons of Anarchy *como promoción: los discos*

El éxito musical de la serie deparó en varios discos recopilatorios que contenían las canciones más emblemáticas que aparecen en la serie. Primero se lanzaron para descargas tres EP: *North Country, Shelter* (ambos editados en 2009) y *The King is Gone* (editado en 2010). En ellos se repasan algunos de los *covers* interpretados por el grupo The Forest Rangers con artistas invitados a la voz. Es el caso de la composición tradicional «John the Revelator» a cargo de Curtis Stigers, el *dylaneano* «Forever Young» por Audra Mae o el famoso «Fortunate Son» de la Creedence Clearwater Revival, que interpreta para la ocasión Lyle Workman. Destacan las colaboraciones de la actriz Katey Sagal, quien acompaña a la banda poniendo la voz a algunas de las canciones más relevantes semánticamente de la serie. Para estas compilaciones rescatan «Ruby Tuesday» original de The Rolling Stones y el popular «Bird on the Wire» de Leonard Cohen. Sagal —a la sazón mujer de Kurt Sutter, creador de la historia—, no es nueva en el mundo de la canción, en 1994 editó en disco *Well...* en el que colabora precisamente Bob Thiele Jr. en al menos la composición de varios temas (algunos conjuntamente). En 2013, aprovechando sin duda la coyuntura, Sagal publica *Covered,* álbum en el que si bien versiona artistas clásicos como Jackson Browne, Jeff Lynne o Tom Petty, es decir, en la más pura tradición de la serie, también es cierto que hace lo propio con temas de solistas o bandas de *alt country* más contemporáneos como Ryan Adams, Gilliam Welch o Ray LaMontagne. El propio Bob Thiele vuelve a colaborar con la solista componiendo uno de los escasos temas originales para el disco: «Follow the River».

Aunque predominan las versiones, también aparece algún tema original en estos discos embrionarios de la serie, como, por ejemplo, el que abre el primer EP y que da inicio a la cabecera de la serie, «This Life», también interpretada por Curtis Stigers y compuesto por el productor Bob Thiele, Dave Kushner —guitarrista de Velvet Revolver— y el propio Stigers o «Burn This Town», tema compuesto por otro de los colaboradores habituales de la serie, Matt Drenik, que interpreta la banda Battleme, proyecto alternativo del propio Drenik para dar rienda suelta a su lado más *folky*. Serán Battleme quienes popularicen «Hey Hey, My My» de

Neil Young en una versión muy personal contenida en el EP *The King is Gone*. No en vano, el prolífico artista es el líder del conjunto metalero Lions, otra de las bandas fetiche en *Sons of Anarchy*. Precisamente, otro de los temas que contienen estos recopilatorios es la versión en clave acelerada del clásico de Dylan «Girl from the North Country» por parte de Lions. En esta misma línea de grupos colaboradores con la serie, Franky Pérez, tiene una presencia importante (destacando sus temas de tradición latina), en *North Country* interpreta el famoso «Slip Kid» de la banda británica The Who en compañía del grupo *heavy* Anvil.

Aprovechando el éxito de los EPs, en 2011 se publica el primer disco compacto de la serie. Llamado simplemente *Songs of Anarchy: Music from Sons of Anarchy Seasons 1-4,* en él se mantiene idéntica fórmula que en los discos precedentes. Esto es, una selección de *covers* de la serie interpretados por The Forest Rangers —cada uno con un vocalista diferente— o por bandas amigas como Lions o Battleme. De hecho, este primer recopilatorio es básicamente una compilación de las canciones contenidas en las anteriores entregas con algunas omisiones («No Milk Today» o «Ruby Tuesday»), pero también incorporando alguna nueva versión, como la de Katey Sagal «Son of a Preacher Man», original de John Hurley y Ronnie Wilkins y popularizada en 1994 al estar contenida en la banda sonora de *Pulp Fiction* (1994) en su versión de 1969 de Dusty Springfield —curiosamente la versión más extendida en aquellos años es la de Aretha Franklin de 1970— o canción original como «What a Wonderful World» de Bob Thiele Jr. y George David Weiss.

A este le siguen tres discos más, denominados ya del mismo modo que la serie: *Sons of Anarchy,* pero incluyendo un subtítulo descriptivo que aclara el número de volumen: *Songs of Anarchy: Vol. 2 —3 y 4—.* La dinámica es idéntica al disco compacto original, prevaleciendo las versiones de temas clásicos, si bien en las nuevas entregas se comienza a apostar más por composiciones propias de Bob Thiele Jr., Matt Drenik o el propio Kurt Sutter. Todo ello, interpretado por norma general por The Forest Rangers o grupos colaboradores habituales de la serie. Iggy Pop, Stevie Wonder, Freddie Mercury o Bob Dylan tienen su homenaje en forma de versión en estos discos recopilatorios de la serie. También se recupera algún tema de los EPs, como la versión del tema de The Herman's Hermits «No Milk Today» para el segundo volumen o la composición de Pete Townshend «Slip Kid» original de The Who para el tercer disco de la serie. Entre las excepciones aparece el conocido grupo Jane's Addiction versionando el *rollingstoneseano* «Sympathy for the devil» o la incursión de fonos como el «Come Healing» de Leonard Cohen o el «Coal War» de Joshua James —artista que a su vez presta su voz para alguna de las versiones de The Forest Rangers.

Del mismo modo que la serie, los discos compilatorios ofrecen un recorrido por la música tradicional norteamericana, sin embargo, esta vez, primando las versiones de temas clásicos y el sonido *folk rock,* sobre las composiciones grabadas de bandas o géneros más metaleros. Esta decisión es interesante desde el punto de vista de la comercialización y rentabilidad de los discos. Por un lado, tácticamente se trata de un producto mucho más amable y masivo (por los estilos musicales seleccionados) y, por otro lado, evita tener que abonar derechos a las bandas.

En resumen, *Sons of Anarchy* desde el punto de vista sonoro se configura como un viaje por la música popular norteamericana mostrando toda su riqueza, complejidad y matices. Para el aficionado una verdadera degustación de *country, blues,* soul, *jazz* y sobre todo *rock.* Y para el público masivo supone la puerta a un universo sonoro hasta entonces desconocido: «*Sons of Anarchy* tiene una de esas bandas sonoras envidiables y grandiosas. La mayoría de las canciones pasean por el *rock,* el *blues,* el *hard rock,* el *folk* con grandes versiones de temas clásicos. Espectaculares. Gracias a ella, sus seguidores hemos podido descubrir grandes artistas y primeros discos espectaculares» (Sánchez, 2013). Si conocer Old Canes gracias a *Sons of Anarchy* entra en esta categoría, en efecto, su visionado ha merecido la pena.

Referencias

Adorno, Theodor W. (1974). *Théorie esthétique*. París: Klincksieck.

Aguado Peláez, Delicia (2015). La dominación simbólica sigue siendo cosa de hombres. Análisis de la supremacía masculina en *Breaking Bad, Hijos de la Anarquía* y *The Walking Dead. XII Congreso de AECPA,* Universidad del País Vasco, 14 de julio de 2015. Disponible en http://www.aecpa.es/congresos/XII-congreso/paper.php?paper=1448 (consultado el 27 de octubre de 2016).

——————— (2015). Los vaqueros dominan la economía. Análisis de la economía jerárquica Producción/Reproducción en *Breaking Bad* (AMC, 2008-2013) e *Hijos de la Anarquía* (*Sons of Anarchy,* FX, 2008-2014). *V Congreso Estatal de Economía Feminista,* Universitat de Vic, 3 de julio.

Anderson, Terry L., y Hill, P. J. (1979). An Experiment in Anarcho-Capitalism: The Not So Wild, Wild West. *The Journal of Libertarian Studies,* 3: 1, 9-29.

Atkin, Douglas (2008). *El secreto de las marcas. Clubs para gente muy especial.* Barcelona: Robinbook.

Ausiello, Michael (2012). *Sons of Anarchy:* Walton Goggins Opens Up About His Surprise, Sex-Rated Cameo. *Tvline.com,* 9 de octubre. Disponible en http://tvline.com/2012/10/09/sons-of-anarchy-season-5-walton-goggins/ (consultado el 13 de septiembre de 2016).

Baile-López, Eduard; Ortiz-Hernández, Francisco José; Rovira-Collado, José, y Vidal-Martín-Toledano, Jesús (2016). Del cómic a la *narración transmedia* en la formación universitaria. Mapa transmedia de *Los Vengadores.* En María Teresa Tortosa Ybáñez, José Daniel Álvarez Teruel y Neus Pellí Buades (eds.), *XIII Jornadas de redes de investigación en docencia universitaria.* Alicante: Universidad de Alicante, 501-513.

Bakunin, Mijail (2009). *Dios y el Estado.* Barcelona: Diario Público.

Balandier, Georges (1994). *El poder en escenas. De la representación del poder al poder de la representación.* Barcelona: Paidós.

Balley, Frankie (1993). Getting Justice: Real life in vigilantism and vigilantism in popular films. *The Justice Professional*, 8: 1, 33-51.

Barber, Richard W. (2004). *The Holy Grail: Imagination and Belief.* Cambridge: Oxford University Press.

Barberà, Mònica (2013). La música en los medios: usos y características. En Josep Gustems (coord.), *Música y sonido en los audiovisuales*. Barcelona: Universitat de Barcelona, 147-157.

Barker, Thomas (2014). *Outlaw Motorcycle Gangs as Organized Crime Groups*. Nueva York: Springer.

Barker, Tom (2005). One Percent Bikers Clubs: A Description. *Trends in Organized Crimes*, 9: 1, 101-112.

Bauman, Zygmunt (2002). *Modernidad líquida*. Madrid: Fondo de Cultura Económica.

———— (2008). *La sociedad sitiada*. Buenos Aires: Fondo de Cultura Económica.

Bell, Daniel (1994). *Las contradicciones culturales del capitalismo*. Madrid: Alianza.

Beltrán Moner, Rafael (1991): *La ambientación musical*. Madrid: Instituto Oficial de Radio y Televisión.

Bennet, Tara (2014): *Sons of Anarchy. The Official Colllector's Edition.* Nueva York: Time Home Entertainment.

Bernárdez Rodal, Asunción (2012). *Modelos de mujeres fálicas del postfeminismo mediático: una aproximación a* Millenium, Avatar *y* Los juegos del hambre. *Anàlisi. Quaderns de comunicació i cultura*, 47, 91-112.

Black, Gregory D. (1998). *Hollywood censurado*. Madrid: Cambridge University Press.

Bradley, A. C. (2005): *Shakespearean Tragedy. Lectures on* Hamlet, Othello, King Lear, Macbeth. Londres: Macmillan and Co. Disponible en http://www.gutenberg.org/files/16966/16966-h/16966-h.htm (consultado el 11 de octubre de 2016).

Brown, Eric C. (2004). Cinema in the Round: Self-Reflexivity in Tim Blake Nelson's O. En James R. Keller y Leslie Stratyner (eds.), *Almost Shakespeare: Reinventing his Works for Cinema and Television*. Jefferson: McFarland & Company, 73-86.

Brown, Richard Maxwell (1975). *Strain of Violence: Historical Studies of American Violence and Vigilantism*. Nueva York: Oxford University Press.

BURNETT, Mark T. (2002): «We are the makers of manners»: The Branagh Phenomenon. En Richard BURT (ed.), *Shakespeare after Mass Media*. Nueva York: Palgrave, 83-107.

BURT, Richard (2002). Introduction: To e- or not to e-? Disposing of Schlockspeare in the Age of Digital Media. En Richard BURT (ed.), *Shakespeare after Mass Media*. Nueva York: Palgrave, 1-35.

CALDWELL, John T. (2014). Para-Industry, Shadow Academy. *Cultural Studies*, 28: 4, 720-740.

CAMPBELL, Joseph (1991). *El poder del mito*. Barcelona: Emecé.

——————— (2012). *El héroe de las mil caras: psicoanálisis del mito*. Madrid: Fondo de Cultura Económica de España.

CANO-GÓMEZ, A. Pablo (2012). El héroe de la ficción postclásica. Interpretación de la teoría del postclasicismo fílmico en la serie de televisión *Hijos de la Anarquía*. *Palabra Clave*, 15: 3, 432-457.

CAPPUCCIO, Massimiliano L. (2013). SAMCRO and The Art of Motorcycle Maintenance. En George A. DUNN y Jason T. EBERL (eds.), *Sons of Anarchy and Philosophy: Brains Before Bullets*. Oxford: John Wiley & Sons Inc., 139-149.

CARBÓ, Miquel (1992). Resistencia de los obreros del tabaco en Tampa, 1886-1921. Anarquistas y sindicalistas españoles frente al vigilantismo. En Pilar GARCÍA HORDÁN y Miquel IZARD (coords.), *Conquista y resistencia de la historia de América*. Barcelona: Universitat de Barcelona.

CARRETERO PASÍN, Ángel Enrique (2006). La persistencia del mito y de lo imaginario en la cultura contemporánea. *Política y Sociedad*, 43: 2, 107-126.

CARRIÓN, Jorge (2011). *Teleshakespeare*. Madrid: Errata Naturae.

CASCAJOSA VIRINO, Concepción (2005). Por un drama de calidad en televisión: la segunda edad dorada de la television norteamericana. *Comunicar*, 13: 25. Disponible en http://www.revistacomunicar.com/verpdf.php?numero=25&articulo=25-2005-157 (consultado el 31 de octubre de 2016).

——————— (2006a). *No es televisión, es HBO:* La búsqueda de la diferencia como indicador de calidad en los dramas del canal HBO. *Zer Revista de estudios de comunicación,* 21, 23-33.

——————— (2006b). *El espejo deformado: versiones, secuelas y adaptaciones en Hollywood.* Sevilla: Universidad de Sevilla.

——————— (2009). La nueva edad dorada de la televisión norteamericana. *Secuencias,* 29, 6-31.

——————— (2016a). Los turbios reflejos de la utopía en la ficción televisiva serial norteamericana. *Paradigma. Revista Universitaria de Cultura,* 19, 30-33.

——————— (2016b). *La cultura de las series.* Barcelona: Laertes.

CASETTI, Francesco, y DI CHIO, Federico (1991): *Cómo analizar un film.* Barcelona: Paidós.

CASTLEBERRY, Garret. L. (2014). Revising the Western: Connecting Genre Rituals and American Western Revisionism in TV's *Sons of Anarchy. Cultural Studies ↔ Critical Methodologies,* 14: 3, 269-278.

CAWELTI, John G. (1975). Myths of Violence in American Popular Culture. *Critical Inquiry,* 1: 3, 521-541.

CENCILLO, Luis (1998). *Los mitos. Sus mundos y su verdad.* Madrid: Biblioteca de Autores Cristianos.

CHANEY, Jen (2014). Don't hit fast-forward. Opening title sequences are a vital part of TV's best shows. *The Washington Post,* 5 de abril. Disponible en https://www.washingtonpost.com/entertainment/tv/dont-hit-fast-forward-opening-title-sequences-are-a-vital-part-of-tvs-best-shows/2014/04/04/97c8cd36-b8ee-11e3-96ae-f2c36d2b1245_story.html (consultado el 20 de julio de 2016).

CHILLÓN, Albert (2000). La urdimbre mitopoética de la cultura mediática. *Anàlisi: Quaderns de Comunicació i Cultura,* 24, 121-159.

CHION, Michel (1997). *La música en el cine.* Barcelona: Paidós.

——————— (1998). *La audiovisión. Introducción a un análisis conjunto de la imagen y el sonido.* Barcelona: Paidós.

CHIRIBOGA ANTE, María José (2002). El tatuaje como picto-escritura corporal: identidades basadas en la sensibilidad. Tesis para la Maestría en Estudios de la Cultura, Quito: Universidad Andina «Simón Bolívar».

CHOMSKY, Noam (1992). *Ilusiones necesarias. Control del pensamiento en las sociedades democráticas.* Madrid: Libertarias.

——————— (2008). *Sobre el anarquismo.* Pamplona: Laetoli.

CORTAZAR RODRÍGUEZ, Francisco Javier (2007). Como lo vio en la tele: la cultura popular mediática sobre el cuerpo. *XXVI Congreso de la Asociación Latinoamericana de Sociología.* Guadalajara: Asociación Latinoamericana de Sociología. Disponible en http://www.aacademica.org/000-066/1860.pdf (consultado el 21 de febrero de 2017).

CORTÉS-GÓMEZ, Sara; MARTÍNEZ-BORDA, Rut, y DE LA FUENTE PRIETO, Julián (2016). Contribución de las Redes Sociales a la creación de narrativas transmedia a partir de las series de ficción en Televisión. *Comunicación y Hombre,* 12, 153-176.

COULTHARD, Lisa (2010). Familiarity breeds desire. Seriality and the televisual title sequence. *Flow Journal,* 2 de julio. Disponible en http://www.flowjournal.org/2010/07/familiarity-breeds-desire (consultado el 20 de julio de 2016).

COX, Nicole B., y DECARVALHO, Lauren J., (2016). Ride Free or Die' Trying: Hypermasculinity on FX's Sons of Anarchy. *The Journal of Popular Culture,* 49: 4, 818-838.

CRESPO, Freddy (2009). Cárceles: Subcultura y Violencia entre internos. *Revista Cenipec,* 28, 123-150.

CRISÓSTOMO, Raquel (2013). El enemigo ya no está a las puertas. *Comunicación y Hombre,* 9, 4-11.

——————— (2016). «Fannibals» ministèricos: el poder del «Fandom». *Index. Comunicación,* 6: 2, 101-114.

DE BRITO SERRA, Bruno (2013). Chaos and Order. Anarchy in the MC. En George A. DUNN y Jason T. EBERL (eds.), *Sons of Anarchy and Philosophy: Brains Before Bullets.* Oxford: John Wiley & Sons, Inc., 73-84.

DE GAULEJAC, Vincent (1999). *L'Histoire en héritage. Roman familial et trajectoire sociale.* París: Desclée de Brouwer.

DE MORAES, Lisa (2014). PTC Crowns Latest «Sons of Anarchy» Episode New Poster Child For A La Carte Cable. *DeadLine.* 14 de septiembre. Disponible en http://deadline.com/2014/11/sons-of-anarchy-ptc-sexual-content-controversy-a-la-carte-1201286782 (consultado el 21 de febrero de 2017).

DEANE-DRUMMOND, Celia; ARTINIAN-KAISER, Rebeca, y CLOUGH,

David L. (2013). *Animals as Religious Subjects: Transdisciplinary Perspectives*. Londres: Bloomsbury.

DELL, Christopher (2015). *Mythology. An illustrated journey into our imagined worlds*. Londres: Thames and Hudson.

DENA, Christy (2009). *Transmedia Practice: Theorising the practice of expressing a fictional world across distinct media and environments*. Tesis Doctoral. Sidney: University of Sydney.

DÍAZ, Susana (2011). *Voces de la pantalla. Un estudio de la voz y el sonido en relación a la imagen*. Buenos Aires: Nobuko.

DIDION, Joan (1993). *The White Album*. Londres: Flamingo.

DÍEZ PUERTAS, Emeterio (2006). *Narrativa fílmica: escribir para la pantalla, pensar la imagen*. Madrid: Fundamentos.

DONNELLY, Ashley M. (2012). The New American Hero: Dexter, Serial Killer for the Masses. *The Journal of Popular Culture*, 45: 1, 15-26.

DOWNING, John, y HUSBAND, Charles (2005). *Representing «Race». Racisms, Ethnicities and Media*. Londres: Sage.

DRAPER, Robert (2014). Nerón a debate. *National Geographic España*, 35: 3, 2-23.

DUBOSE, Mike S. (2007). Holding Out for a Hero: Reaganism, Comic Book Vigilantes, and Captain America. *The Journal of Popular Culture*, 40: 6, 915-935.

DUNN, George A. (2013). SAMCRO versus the Leviathan: Laying Down the (Motor)Cycle of Violence. En George A. DUNN y Jason T. EBERL (eds.), *Sons of Anarchy and Philosophy: Brains Before Bullets*. Oxford: John Wiley & Sons, Inc., 53-64.

DURÁN MANSO, Valeriano (2016). La representación del deseo en el cine de Tennessee Williams: homosexualidad masculina frente al Código Hays. *FEMERIS. Revista Multidisciplinar de Estudios de Género*, 1: 1-2, 58-73.

DURAND, Gilbert (1993). *De la mitocrítica al mitoanálisis: figuras míticas y aspectos de la obra*. Barcelona: Anthropos.

DURKHEIM, Émile (1982). *Las formas elementales de la vida religiosa*. Madrid: Akal.

EGNER, Jeremy (2016). Wagner Moura Is All Set to Die on «Narcos». *The New York Times*. 31 de agosto. Disponible en http://www.nytimes.com/2016/09/01/arts/television/narcos-netflix-wagner-moura-season-2.html?_r=1&referer&ref=nyt-es (consultado el 20 de Septiembre de 2016).

«El código moral de *Hijos de la Anarquía*» (2010). Documental, en *Hijos de la Anarquía: Segunda temporada* (DVD). Disco cuatro. Twentieth Century Fox Home Entertainment, LLC.

«El legado de la Anarquía» (2015). Documental, en *Hijos de la Anarquía: Séptima temporada* (DVD). Disco cuatro. Twentieth Century Fox Home Entertainment, LLC., 2015.

ELIADE, Mircea (1989). *El mito del eterno retorno: arquetipos y repetición*. Madrid: Alianza.

——————— (1999). *Mito y realidad*. Madrid: Guadarrama.

ELLIS DAVIDSON, H. R. (1988). *Myths and Symbols in Pagan Europe: Early Scandinavian and Celtic Religions*. Nueva York: Syracuse University Press.

ENZENSBERGER, Hans Magnus (2009). *La balada de Al Capone. Mafia y capitalismo*. Madrid: Errata Naturae.

FERNÁNDEZ MORALES, Marta (ed.), (2013): *La década del miedo. Dramaturgias audiovisuales post-11 de septiembre*. Berna: Peter Lang.

FERNÁNDEZ PICHEL, Samuel Neftalí (2015). «Tan cerca de casa..». Espacios del miedo en la teleficción serial estadounidense sobre asesinos en serie (2000-2014). En Alberto HERMIDA y Víctor HERNÁNDEZ-SANTAOLALLA (coords.), *Asesinos en serie(s). Representación persuasiva del* serial killer *en la ficción televisiva contemporánea*, Madrid: Síntesis, 257-272.

FINN, Patrick (2004). The Politics of Culture: The Play's the Thing. En James R. KELLER y Leslie STRATYNER (eds.), *Almost Shakespeare: Reinventing his Works for Cinema and Television*. Jefferson: McFarland & Company, 7-22.

FOSL, Peter S. (2013a). Sons of History: How SAMCRO Lost and Found Its Way. En George A. DUNN y Jason T. EBERL (eds.), *Sons of Anarchy and Philosophy: Brains Before Bullets*. Oxford: John Wiley & Sons, Inc., 189-200.

——————— (2013b). Anarchism and Authenticity, or Why SAMCRO Shouldn't Fight History. En George A. DUNN y Jason T. EBERL (eds.), *Sons of Anarchy and Philosophy: Brains Before Bullets*. Oxford: John Wiley & Sons, Inc., 201-213.

Franzero, Carlo Maria (1956). *Nerón, su vida y su época.* Barcelona: Vergara.

Freixas, Ramon, y Bassa, Joan (2012). Hollywood: censura y libertad. Pre-code 1930-1934. Un periodo excepcional. *Dirigido por,* 428, pp. 54-73.

Freud, Sigmund (1993). *Totem y Tabú, O.C., XIII.* Buenos Aires: Amorrortu.

Frome, Shelly (2001). *The Actors Studio. A History.* Jefferson: Mcfarland & Company.

Frye, Northrop (1967). *Fools of Time. Studies in Shakespearean Tragedy*: Canadá: University of Toronto Press.

Galeano, Eduardo (2009). *Patas arriba. La escuela del mundo al revés.* Madrid: Siglo XXI.

Gallo, Phil (2016). «Sons of Anarchy» Band The Forest Rangers Crowdfunding Debut Album. *Billboard,* 19 de agosto. Disponible en http://www.billboard.com/articles/news/6221883/sons-of-anarchy-forest-rangers-crowdfunding-debut (consultado el 15 de octubre de 2016).

García Gual, Carlos (1989). *La mitología. Interpretaciones del pensamiento mítico.* Barcelona: Montesinos.

García Jiménez, Jesús (1993). *Narrativa Audiovisual.* Madrid: Cátedra.

García Sánchez, José M. (2012): *Qué tan lejos, Sin dejar huella*: Corolarios transculturizadores hispanos de las «road movies». *FRAME,* 8, 1-14. Disponible en http://fama2.us.es/fco/frame/frame8/estudios/1.1.pdf (consultado el 31 de octubre de 2016).

Garrido, Vicente (2012). *Perfiles criminales. Un recorrido por el lado oscuro del ser humano.* Barcelona: Ariel.

Gèrtrudix Barrio, Manuel (2003): *Música y narración en los medios audiovisuales.* Madrid: Laberinto.

Girard, René (2002). *Veo a Satán caer como el relámpago.* Madrid: Anagrama.

Goldman, Emma (2008). *La palabra como arma.* La Laguna (Tenerife) / Madrid: Tierra de Fuego / La Malatesta Editorial.

González Requena, Jesús (2008). *Clásico, manierista, postclásico: Los modos del relato en el cine de Hollywood.* Valladolid: Castilla Ediciones.

González Viña, Adrián (2014): Familia y legado escritos con sangre. Análisis final de *Hijos de la Anarquía* (2008-2014). *EAM Cinema Magazin.* Disponible en http://www.elantepenultimomohicano. com/2014/12/critica-en-serie-hijos-de-la-anarquia-analisis-final. html (consultado el 28 de octubre de 2016).

Gray, Jonathan; Sandvoss, Cornel y Harrington, C. Lee (eds.) (2007). *Fandom: Identities and communities in a mediated world.* Nueva York: New York University Press.

Guarinos, Virginia (2009). *Enrique V* (1989). En Virginia Guarinos (ed.), *Kenneth Branagh. Versión de director.* Córdoba (Argentina): Babel, 47-71.

Guérin, Daniel (1979). *Por un marxismo libertario.* Madrid y Gijón: Ediciones Júcar.

Guthke, Karl S. (1999). *The Gender of Death: A Cultural History in Art and Literature.* Cambridge: Cambridge University Press.

Hall, Emma (2012). Axe Anarchy Is Brand's First Fragrance to Also Target Women. *AdvertisingAge,* January 31 (Printer-friendly version). Disponible en http://adage.com/print/232439 (consultado el 23 de noviembre de 2016).

Hall, Stuart (1997). The Spectacle of the Other, en Stuart Hall (ed.), *Representation: Cultural Representations and Signifying Practices.* Londres: Sage, 223-290.

Henderson, Diana E. (2002). Shakespeare: The Theme Park. En Richard Burt (ed.), *Shakespeare after Mass Media.* Nueva York: Palgrave, 107-127.

Hermida, Alfred, y Thurman, Neil (2008). A clash of cultures: The integration of user-gencrated content within professional journalistic frameworks at British newspaper websites. *Journalism Practice,* 2: 3, 343—356.

Hernández Espinosa, Miguel Ángel (2011). Hibridación de géneros y aceptación de la violencia en *Los Soprano*. En Iván Bort Gual, Shaila García Catalán y Marta Martín Núñez (eds.). *Actas del IV Congreso Internacional sobre Análisis Fílmico: Nuevas Tendencias e Hibridaciones de los Discursos Audiovisuales en la Cultura Digital Contemporánea.* Madrid: Ediciones de las Ciencias Sociales de Madrid, 828-836. Disponible en http://repositori.uji.es/xmlui/

bitstream/handle/10234/ 31296/Hernandez_ActasIVCongreso. pdf?sequence=1 (consultado el 16 de septiembre de 2016).

HERNÁNDEZ, Javier (2015). Plot 28, un pionero universo transmedia que radiografía el poder alienante del capitalismo de escaparate en España. *Espéculo,* 54, 221-232

HESTER, Diarmuid (2013): Men of Mayhem, Heirs of Anarchy. *Los Angeles Review of Books,* 10 de septiembre. Disponible en https:// lareviewofbooks.org/article/men-of-mayhem-heirs-of-anarchy (consultado el 18 de noviembre de 2016).

HILL, Beth (2014). Dare to Challenge Your Characters. *The Editor`s Blog,* 26 de enero. Disponible en http://theeditorsblog. net/2014/01/25/dare-to-challenge-your-characters (consultado el 13 de septiembre de 2016).

HOBSBAWN, Eric (2009). *Guerra y paz en el siglo XXI.* Madrid: Diario Público.

HOGG, Michael A. y VAUGHAN, Graham M. (2010). *Psicología Social.* Madrid: Editorial Médica Panamericana.

HOURQUEBIE, Noemí (2005). Archivo de una historia inscripta en el cuerpo: el tatuaje como expresión narrativa. En María Inés PALLEIRO (comp.), *Narrativa: identidades y memorias.* Buenos Aires: Dunken, 201-213.

HUICI, Adrián (1996). *Estrategias de la persuasión. Mito y propaganda política.* Sevilla: Alfar.

——————— (1998). *El mito clásico en la obra de Jorge Luis Borges. El Laberinto.* Sevilla: Alfar.

HUNNAM, Charlie (2015). Entrevistado por The Huffington Post UK. *Huffpost Entertainment.* 2 de marzo. Disponible en http://www. huffingtonpost.co.uk/ 2015/03/02/sons-of-anarchy-charlie-hunnam_n_6782376.html (consultado el 20 de septiembre de 2016).

IAPICHINO, Ricardo (2011). *La composición musical. Dimensiones narrativas del sonido y la música en la imagen.* Buenos Aires: Nobuko.

JANOWITZ, Neil (2014). «Sons of Anarchy» at Comic-Con: One SAMCRO story ends, others begin? *Entertainment Weekly,* 27 de julio. Disponible en http://www.ew.com/article/2014/07/27/sons-of-anarchy-comic-con-2014-panel (consultado el 20 de octubre de 2016).

Jenkins, Henry (2003). Transmedia Storytelling. *MIT Technology Review*, 15 de enero. Disponible en: https://www.technologyreview.com/s/401760/transmedia-storytelling (consultado el 10 de octubre de 2016)

————— (2008). *Convergence Culture: La cultura de la convergencia de los medios de comunicación*. Barcelona: Paidós.

————— (2013). *Fans, blogueros y videojuegos: la cultura de la colaboración*. Barcelona: Paidós.

Jiménez-Bautista, Francisco (2007). La violencia y sus causas. En Francisco Jiménez-Bautista y Mario López Martínez, *Hablemos de paz*. Pamplona (Colombia): Universidad de Pamplona.

————— (2012). Conocer para comprender la violencia: origen, causas y realidad. *Convergencia, Revista de Ciencias Sociales*, 19: 58, 12-52.

Johnston, Les (1996). What is vigilantism? *British Journal of Criminology*, 36: 2, 220-236.

Jullier, Laurent (2007). *El sonido en el cine*. Barcelona: Paidós.

Jung, Carl Gustav (1998). *Arquetipos e inconsciente colectivo*. Barcelona: Paidós.

————— (2003). *Psychology of the Unconscious*. Santa Fe: Collected Works.

Kawai, Yuko (2005): Stereotyping Asian Americans: The Dialectic of the Model Minority and the Yellow Peril. *Howard Journal of Communications*, 16: 2, 109-130.

Keinonen, Heidi (2016). From serial drama to transmedia storytelling : How to re-articulate television aesthetics in the post-broadcast era. *Northern Lights*, 14: 1, 65-81.

Keller, James R. y Stratyner, Leslie (2004): Introduction. En James R. Keller y Leslie Stratyner (eds.), *Almost Shakespeare: Reinventing his Works for Cinema and Television*. Jefferson: McFarland & Company, 1-7.

Kerényi, Karl (2009). *Los héroes griegos*. Girona: Atalanta.

Kim, Claire Jean (1999). The Racial Triangulation of Asian Americans. *Politics & Society*, 27: 1, 105-138.

King, C. Richard, y Leonard, David J. (2014): *Beyond Hate: White Power and Popular Culture*. Surrey: Ashgate Publishing.

Kociemba, David (2006). «Actually, it explains a lot». Reading the opening title sequences of *Buffy the Vampire Slayer. Slayage. The Journal of Whedon Studies,* 6: 2. Disponible en http://www.whedonstudies.tv/uploads/2/6/2/8/26288593 /kociemba_slayage_6.2.pdf (consultado el 20 de julio de 2016).

Kolakowski, Leszek (1990). *La presencia del mito.* Madrid: Cátedra.

Kolb, Leigh C. (2013). Mothers of Anarchy: Power, Control, and Care in the Feminine Sphere. En George A. Dunn y Jason T. Eberl (eds.), *Sons of Anarchy and Philosophy: Brains Before Bullets.* Oxford: John Wiley & Sons, Inc., 175-186.

Konigsberg, Ira (2004). *Diccionario Técnico Akal de Cine.* Madrid: Akal.

Kotsko, Adam (2016): *Por qué nos encantan los sociópatas.* España: Melusina.

Lanz, Rigoberto (2004). Posmodernidad: preguntas que van quedando en un costado. En Rigoberto Lanz (coord.), *Posmodernidades. La obra de Michel Maffesoli revisitada.* Caracas: Monte Ávila, 315-323.

Leveringhaus, Alex (2013). «SAMCRO Goes War», En George A. Dunn y Jason T. Eberl (eds.), *Sons of Anarchy and Philosophy: Brains Before Bullets.* Oxford: John Wiley & Sons, Inc., 94-104.

Lévi-Strauss, Claude (1987). *Mito y significado.* Madrid: Alianza.

——————— (2008). *Antropología estructural; mito, sociedad y humanidades.* México: Siglo XXI Editores.

Llinares, Francesc (2013). El sonido como recurso expresivo de los audiovisuales. En Josep Gustems (coord.), *Música y sonido en los audiovisuales.* Barcelona: Universitat de Barcelona, 115-134.

Longworth Jr., James L. (2002). *TV Creators: Conversations with America's Top Producers of Television Drama,* Vol. 2. Siracusa (NY): University of Syracuse Press.

Lotz, Amanda D. (2014). *Cable Guys, Television and Masculinities in the 21th Century.* Nueva York / Londres: New York University Press.

Lyotard, Jean-François (1979). *La condition postmoderne: rapport sur le savoir.* París: Les Éditions de Minuit.

Maffesoli, Michel (2004). *El tiempo de las tribus: el declive del in-*

dividualismo en las sociedades postmodernas. México: Siglo XXI Editores.

MAKOWSKI, Sara (2002). Entre la bruma de la memoria: Trauma, Sujeto y Narración. *Perfiles Latinoamericanos, 21,* 143-158.

MALCOM, Jody (2004). Horatio: The First CSI. En James R. KELLER y Leslie STRATYNER (eds.), *Almost Shakespeare: Reinventing his Works for Cinema and Television*. Jefferson: McFarland & Company, 113-122.

MARDONES, José María (2010). *El retorno del mito*. Madrid: Síntesis.

MAYOR MAYOR, Francesc (2014). Transmedia Storytelling desde la ficción televisiva serial española: El caso de Antena 3. *CIC: Cuadernos de Información y Comunicación,* 19, 69—85.

McCARTHY, Justin (2014). Nonwhites Less Likely to Feel Police Protect and Serve Them. *Gallup,* 17 de noviembre. Disponible en http://www.gallup.com/poll/179468/nonwhites-less-likely-feel-police-protect-serve.aspx (consultado el 23 de enero de 2017).

McDERMOTT, Monica, y SAMSON, Frank L. (2005). White Racial and Ethnic Identity in the United States. *Annual Review of Sociology,* 31, 245-261.

MILLER, Toby (2007). Global Hollywood 2010. *International Journal of Communication,* 1, 1-4.

MINDICH, Brad (2014). Bikers: A Sustainable Subculture Model. *The Journal* of the Master of Arts in Liberal Studies, Dartmouth College, Fall, 38-49.

MORALES MORANTE, Fernando (2015). Tatuaje: cuestión de azar o ingrediente temático y argumental en las series de televisión. *RUTA Comunicación,* 6, 1-13.

MOSTERÍN, Jesús (2007). Cultura y violencia. *Daimon. Revista Internacional de Filosofía,* 42, 23-43.

MÜLLER, Jürgen (ed.) (2004). *Cine de los 60*. Barcelona: Taschen.

MUXEL, Anne (1996). *Individu et mémoire familial*. París: Nathan.

O'BRIEN, Kenneth P. (2006). The United States, War, and the Twentieth Century. En Christopher BIGSBY (ed.), *The Cambridge Companion to Modern American Culture*. Cambridge: Cambridge University Press, 235-255.

OLIVA, Salvador (2001). *Introducción a Shakespeare*. Barcelona: Península.

OLIVARES, Rosa (2001). Escrito sobre la piel. *EXIT,* 2. Disponible en http://www.exitmedia.net/esp/num2/editorial.html (consultado el 21 de febrero de 2017).

PALMER, R. Barton (1997). Hollywood in crisis: Tennessee Williams and the evolution of the adult film. En Matthew C. ROUDANÉ (ed.), *The Cambridge Companion to Tennessee Williams.* Cambridge: Cambridge University Press, 204-231.

PHILLIPS, Nickie D. (2010). *The Dark Knight.* Constructing Images of Good vs. Evil in an Age of Anxiety. En Mathieu DEFLEM (ed.), *Popular Culture, Crime and Social Control* [*Sociology of Crime, Law and Deviance, 14*]. Bradford: Emerald Group Publishing Limited, 25-44.

PINKER, Steven (2012). *Los ángeles que llevamos dentro.* Barcelona: Paidós.

PITTMAN, L Monique (2011): *Authorizing Shakespeare on Film and Television: Gender, Class, and Ethnicity in Adaptation* [Studies in Shakespeare, 19]. Nueva York: Peter Lang.

PORTON, Richard (2001). *Cine y anarquismo.* Barcelona: Gedisa.

PROPP, Vladimir (2001). *Morfología del cuento.* Madrid: Akal.

QUINN, James F. (2001). Angels, Bandidos, Outlaws, and Pagans: The Evolution of Organized Crime among the Big Four 1% Motorcycle Clubs. *Deviant Behavior,* 22: 4, 379-399.

RADISH, Christina (2011). Kurt Sutter Talks Season Four of SONS OF ANARCHY; Says He Hopes to Have Seven Seasons to Tell His Story. *Collider,* 14 de diciembre. Disponible en http://collider.com/kurt-sutter-sons-of-anarchy-interview (consultado el 18 de septiembre de 2016)

RAPOSO QUINTANA, Gabriela (2009). Narrativas de la imagen: Memoria, relato y fotografía. *Revista Chilena de Antropología Visual,* 13, 79-103.

REQUENA JIMÉNEZ, Miguel (2006). Nerón y los mares de Agripina, *Historiae,* 3, 83-107.

RHEINGOLD, Howard (1996). *La comunidad virtual, una sociedad sin fronteras.* Barcelona: Gedisa.

RICOEUR, Paul (1999). *Historia y narratividad.* Barcelona: Paidós.

ROCKER, Rudolf (1989). *Anarcho-Syndicalism.* Londres: Pluto Press.

ROGERS, Jean (1990). *Joseph of Arimathea: A Romance of the Grail.* Londres: Rudolf Steiner Press.

Romero López, Dolores (2013). El trasfondo ocultista del cuervo: desde su simbolismo poético a los *topoi* modernistas. *Ilu. Revista de Ciencias de las Religiones,* 18, 201-218.

Rosales, Emilio (1996). *El mito.* Sevilla: Cuadernos Arbolays.

Rose, Lacey (2015). «Bastard Executioner's» Kurt Sutter on His Troubled Past, C-Word Insults and New «Sons of Anarchy» Spinoff. *Hollywood Reporter,* 26 de agosto. Disponible en http://www. hollywoodreporter.com/features/sons-anarchy-kurt-sutter-bastard-817495 (consultado el 21 de septiembre de 2016).

Rosenbaum, H. Jon y Sederberg, Peter C. (1974). Vigilantism: An analysis of establishment violence. *Comparative Politics,* 6: 4, 541.570.

Ruiz, Juanma (2013): La teoría de la relatividad. *Caimán Cuadernos de Cine,* 19, 84-85.

Sánchez, José M. (2013). The Forest Rangers, la banda de «Sons of Anarchy». *ABC,* 27 de septiembre. Disponible: http://abcblogs. abc.es/musica/public/post/the-forest-rangers-la-banda-de-sons-of-anarchy-15351.asp/ (consultado el 15 de octubre de 2016).

Sánchez Noriega, José Luis (2005). *Historia del cine. Teoría y géneros cinematográficos, fotografía y televisión.* Madrid: Alianza Editorial.

Sanmartín, José (2004). Agresividad y violencia. En José Sanmartín (coord.), *El laberinto de la violencia. Causas, tipos y efectos.* Barcelona: Ariel.

Scolari, Carlos A. (2013). *Narrativas transmedia. Cuando todos los medios cuentan.* Barcelona: Deusto.

Scolari, Carlos, y Piñón, Juan (2016). Las narrativas transmedia en el mercado audiovisual latino de Estados Unidos. Actores, contenidos y estrategias. *Comunicación y Sociedad,* 27, 13-52.

Scully, Tyler, y Moorman, Kenneth (2014). The Rise of Vigilantism in 1980 Comics: Reasons and Outcomes. *The Journal of Popular Culture,* 47: 3, 634-653.

Sechi Mestica, Giuseppina (2007). *Diccionario Akal de Mitología Universal.* Madrid: Akal.

Segal, Robert A. (2004). *Myth. A very short introduction.* Nueva York: Oxford University Press.

Seger, Linda (1991). *Cómo convertir un buen guión en un guión excelente.* Barcelona: Rialt.

Seitz, Matt Zoller (2013). Kurt Sutter Explains His Cultural Influences. *Vulture,* 8 de septiembre. Disponible en http://www.vulture.com/2013/09/kurt-sutter-explains-his-cultural-influences.html (consultado el 14 de septiembre de 2016).

Sennett, Richard (2006). *La cultura del nuevo capitalismo.* Barcelona: Anagrama.

Sepinwall, Alan (2012). *The Revolution Was Televised: The Cops, Crooks, Slingers, and Slayers Who Changed TV Drama Forever.* Nueva York: Simon & Schuster.

Shakespeare, William (2006). *Tragedias: Hamlet, Macbeth, El Rey Lear, Othello, Romeo y Julieta y Julio César.* Introducción, traducción y notas de José María Valverde. Barcelona: Planeta.

————— (2011). *Hamlet & Romeo y Julieta.* Barcelona: Plutón Ediciones.

Simmel, Georg (2002). *Cuestiones fundamentales de sociología.* Barcelona: Gedisa.

Skoble, Aeon J. (2005). Superhero Revisionism in *Watchmen* and *The Dark Knight Returns.* En Tom Morris y Matt Morris (eds). *Superheroes and Philosophy: Truth, Justice, and the Socratic Way.* Illinois: Open Court, 29-41.

Stefanello, Grace (2008). La mediación social a través del uso de mitologemas sobre la Amazonía en la prensa brasileña. *Mediaciones Sociales. Revista de Ciencias Sociales y de la Comunicación,* 3, 219-239.

Steiner, George (1992). *En el castillo de Barba Azul. Aproximación a un nuevo concepto de cultura.* Barcelona: Gedisa.

Sulbarán Piñeiro, Eugenio (2000). El análisis del film: entre la semiótica del relato y la narrativa fílmica. *Opción,* 16: 31, 44-71.

Sutter, Kurt (2009). Entrevistado por Metro. *Metro.co.uk,* 7 de mayo. Disponible en http://metro.co.uk/2009/05/07/it-all-goes-hell-for-leather-in-sons-of-anarchy-83885 (consultado el 11 de octubre de 2016).

————— (2013). Entrevistado por Matt Zoller Seitz. *Vulture.com,* 8 de septiembre. Disponible en http://www.vulture.com/2013/09/kurt-sutter-explains-his-cultural-influences.html (consultado el 11 de octubre de 2016).

——————— (2015). Sons of Anarchy Afterword (Finale). Disponible en https://www.youtube.com/watch?v=tOiqmiYbiL8 (consultado el 26 de octubre de 2016).

——————— (2009). Entrevistado por Alan Sepinwall/The Star-Ledger. Sons of Anarchy: Creator Kurt Sutter talks finale. *NJ.com*, 2 de diciembre. Disponible en http://www.nj.com/entertainment/tv/index.ssf/2009/12/sons_of_anarchy_creator_kurt_s.html (consultado el 18 de noviembre de 2016).

TAIBO, Carlos (2010). *Libertari@s*. Barcelona: Los libros del lince.

TARKOVSKI, Andrei (1991). *Esculpir en el tiempo. Reflexiones sobre el arte, la estética y la poética del cine*. Madrid: Rialp.

TAYLOR, Charles (1989): *Sources of the self. The Making of the Modern Identity*. Cambridge: Cambridge University Press.

THIELE Jr., B. (2012). Entrevistado por Rolling Stone. *Rolling Stone*, 16 de noviembre. Disponible en http://www.rollingstone.com/music/videos/the-cast-and-crew-of-sons-of-anarchy-discuss-the-series-soundtrack-premiere-20121116 (consultado el 20 de julio de 2016).

THOMPSON, Hunter S. (2009): *Los Ángeles del Infierno. Una extraña y terrible saga*. Barcelona: Anagrama.

——————— (s.f.). Entrevistado para *ABC News* (20 de febrero de 1967). *elboomeran.com*. Disponible en http://www.elboomeran.com/obra/1651/el-ultimo-dinosaurio/ (consultado el 21 de julio de 2016).

TOFFLER, Alvin (1984). *La tercera ola*. Barcelona: Plaza y Janés.

TORRAS I SEGURA, Daniel (2014). La esencia del silencio audiovisual. «El silencio» de Bergman como ejemplo. *Comunicación. Revista Internacional de Comunicación Audiovisual, Publicidad y Estudios Culturales*, 12, 82-93.

VALE, Eugene (1985). *Técnicas del guion para cine y televisión*. Barcelona: Gedisa.

VARONA, David y LARA, Pablo (2015). «Be ministérico, my friend». Diseño de una estrategia transmedia. Concepción CASCAJOSA (ed.), *Dentro del Ministerio del Tiempo*. Madrid: Léeme Libros, 203-210.

VEZZETTI, Hugo (2002). *Pasado y presente. Guerra, dictadura y sociedad en la Argentina*. Buenos Aires: Siglo XXI Editores.

Victor, Daniel. (2016). «Game of Thrones» and the era of elaborate opening titles. *The New York Times,* 25 de abril. Disponible en http://www.nytimes.com/2016/04/26/ arts/television/game-of-thrones-opening-sequence.html?_r=0 (consultado el 20 de julio de 2016)

Vilas, Carlos M. (2005). Linchamiento: venganza, castigo e injusticia en escenarios de inseguridad. *El Cotidiano,* 131, 20-26.

Wallenstein, Andrew (2010). The mysterious disappearance of HBO subscribers. *Reuters,* 13 de septiembre. Disponible en: http://www.reuters.com/article/us-hbo-idUSTRE68C1A020100913 (consultado el 25 de septiembre de 2016).

Walzer, Alejandra y Sanjurjo, Pablo (2016). Los medios de comunicación y el tatuaje contemporáneo. *Communication & Society,* 29: 1, 69- 81.

Wayne, Michael L. (2014). Mitigating Colorblind Racism in the Postnetwork Era: Class-Inflected Masculinities in *The Shield, Sons of Anarchy,* and *Justified. The Communication Review,* 17: 3, 183-201.

————— (2016). Critically Acclaimed and Cancelled. FX'S *The Bridge,* Channel as Brand and the Adaptation of Scripted Tv Formats. *Journal of European Television History and Culture,* 5: 9, 1-10.

White, Robert S. (2004). Sex, Lies, Videotape — and Othello. En James R. Keller y Leslie Stratyner (eds.), *Almost Shakespeare: Reinventing his Works for Cinema and Television.* Jefferson: McFarland & Company, 86-99.

Winant, Howard (1994): *Racial Conditions. Politics, Theory, Comparisons.* Minneapolis: University of Minnesota Press.

————— (2000): «Race and Race Theory». *Annual Review of Sociology,* 26, 169-185.

Wolfgang, Marvin E. y Ferracutti, Franco (1971): *La subcultura de la violencia. Hacia una teoría criminológica.* México: Fondo de Cultura Económica.

Sobre los coordinadores

Víctor Hernández-Santaolalla es Profesor Ayudante Doctor en el Departamento de Comunicación Audiovisual y Publicidad de la Universidad de Sevilla. Es Doctor en Comunicación y Licenciado en Publicidad y Relaciones Públicas, ambas titulaciones con la mención de Premio Extraordinario por la Universidad de Sevilla, y Graduado en Psicología por la UNED. Miembro del grupo de investigación MAECEI y fundador de la Liga de Investigadores en Comunicación, entre sus líneas de investigación destacan la comunicación política, la propaganda, la influencia mediática, el discurso publicitario, y la vigilancia y contravigilancia en redes sociales. Recientemente ha coordinado el libro *530 gramos (de papel) para serieadictos no rehabilitados* (Errata Naturae, 2013) y *Asesinos en serie(s). Representación persuasiva del* serial killer *en la ficción televisiva contemporánea* (Síntesis, 2015).

Sergio Cobo-Durán es Profesor Ayudante Doctor en el Departamento de Comunicación Audiovisual y Publicidad de la Universidad de Sevilla. Es Doctor en Comunicación y Licenciado en Comunicación Audiovisual. Miembro del grupo de investigación ADMIRA y fundador de la Liga de Investigadores en Comunicación, entre sus líneas de investigación destacan la narrativa audiovisual, el guion y el cine de no-ficción. Coordina además el premio Jurado CampUS, centrado en las Nuevas Olas para el Sevilla Festival de Cine Europeo desde la edición de 2014. Es coordinador de los libros *530 gramos (de papel) para serieadictos no rehabilitados* (Errata Naturae, 2013) y la obra *Imágenes resistentes: temáticas, narrativas y estéticas del otro cine español* (ICAS, 2016)

Sobre los autores

Cristina Algaba es Licenciada en Comunicación Audiovisual y doctoranda dentro del programa de Doctorado Interuniversitario de Comunicación organizado por las universidades de Sevilla, Málaga, Huelva y Cádiz. Actualmente, trabaja como becaria de investigación en el Departamento de Comunicación y Educación de la Universidad Loyola Andalucía. Su investigación, centrada en el trasfondo ideológico de las series televisivas estadounidenses de ciencia ficción, es combinada con la organización de jornadas científicas, asistencia a congresos, nacionales e internacionales, y la participación en publicaciones académicas. Paralelamente, desarrolla su actividad como miembro de IDECO, grupo de investigación en comunicación política, ideología y propaganda del Departamento de Comunicación Audiovisual y Publicidad de la Universidad de Sevilla, donde también ha ejercido como asistente honoraria y docente.

Javier Barraycoa Martínez es Profesor Agregado de Sociología en el Departamento de Derecho y Ciencias Políticas de la Universitat Abat Oliba CEU de Barcelona (España). Ha sido profesor en la Universidad de Barcelona y realizado estancias en la University of Berkeley (1999), Harvard University (2004), Universidad de los Andes (Colombia) (2010), Universidad de Chipre (2011). En el ámbito de la sociología ha publicado numerosas obras como *La Ruptura Demográfica: un análisis de los cambios demográficos* (1998), *El Trabajador Inútil: reinventando el proletariado* (1999), *Sobre el poder, en la modernidad y la posmodernidad* (2003), *Tiempo muerto. Tribalismo, civilización y neotribalismo en la construcción cultural del tiempo* (2005), *Fundamentos sociológicos de la corrección política* (2008); o en colaboración como *Narciso en el espejo. La despersonalización de la cultura* (2010), *Hombre/animal. La disolución de una frontera* (2012), *El gran Hermano te vigila* (2014), entre otros. Actualmente es Investigador principal del Grupo EJES.

Elena Bellido-Pérez es contratada predoctoral como Personal Investigador en Formación (PIF) en el Departamento de Comunicación Audiovisual y Publicidad de la Facultad de Comunicación (Universidad de Sevilla). En esta misma facultad realizó un Máster en Comunicación y Cultura y se graduó previamente en Publicidad y Relaciones Públicas, grado por el que obtuvo el Premio Extraordinario Fin de Estudios de la Universidad de Sevilla. Actualmente es doctoranda en el programa de

Doctorado Interuniversitario en Comunicación de la Universidad de Cádiz, Huelva, Málaga y Sevilla, donde está realizando su tesis sobre arte y propaganda. Elena Bellido-Pérez compagina la elaboración de la tesis con la docencia y otras labores de investigación.

Noor Yasmina Benchichah López es Licenciada en Comunicación Audiovisual por la Universitat Autònoma de Barcelona y Doctora en Estudios Avanzados de Comunicación por la Universidad Ramon Llull. En los últimos años ha centrado su carrera investigadora en el estudio de la ficción televisiva norteamericana mostrando especial interés en los productos de ciencia-ficción, así como también en las nuevas tipologías narrativas o los relatos que se expanden más allá de los límites televisivos. Ha participado en diversas publicaciones como *Padres y Madres en Serie. Representaciones de la parentalidad en la ficción televisiva* con «Salir de la Isla habría sido más fácil con un buen padre. "Daddy issues" y las relaciones paternofiliales complejas en "Perdidos"» (UOCPress, 2015), y *Dentro de «El Ministerio del Tiempo»* con «Un recorrido por los viajes en el tiempo de la ficción internacional» (léeme libros, 2015).

Valeriano Durán Manso es profesor en el Departamento de Marketing y Comunicación de la Universidad de Cádiz, Doctor por la Universidad de Sevilla y Licenciado en Periodismo por la misma Universidad. Es investigador del Grupo de Investigación en Análisis de Medios, Imágenes y Relatos Audiovisuales (ADMIRA) del Departamento de Comunicación Audiovisual y Publicidad de la Universidad de Sevilla. Sus líneas de investigación se articulan en torno a las adaptaciones cinematográficas de Tennessee Williams, la construcción y el análisis del personaje audiovisual, la historia del cine universal, la historia del cine español, y las posibilidades didácticas de la historia del cine en la historia de la educación.

Jorge David Fernández Gómez es Doctor con mención Premio Extraordinario de Doctorado por la Universidad de Sevilla por su tesis *Una aproximación al* brand management *desde la comunicación,* y Profesor del Departamento de Comunicación Audiovisual y Publicidad en la misma universidad. Cuenta con una larga trayectoria investigadora con más de una docena de libros como *Empresa Publicitaria* (Advook, 2016), *Mecanismos Estratégicos en Publicidad* (Advook, 2014), *Principios de Estrategia Publicitaria y Gestión de Marcas* (McGraw-Hill, 2013) o *Cómo crear una marca* (Almuzara, 2009); una veintena de capítulos en libros colectivos y artículos en revistas científicas del área de la comunicación y el marketing (*New Media and Society, Investigación y Marketing, AdResearch, Global Media Journal, Pensar la Publicidad, Comunicar, Trípodos* o *Comunicación*). Sus líneas de investigación son el *brand management,* la planificación estratégica, la estructura publicitaria y la cultura popular.

Samuel Fernández Pichel es Doctor en Comunicación Audiovisual y Licenciado en Filología Inglesa por la Universidad de Sevilla, con Máster en Escritura para Cine y Televisión (Universidad Autónoma de Barcelona), y en Enseñanza de Español como Lengua Extranjera (Universidad Nebrija). En la actualidad compagina su actividad docente e investigadora en el Centro Universitario Internacional de la Universidad Pablo de Olavide y en CEA Global Campus en Sevilla. Es autor del libro *Cine e imaginarios sociales en el Hollywood de la era Bush (2001-2009)* (publicación parcial de su tesis doctoral en la Biblioteca Benjamin Franklin del Instituto Franklin-UAH) y co-autor de *Imágenes resistentes: temáticas, narrativas y estéticas del otro cine español.* Ha contribuido con ponencias y comunicaciones en congresos nacionales e internacionales.

Antonio Gómez Aguilar es profesor del centro concertado EUSA (Estudios Universitarios de Andalucía), donde imparte asignaturas de Realización Audiovisual. Trabaja en el área de comunicación de la Fundación Audiovisual de Andalucía. Ha ejercido como profesor en otras universidades españolas —UCAM de Murcia y Universidad de Sevilla—, además de impartir docencia en Ciclos Superiores y Medios de Formación Profesional de Imagen y Sonido, así como cursos de formación del profesorado universitario y del personal técnico de medios audiovisuales en la Facultad de Comunicación de la Universidad de Sevilla. Entre las labores que desempeña en la Fundación Audiovisual de Andalucía se encuentra la publicación de volúmenes relacionados con el mundo audiovisual. Hasta el momento ha coordinado diez.

Sara González Fernández es Licenciada en Periodismo por la Universidad de Sevilla, donde también he realizado un Máster de Guion, Narrativa y Creatividad Audiovisual, con Matrícula de Honor en el Trabajo Fin de Máster. En la actualidad, compagina sus estudios de Pedagogía por la UNED con la finalización de su tesis doctoral sobre la representación de la violencia en las series de televisión, enmarcada dentro del Departamento de Comunicación Audiovisual y Publicidad de la Universidad de Sevilla, donde también he ejercido como asistente honoraria. Tras realizar prácticas profesionales en medios como *Diario Jaén* o el Centro Territorial de Andalucía de RNE y TVE, su interés por la investigación le ha llevado a participar en congresos y a hacer publicaciones sobre comunicación, narrativa y violencia audiovisual.

Adrián González-Viña es Licenciado en Periodismo y tiene un máster en Comunicación y Cultura por la Universidad de Sevilla. En la actualidad colabora como crítico y columnista en medios como Planeta Desmarque o Sevilla Directo, centrado siempre en cine y/o series de televisión, incluyendo la cobertura del Festival de Sevilla de Cine Europeo en 2013, 2014 y 2015. Ha desarrollado su labor profesional mayoritariamente en el mundo de la radio, colaborando en diversos programas de la Cadena Ser y Sevilla Fútbol Club Radio, y las emisoras locales Radio Giralda y Canal 11 La Palma. En 2015 colaboró en el libro *Asesinos en serie(s)*.

Inmaculada Gordillo es Doctora en Comunicación Audiovisual y Profesora Titular de la Facultad de Comunicación de la Universidad de Sevilla. Forma parte del Equipo de Investigación ADMIRA del Plan Andaluz de Investigación. Entre sus líneas de investigación destacan la Narrativa Audiovisual, la Educomunicación, la Comunicación Intercultural, los Estudios de Género y los Estudios Culturales, sobre las que ha publicado libros, artículos y dirigido Tesis Doctorales. Es autora de libros como *Nada, una novela, una película; Estructuras narrativas de los informativos de televisión; Narrativa y televisión; La hipertelevisión: géneros y formatos y Manual de Narrativa Televisiva; editora de Duetos de cine: coproducciones hispanocubanas con música de fondo; Todos los cuerpos. El cuerpo en televisión como una obsesión hipermoderna*, entre otros.

Virginia Guarinos es Profesora titular de la Universidad de Sevilla. Facultad de Comunicación. Departamento de Comunicación Audiovisual y Publicidad. Es Doctora en Ciencias del Espectáculo y en Comunicación Audiovisual. Su interés investigador gira en torno a la Narrativa Audiovisual y los Estudios Culturales y de Género. Es la directora del Equipo de Investigación ADMIRA, en análisis de medios, imágenes y relatos audiovisuales. Imparte docencia en Narrativa Audiovisual, Comunicación Audiovisual y Género y en el Máster Oficial de Guion, Narrativa y Creatividad Audiovisual, así como en el de Artes del Espectáculo vivo, de la Universidad de Sevilla.

Francisco Javier López Rodríguez es Doctor en Comunicación por la Universidad de Sevilla (España) y MSc in Film Studies por la University of Edinburgh (Reino Unido). Entre sus líneas de investigación se encuentran la narrativa audiovisual, los estudios culturales, los estudios de género y el uso del cine en la enseñanza de idiomas. Es miembro fundador del grupo de investigación ADMIRA (Universidad de Sevilla) y de la Liga de Investigadores en Comunicación. Ha recibido varias becas para realizar estancias de investigación en diversos centros japoneses, tales como Tokyo University of Foreign Studies, Japan Foundation Japanese-Language Institute o Nagoya University. Actualmente trabaja como profesor en la Aichi Prefectural University (Japón).

Javier Lozano Delmar es Doctor en Comunicación por la Universidad de Sevilla y Profesor Adjunto en la Universidad Loyola Andalucía, en sus campus de Sevilla y Córdoba. Su actividad investigadora se enmarca en el campo de la comunicación digital y sus trabajos se dedican principalmente al estudio de las audiencias activas, el *fandom,* y la narración *transmedia* en cine y televisión. Entre sus últimos trabajos destaca un artículo publicado en el *Journal of Happiness Studies* que analiza el nivel de felicidad eudaimónica de los *fans* españoles en su consumo de cine y televisión, y la participación en el grupo Liga de Investigadores en Comunicación, que ha publicado varias obras colectivas analizando el impacto de series televisivas actuales. Es, además, uno de los coordinadores del libro *Reyes, espadas cuervos y dragones. Estudio del fenómeno televisivo* Juego de Tronos (Fragua, 2013).

Virginia Luzón Fernández es Profesora Titular en el Departament de Comunicació Audiovisual i Publicitat de la Universitat Autònoma de Barcelona. Es Doctora en Comunicación Audiovisual por la Universitat Autònoma de Barcelona y Licenciada en Comunicación Audiovisual por la Universidad de Sevilla donde recibió el Premio Maestranza de Caballería. Es miembro del grupo de investigación DICIS, de la Universidad de Gante, y destacan en sus líneas de investigación la historia oral del cine, la narrativa televisiva, los informativos audiovisuales, el cómic, el impacto de los nuevos medios en la juventud y las series de televisión. Fruto de sus líneas de investigación son sus últimas publicaciones como «La gran familia. Deconstruyendo *Modern Family*» en el libro *Padres y madres en serie* (UOC, 2015), «Cinemagoing at Barcelona» en *Global Media Journal Mexico* (vol. 13, n.º 25, pp. 63-95) o «Figuras de radio y televisión emergentes en la era de la hipermedialidad» en *Mediterránea* (vol. 8, n.º 1).

Joaquín Marín Montín es Doctor y Licenciado en Comunicación Audiovisual. Ha completado su formación de postgrado en la Universidade Federal de Santa Maria (Brasil) como becario de la Agencia Española de Cooperación Internacional y en Aarhus Universitet (Dinamarca) como becario del programa Sócrates. En la actualidad compagina su labor docente e investigadora en la Facultad de Comunicación de la Universidad de Sevilla. Es miembro del Grupo de Investigación en Comunicación, Arte y Videojuegos (TIC237). Su actividad investigadora se centra tanto en el análisis de contenidos audiovisuales como en el estudio de las relaciones entre la comunicación y el deporte, publicando varios libros, capítulos y artículos en diversas revistas científicas. Ha realizado estancias de investigación en el Centro de Estudios Olímpicos (UAB) y la Universidade Feevale (Brasil).

M.ª Ángeles Martínez García es Profesora Acreditada del Departamento de Comunicación Audiovisual y Publicidad de la Facultad de Comunicación de la Universidad de Sevilla. Ha sido coordinadora del Grado de Comunicación Audiovisual (2015-2017). Ha sido miembro del Área de Comunicación de la Fundación Audiovisual de Andalucía (Grupo RTVA, 2006) y asesora del Gabinete de la Presidencia del

Consejo Audiovisual de Andalucía (Junta de Andalucía, 2006-2008). Además de otras colaboraciones, ha publicado tres volúmenes completos como autora hasta el momento: *Mito, cine, literatura. Laberinto y caos en «El tercer hombre»* (Alfar, 2006), *Laberintos narrativos* (Gedisa, 2012), *La imagen cinematográfica. Manual de análisis aplicado* (Síntesis, 2015). Además, ha coordinado el libro *50 imágenes para la Historia de la Comunicación. Imago Mundi* (Tirant Lo Blanch, 2017).

Jorge Martínez Lucena es Profesor Agregado de Antropología en la Universitat Abat Oliba CEU de Barcelona (España). Ha sido Visiting Researcher en la Università Cattolica del Sacro Cuore di Milano (Italia) y en la University of Hertfordshire (UK), así como Visiting Associate en la Durham University (UK). Autor de diversos ensayos y artículos científicos en torno a la posmodernidad y las representaciones antropológicas y políticas que se derivan de ella. Actualmente, su investigación está centrada en los Cultural Studies y en los Media Studies, y, más en concreto, en los imaginarios sociales que se transmiten a través de las teleseries de ámbito anglosajón y escandinavo. Recientemente ha coeditado *The Wire University. Ficción y sociedad desde las esquinas* (UOC, 2016).

Antonio Pineda es Profesor Titular de Universidad, y trabaja como docente e investigador en la Facultad de Comunicación (Departamento de Comunicación Audiovisual y Publicidad) de la Universidad de Sevilla, donde imparte asignaturas sobre comunicación y publicidad. Licenciado en Publicidad y Relaciones Públicas y Doctor por la Universidad de Sevilla (recibió un premio extraordinario de doctorado por su tesis), su actividad investigadora se ha centrado en el estudio de la propaganda, la semiótica de la publicidad y las relaciones entre medios de comunicación e ideología. Dirige el Grupo de Investigación en Comunicación Política, Ideología y Propaganda (IDECO).

Juan F. Plaza es Profesor Titular de la Facultad de Ciencias Sociales de la Universidad Loyola Andalucía, en Sevilla, donde imparte la asignatura de Comunicación Escrita en el grado de Comunicación. Su investigación está orientada al estudio de las representaciones de varones y mujeres en los medios. Ha trabajado los modelos de masculinidad y feminidad que aparecen en las revistas femeninas dirigidas a las adolescentes o el protagonismo de las mujeres en la prensa diaria, por mencionar algunos. En la actualidad está interesado en el *fandom* y la implicación de los espectadores y las espectadoras en el consumo activo de ficción televisiva. Ha publicado un libro de relatos *(Hoy no puedo)* y mantiene un blog sobre literatura, series y otros temas: juanplaza.es

Irene Raya Bravo es Doctora en Comunicación y Licenciada en Comunicación Audiovisual por la Universidad de Sevilla, donde actualmente trabaja como docente dentro del Departamento de Comunicación Audiovisual y Publicidad. Además de participar en diversas publicaciones sobre cine, televisión, narrativa, género y animación, ha coordinado los libros *Reyes, espadas, cuervos y dragones. Estudio del fenómeno televisivo* Juego de Tronos (2013) y *De la estaca al martillo. Un viaje por los universos de Joss Whedon de* Buffy *a* Los Vengadores (2015). Es asimismo miembro fundador de la Liga de Investigadores en Comunicación.

María del Mar Rubio-Hernández es Doctora en Comunicación y Licenciada en Publicidad y RRPP por la Universidad de Sevilla, compatibiliza su labor investigadora con la docencia en el Departamento de Comunicación Audiovisual y Publicidad de dicha universidad. Desarrolla su actividad científica con la publicación de artículos en revistas académicas y la participación en congresos, así como en proyectos editoriales sobre series de televisión, como *Reyes, espadas, cuervos y dragones. Estudio del fenómeno televisivo* Juego de Tronos, Breaking Bad: *530 gramos (de papel) para serieadictos no rehabilitados* y *Asesinos en serie(s)*. Ha disfrutado de becas en la Universidad ErasmushogeSchool (Bruselas) y en la Universidad de Michigan (EE.UU.) en las que ha profundizado en su principal línea de investigación: el análisis del discurso publicitario. Es miembro fundador de la asociación Liga de Investigadores en Comunicación, colaborando en actividades de carácter divulgativo.

David Varona es Doctor en Periodismo por la Universidad Complutense de Madrid con una tesis sobre el uso de las redes sociales por parte de los periodistas españoles. Licenciado en Periodismo por la Complutense, es también Máster en Relaciones Internacionales por dicha universidad, además de Experto en Comunicación Científica por la Rey Juan Carlos. Actualmente es profesor de Diseño y Producción de Contenidos Digitales y de Tecnología Audiovisual y Multimedia en la Universidad Loyola Andalucía. Ha sido docente de la Universidad Francisco de Vitoria, donde impartió Ciberperiodismo y Comunicación 2.0 para Dircom. En el ámbito de la empresa, ha sido redactor jefe de Proyectos de RTVE.es, donde también ejerció como redactor jefe de Participación y Medios Sociales y como coordinador de Noticias.

Pedro Vasallo Alcedo es Licenciado en Comunicación Audiovisual y tiene un Máster en Guion, Narrativa y Creatividad Audiovisual por la Universidad de Sevilla. Es autor de un capítulo en el libro sobre Joss Whedon *De la estaca al martillo* y ha colaborado con diversas revistas culturales, entre las que destaca *Drugstore Magazine*. Además ha co-escrito el guion del cortometraje *Errarte en la sombra* (2014) dirigido por Hilario Abad. En la actualidad realiza su doctorado en comunicación sobre cine norteamericano de los años sesenta.